School Library Administration

学校図書館への招待

［第 2 版］

坂田 仰　河内祥子 編著

黒川雅子／今井福司／山田知代／田嶋知宏／金本佐紀子
岩崎千恵／藤原是明／中山愛理／鈴木　章／佐伯まゆみ

八千代出版

執筆者紹介（執筆順）

黒川　雅子　　淑徳大学教授　　　　　　　　　　第1章

今井　福司　　白百合女子大学准教授　　　　　　第2章

山田　知代　　帝京科学大学専任講師　　　　　　第3章

田嶋　知宏　　常磐大学准教授　　　　　　　　　第4章、第5章

河内　祥子　　福岡教育大学教授　　　　　　　　第6章、第11章

金本佐紀子　　元・多摩大学専任講師　　　　　　第7章、実践報告2

岩﨑　千恵　　長崎短期大学准教授　　　　　　　第8章

藤原　是明　　大阪城南女子短期大学准教授　　　第9章

中山　愛理　　大妻女子大学短期大学部准教授　　第10章

坂田　　仰　　日本女子大学教授　　　　　　　　第12章

鈴木　　章　　福岡教育大学非常勤講師　　　　　実践報告1

佐伯まゆみ　　福岡市立西高宮小学校教諭　　　　実践報告3

第2版　はじめに

　第2版『学校図書館への招待』をお贈りする。

　幸いなことに、旧版は、2017（平成29）年の刊行以来、司書教諭課程を有する大学はもとより、読書教育に取り組む学校管理職、司書教諭、学校司書の皆様の支持を得ることができた。しかし、学習指導要領や著作権法の改定等、学校図書館、教育現場を取り巻く環境は大きく変化している。そこで、この機会を捉えて版を改めることにした。

　だが、改訂作業に取りかかった際には予想もしなかった事態が生じた。新型コロナウイルスの世界的流行である。学校もまた例外ではなく、多くの学校で卒業式や入学式が中止となり、新年度の授業開始さえままならないところも少なくない。

　この事態を前に、学校現場では、これまで中心であった対面式授業からの脱却が迫られている。多くの教員は、経験したことのない大規模な遠隔授業、自宅学習を実りあるものにするため、悪戦苦闘の最中である。自宅という制限された学習環境の下、新しい学習指導要領が全面に掲げる「主体的・対話的で深い学び」をどのように進めていくのか。まさに学校現場の創意工夫が試される状況と言えるだろう。

　その中にあって、読書活動とICT（Information and Communication Technology）の活用は、遠隔授業、自宅学習の基盤として存在感を増している。そして、この危機に直面し、4月28日、改正著作権法の「授業目的公衆送信補償金制度」が急遽スタートする。未曾有の危機が去った後、学校現場の景色が一変している。そんな予感を抱かせる「学びの転換」が急速に進行している。本書が、海図なき海を航海する教職員の皆様の一助になれば幸いである。

　2020年　啄木忌

坂田　　仰

河内　祥子

はじめに

教育委員会は、教育に携わる者として特別な役割を有している。子どもに適切な教材を選択することは、まさに選ばれし教育委員会に付託された役割である。

Island Trees Union Free School District

No. 26 v. Pico, 457 U.S. 853 (1982)

Justice O'Connor's dissent

『学校図書館への招待』をお送りする。本書は、『教育改革の中の学校図書館』、『学校図書館の光と影』、『教育改革の動向と学校図書館』に続く書籍である。

『教育改革の動向と学校図書館』が刊行された 2012 年以降、学校司書の法制化、チームとしての学校（チーム学校）という考え方の勃興、学習指導要領の改訂、アクティブ・ラーニングの導入等、学校図書館を取り巻く環境は大きく動いている。学校図書館は、この変化にどう対応するべきなのか。学校図書館界では議論に熱が帯びている。

ただ、その一方で、この間、学校図書館が"沈滞"し、その存在感がさらに"後退"しているとの見方も台頭している。編者が学校管理職を対象に行った調査でも、学校図書館の活用に関して消極的な意見が大勢を占め、その傾向が垣間見える（関東の公立小中高等学校の管理職 74 名）。多くの教育課題と直面している現在、管理職、一般教員にとって、学校図書館は遙か向こうの存在にすぎない。学校図書館界が、いくら理想を語ったとしても、学校図書館は再び開かずの間に転化するのではないか。この疑問が繰り返し湧き上がってくる。

学校司書をはじめとして学校図書館に関わるコアメンバー（＝学校図書館界）の熱狂と、管理職、一般教員等、その他大勢の教職員の冷めた視線。学校図書館を中心に、この二極化が一段と進んでいるかに映る。数年前、一部において物議を醸した、『はだしのゲン』の撤去問題の背景にも両者の温度差が

確かに存在していた。

　本書は、学校管理職、一般教員の視点から学校図書館を考える、あるいはその目線に添って学校図書館を紹介するというコンセプトを採用した。学校図書館界と管理職、一般教員との間に立ちはだかる大きな壁、温度差が、少しでも解消できればと願っている。

　なお、本書の刊行にあたっては、八千代出版の方々に大変お世話になった。編者の怠慢で作業が遅々として進まない中、根気強くサポートして頂いた皆様にこの場を借りて感謝したい。

2017 年　吉里吉里忌
　　　　　桜散る目白台にて

坂田　　仰

河内　祥子

目　　次

第1章

学校における学校図書館の役割

黒川雅子

1　生きる力と学校図書館

　学校図書館法は、「学校には、学校図書館を設けなければならない」としている（3条）。学校図書館は、学校教育活動に不可欠な施設であることを示す規定である。しかし、学校図書館が「開かずの間」と評された時代があったことは周知の事実である。学校図書館を常時管理できる教職員がいない、学校図書館の中の死角となる場所で問題行動が発生する等、様々な理由が重なり「開かずの間」になっていたのである。また、教員の学校図書館に対する認識が、教育活動の展開を支える施設というものとはかけ離れていたことも否めない。

　だが、1990年代後半以降の教育改革が、学校図書館に「光」を当てることとなる。1997（平成9）年の改正により、学校図書館法が1953（昭和28）年に制定されて以降、「当分の間」置かなくてもよいとする規定の存在から（旧附則2項）、実質的に配置が進められてこなかった「司書教諭」を巡る規定に変化が訪れたのである。この法改正により、2003（平成15）年度以降、「学校図書館法附則第2項の学校の規模を定める政令」（平成9年政令第189号）にしたがい、12学級以上の規模の学校には司書教諭が必置されることになった。

　この背景には、教育改革の大きなうねりが存在していた。1996（平成8）年、中央教育審議会は、「21世紀を展望した我が国の教育の在り方について（第1次答申）」を発表した。この答申のサブタイトルは、「子供に［生きる力］と［ゆとり］を」であった。

中央教育審議会は、生きる力を「いかに社会が変化しようと、自分で課題を見つけ、自ら学び、自ら考え、主体的に判断し、行動し、よりよく問題を解決する資質や能力」、「自らを律しつつ、他人とともに協調し、他人を思いやる心や感動する心など、豊かな人間性」、「たくましく生きるための健康や体力」という3つの側面がバランスよく育まれていることと説明し、21世紀を生き抜く子どもに必要とされる「力」として教育界で注目を集めることとなった。そして、ここで言う、問題を解決する資質や能力の育成に効果的な学校施設として、「学校図書館」が注目されることになる。

　平成10年版・平成11年版学習指導要領は、この答申を受けて「生きる力」の育成を重視した方向で改訂された。「総合的な学習の時間」が新設されたのもこの時である。教科の枠を超えた横断的学習が実施に移されていく中で、いわゆる「調べ学習」が多用されるようになり、学校図書館を利用した活動が急増するようになっていった[1]。また、豊かな心の育成のための指導の充実に関しては、読書活動の重要性が強調され、多くの学校で朝の読書活動が推進され、学校図書館の利用が促されていった。

　次節では、その後の教育改革の動向と学校図書館の役割の関係性について、平成29年版・平成30年版学習指導要領の改訂、第3期教育振興基本計画等を踏まえた上で整理することとしたい。

2　学校図書館を巡る教育改革の動向

1）平成29年版・平成30年版学習指導要領改訂に見る学校図書館の役割

　平成29年版学習指導要領は、「東京オリンピック・パラリンピック競技大会が開催される2020年から、その10年後の2030年頃までの間、子供たちの学びを支える重要な役割を担うことになる」。それゆえ、「2030年頃の社会の在り方を見据えながら、その先も見通した姿を考えていくことが重要」といえる。こうした方向性の下、中央教育審議会は、2016（平成28）年に、「幼稚園、小学校、中学校、高等学校及び特別支援学校の学習指導要領等の改善及び必要な方策等について」と題する答申（以下、平成28年答申とする）

を発表した。

　平成 28 年答申では、学習指導要領改訂に関わる基本的な考え方としては、「生きる力」の育成を引き続き進めていくことを前提としつつ、「各教科等において何を教えるかという内容は重要ではあるが」、「これまで以上に、その内容を学ぶことを通じて『何ができるようになるか』を意識した指導」が求められることになると指摘している。そして、子どもたちの日々の充実した生活を実現し、未来の創造を目指していくためには、「社会に開かれた教育課程」として次の点が重要になるとした。

　第一に、「社会や世界の状況を幅広く視野に入れ、よりよい学校教育を通じてよりよい社会を創るという目標を持ち、教育課程を介してその目標を社会と共有していくこと」、第二に、「これからの社会を創り出していく子供たちが、社会や世界に向き合い関わり合い、自らの人生を切り拓いていくために求められる資質・能力とは何かを、教育課程において明確化し育んでいくこと」、第三に、「教育課程の実施に当たって、地域の人的・物的資源を活用したり、放課後や土曜日等を活用した社会教育との連携を図ったりし、学校教育を学校内に閉じずに、その目指すところを社会と共有・連携しながら実現させること」である。

　これを実現するために、学びの地図となるべき学習指導要領の改訂の方向性としては、次の 6 点が掲げられている。①「何ができるようになるか」（育成を目指す資質・能力）、②「何を学ぶか」（教科等を学ぶ意義と、教科等間・学校段階間のつながりを踏まえた教育課程の編成）、③「どのように学ぶか」（各教科等の指導計画の作成と実施、学習・指導の改善・充実）、④「子供一人一人の発達をどのように支援するか」（子供の発達を踏まえた指導）、⑤「何が身に付いたか」（学習評価の充実）、⑥「実施するために何が必要か」（学習指導要領等の理念を実現するために必要な方策）である。その上で、「子供たちが、学習内容を人生や社会の在り方と結び付けて深く理解し、これからの時代に求められる資質・能力を身に付け、生涯にわたって能動的に学び続けたりすることができるようにするため」、「『主体的・対話的で深い学び』の実現に向けて日々の授業を改善していくための視点を共有し、授業改善に向けた取組を活性化していくこ

と」も求めている。そして、平成28年答申は、新学習指導要領の実現にあたっては、教材や教育環境の整備・充実の観点から、「学校図書館の充実に加えて、ICTの環境整備を進める必要がある」とし、「学校図書館」のさらなる充実が目指されるべきだとしたのである。

　この答申を受けて平成29年版・平成30年版学習指導要領では、国語をはじめとする各教科や領域で「言語能力の確実な育成」を目指す実践が求められるようになった。教員は、言語能力を確実に育成するという目標を持ち、「学校図書館を計画的に利用しその機能の活用を図り、児童の主体的・対話的で深い学びの実現に向けた授業改善に生かすとともに、児童の自主的、自発的な学習活動や読書活動を充実すること」（平成29年版小学校学習指導要領総則）が重要であることを忘れてはならない。

2）教育振興基本計画に見る学校図書館の役割

　次に、2018（平成30）年度～2022（令和4）年度までの5年間で計画されている第3期教育振興基本計画に見られる学校図書館の役割との関係性について概観していくこととしたい。第3期教育振興基本計画は、先に述べた5年間で教育行政が実施すべき教育上の方策として、①夢と志を持ち、可能性に挑戦するために必要となる力を育成する、②社会の持続的な発展を牽引するための多様な力を育成する、③生涯学び、活躍できる環境を整える、④誰もが社会の担い手となるための学びのセーフティネットを構築する、⑤教育政策推進のための基盤を整備する、という5つの基本的な方針が提示された。

　さらに、例えば、①では、「確かな学力の育成」、「豊かな心の育成」、「健やかな体の育成」、「問題発見・解決能力の修得」、「社会的・職業的自立に向けた能力・態度の育成」、「家庭・地域の教育力の向上、学校との連携・協働の推進」の6つの教育政策の目標が掲げられ、その成果を測定する指標として、「知識・技能、思考力・判断力・表現力等、学びに向かう力・人間性等の資質・能力の調和がとれた個人を育成し、OECDのPISA調査等の各種国際調査を通じて世界トップレベルを維持」すること等が掲げられている。

　学校図書館と関連しては「豊かな心の育成」の中で「子供の読書活動の推

進に関する基本計画等に基づき、司書教諭の養成や学校司書の配置など学校図書館の整備充実や公立図書館と学校の連携の推進、子供の読書活動の重要性などに関する普及啓発等を通じ、子供の読書活動を推進する」ことが明記されている。

　また、⑤では、「新しい時代の教育に向けた持続可能な学校指導体制の整備等」、「ICT利活用のための基盤の整備」、「安全・安心で質の高い教育研究環境の整備」、「児童生徒等の安全の確保」、「教育研究の基盤強化に向けた高等教育のシステム改革」、「日本型教育の海外展開と我が国の教育の国際化」という6つの教育政策の目標が設定されている。これらの成果を測定する指標としては、「学習者用コンピュータを3クラスに1クラス分程度整備」することが掲げられている。質の高い学びを実現するためには、「学校のICT環境整備の促進」に加え、教材や学校図書館の整備の充実を図る必要があることも指摘されており、ここに、学校図書館の情報センターとしての機能とのリンクが期待されるところである。

　他にも「学校における教材等の教育環境の充実」の一つとして、「学校図書館図書標準の達成に向けた図書の整備や新聞の配備、司書教諭の養成や学校司書の配置に対する支援のほか、学校図書館ガイドラインや学校司書のモデルカリキュラムの周知により、地域ボランティア等も活用しつつ、学校図書館の整備充実を図る」こととされている。

　教育改革のトレンドである言語能力の確実な育成や豊かな心を育成する教育活動を実践するにあたっては、学校図書館が果たすべき役割が大きいことは言うまでもない。平成29年版・平成30年版学習指導要領で打ち出された「主体的・対話的な深い学び」の実践に生かされる学校図書館づくりが目指されなければならない。また、情報センターとしての学校図書館の機能という視点からも、ICT環境の整備が学校図書館も含めて行われていくことが望ましいといえるであろう。

3 今後の学校図書館の役割

　学校図書館を巡る制度改革や新たな施策が展開されていくなか、学校図書館の運営に係る基本的な視点などについて、一定の指針を策定することの必要性があらためて問われている。文部科学省は、2015（平成27）年6月、学校図書館の整備充実に関する調査研究協力者会議を設置した。そして、2016（平成28）年10月、「これからの学校図書館の整備充実について」と題する報告書を発表している。

1) 期待される学校図書館の役割

　報告書では、学校図書館の役割について従来の捉え方を維持し、次の3つの視点から説明されている。第一に、「児童生徒の想像力を培い、学習に対する興味・関心等を呼び起こし、豊かな心や人間性、教養、創造力等を育む自由な読書活動や読書指導の場」としての「読書センター」としての機能である。第二は、「児童生徒の自発的・主体的・協働的な学習活動を支援したり、授業の内容を豊かにしてその理解を深め」たりする「学習センター」としての機能である。そして、第三に「児童生徒や教職員の情報ニーズに対応したり、児童生徒の情報の収集・選択・活用能力を育成」したりする「情報センター」としての機能である。

　また、先に述べた平成29年版・平成30年版学習指導要領の改訂に関わり、「児童生徒による課題の発見・解決のために必要な資料・情報の収集・選択など、各教科等の授業における言語活動や問題解決的な学習、探求的な学習、新聞を活用した学習」などの様々な「学習・指導場面での利活用を通じて、子供たちの言語能力、情報活用能力、問題解決能力、批判的吟味力等の育成を支え、主体的・対話的で深い学び（『アクティブ・ラーニング』の視点からの学び）を効果的に進める基盤としての役割」が、学校図書館には一層期待されることを強調している。つまり、学校図書館が今後果たすべき役割は、児童・生徒に学び方を学ばせるところにあるのである。

児童・生徒は、学校図書館の資料や情報を利活用することによって、探求的な学習を繰り返し経験することになる。この経験により児童・生徒は、情報を適切に収集・選択・活用する技能を身に付けることが可能となる。さらに、推論する力や見通す力も習得することができ、児童・生徒が経験したことがないような状況に見舞われた場合においても、自ら対応することができるようになるといえる。

2）学校図書館ガイドライン

　また、報告書では、このような学校図書館の役割を「学校教育にとって非常に重要な機能」とし、今後、「教育水準の維持・向上に向けて、学校図書館がその機能を十分に発揮できる」よう改善されることが必要であるという指摘が行われている。この点、学校図書館の整備充実に関する調査研究協力者会議は、学校図書館がその役割を十分に発揮できるよう、学校図書館の運営上重要な事項について、改善の方向性を各学校が検討できるよう、新たに「学校図書館ガイドライン」を作成した（表1-1）。今後、教育委員会や学校等は、このガイドラインを参考とした上で、学校図書館の整備充実を図って

表1-1　学校図書館ガイドラインの概要

（1）　学校図書館の目的・機能 　　（読書センター・学習センター・情報センターとしての機能） （2）　学校図書館の運営 　　（校長は学校図書館長としてリーダーシップを発揮、可能な限り開館） （3）　学校図書館の利活用 　　（児童・生徒の読書活動や学習活動を充実） （4）　学校図書館に携わる教職員等 　　（司書教諭と学校司書の連携・協力） （5）　学校図書館における図書館資料 　　（新たなニーズへの対応、調和のとれた蔵書構成、適切な廃棄・更新） （6）　学校図書館の施設 　　（調べ学習等での利活用ができるよう施設を整備・改善） （7）　学校図書館の評価 　　（外部の視点を取り入れ、評価結果等の公表に努める）

出所）学校図書館の整備充実に関する調査研究協力者会議「これからの
　　　学校図書館の整備充実について（報告）」（平成28年）を基に作成。

いくことが期待される。

　学校図書館ガイドラインは、(1) 学校図書館の目的・機能、(2) 学校図書館の運営、(3) 学校図書館の利活用、(4) 学校図書館に携わる教職員等、(5) 学校図書館における図書館資料、(6) 学校図書館の施設、(7) 学校図書館の評価、の7項目で構成されている。

　学校図書館の役割に関わるものとしては、まず、(2) 学校図書館の運営に関する内容である。ガイドラインでは、校長が学校図書館の館長としての役割も担っていることを確認する。「校長のリーダーシップの下、学校経営方針の具現化に向けて、学校は学校種、規模、児童生徒や地域の特性なども踏まえ、学校図書館全体計画を策定するとともに、同計画等に基づき、教職員の連携の下、計画的・組織的に学校図書館の運営がなされるよう努める」ことが望ましいとしている。校務分掌上、学校図書館を担当する教職員の中でリーダーとしての役割を果たす者が置かれることに加え、校長が館長として学校図書館をリードすることが重要であるといえよう。

　次に、(5) 学校図書館における図書館資料について見てみると、図書館資料の種類を検討するにあたっては、「発達障害を含む障害のある児童生徒や日本語能力に応じた支援を必要とする児童生徒の自立や社会参画に向けた主体的な取組を支援する観点から、児童生徒一人一人の教育的ニーズに応じた様々な形態の図書館資料を充実することも必要」としている。司書教諭や学校司書をはじめ、学校図書館担当教職員は、近年、新たな教育課題として学校現場で受け止められるようになっている発達障害を有する児童・生徒が必要とする図書館資料を整備するという視点も持っていることが重要となることを見落としてはならないであろう。

　また、図書館資料の廃棄・更新については、「学校図書館には、刊行後時間の経過とともに誤った情報を記載していることが明白になった図書や、汚損や破損により修理が不可能となり利用できなくなった図書等が配架されている」という課題を抱える学校図書館が存在することを前提として必要な改善策を提示している。「図書館資料の廃棄と更新が適切に行われるよう、各学校等において、明文化された廃棄の基準を定めるとともに、基準に沿った

廃棄・更新を組織的・計画的に行う」ように努めることが重要となる。

　この点、廃棄により貴重な資料が失われることを防止するため、「自校に関する資料や郷土資料など学校図書館での利用・保存が困難な貴重な資料については、公共図書館等に移管」することの必要性も示唆している点に留意する必要があろう。

まとめにかえて

　子どもが読書活動を通じて、喜怒哀楽の感情をそこに重ねることで想像力を培い、豊かな心を育んでいくという教育効果は、いつの時代においても重要とされるべきものである。それゆえに、「読書センター」としての機能を十分に果たすことが学校図書館の果たすべき役割の第一ということになる。ただ、教育改革の動向に照らして考えてみると、いじめや不登校、児童・生徒の暴力行為等が依然として憂慮される時代において、これら教育課題への一つの対応策としても読書活動の有効性は語られるようになってきていることも忘れてはならない。

　また、「学習センター」、「情報センター」としての機能を果たす学校図書館の役割は、特に近年の教育改革の流れのなかで、注目を集めていることは疑いない。ただし、実際に活用することになる教員が、学校図書館の役割を教育改革との関連性において十分に理解していなければ、いくら、学校図書館の専門家が学校図書館の役割を声高に叫んだとしても、学校現場にその変化がもたらされることはない。学校関係者が、教育改革の動向との関連を踏まえた上で学校図書館の役割を見つめ直した時、本当の意味での新たな学校図書館の利活用が生み出されていくこととなろう。

◎学習のヒント
　本章では、1996（平成8）年に中央教育審議会から発表された「21世紀の我が国の教育の在り方について（第1次答申）」以降、現在に至るまでの教育改革の動向を、学校図書館の役割という視点に立ち概説した。その上で、教育

改革の流れと学校図書館に期待される役割の関連性について若干の考察を試みている。

　学習のポイントは、次の4点である。第一に、「生きる力」の育成の重要性が中央教育審議会から打ち出されて以降、学校図書館の役割に新たな期待が寄せられたことを理解する。第二に、平成29年版・平成30年版学習指導要領の改訂に照らして、学校図書館が果たすべき役割について把握する。第三に、第3期教育振興基本計画に示された教育改革の方向性と学校図書館の役割の関連性を捉える。第四に、学校図書館の三機能を理解した上で、今後、学校図書館に期待される役割について考える。

　これらの視点から「学校図書館の役割」について理解を深めてほしい。

■注

1) 教育課程上の改革も相俟って、学校図書館の利用指導ができる司書教諭の存在がクローズアップされ、課程認定を受けた大学等で実施される司書教諭講習を受講する教員も増加した。ただ、司書教諭が必置化されるようになったものの、図書館利用指導といった司書教諭が担うべき教育効果への期待とは裏腹に、実情としては、司書教諭が司書教諭としての勤務に当てる時間がわずかしか見いだせない等の課題が全国的に見いだされていくこととなる。

■参考文献

坂田仰・河内祥子『教育改革の動向と学校図書館』八千代出版（2012年）

全国学校図書館協議会編『学校図書館・司書教諭講習資料［第7版］』全国学校図書館協議会（2012年）

野口武悟・前田稔『学校経営と学校図書館』一般財団法人放送大学教育振興会（2013年）

坂田仰・河内祥子・黒川雅子編著『学校図書館の光と影—司書教諭を目指すあなたへ—』八千代出版（2007年）

第2章

学校図書館発展の過程

今井福司

1　戦前ならびにアメリカの学校図書館史

1）戦前の日本の学校図書館史

　日本の学校図書館の歴史は、図書館が学校の中にあるということだけでよいのか、それとも学校教育の中での活用や利用の指導までを行う図書館があることをもって学校図書館とするかによって、そのルーツは大きく異なってくる。もし、後者を学校図書館とした場合でも、初等教育を対象とするか、中等教育を対象にするかによっても異なってくる。

　初等教育であれば1905（明治38）年の山口県阿武郡明木尋常高等小学校の明木図書館が挙げられる。明木図書館では"読書趣味涵養の基礎時代である小学校児童に対して「図書館的訓練法案」の実施"、"学校職員に対し教育に関する理論及び実際の参考書並に確実清新な活教材の提供"を謳った経営方針を掲げており、児童に対しては、教室および図書館での読書指導や、職員に対しては職員室に教育参考図書を陳列するといったサービスを行っていた。

　中等教育を対象とした場合、東京都立日比谷高等学校の前身である東京府第一中學校が1879（明治12）年に書籍室を校内に設けたことまで遡る。同室はあくまでも教材管理のために使われていたようだが、時代が経つにつれ生徒への閲覧・貸し出しにも応じるようになったという。第一中學校以外にも、学校名に番号が付されたナンバースクールでは学校図書館建設の動きがみられた。ただし、これらの動きはあくまでも一部の学校に限られていた。

　1897（明治30）年以降から大正期にあたる19世紀末から20世紀初頭にか

けては、海外での新教育運動の流れにならう形で、日本でも大正自由教育の動きが起こった。大正自由教育では、知識の注入や権威主義、教師中心の教育であった旧教育を否定し、児童を中心とした教育や、経験を重んじる新教育を試みる教師が多く現れた。塩見昇が指摘するように、この時期、大正自由教育の流れを活かして、成城小学校や成蹊小学校といった私立の小学校や、千葉師範附属小学校、長野師範附属小学校、奈良女高師範附属小学校といった師範学校の附属小学校、富山県の公立小学校がそれぞれ現在の学校図書館活動に繋がるような実践を展開していた。例えば、ある学校では読書教育の場となったり、またある学校では児童の個性に合わせた多様な資料の提供場所として機能していた。

　しかしながら、大正時代末期に起きた文部次官による副読本の使用を禁止する通牒により、これらの大正自由教育運動は方向転換を迫られ、この運動に伴って進んできた学校図書館活動も井野川潔や、戸塚廉の実践や、各学校で細々と行われてきた実践はあったものの、日本全国に広がる動きとなるのは 1945（昭和 20）年の終戦を待たなければならなかった。

2）アメリカの学校図書館史

　一方、大正自由教育の発端ともなった海外の新教育運動でも学校図書館設置の動きは見られた。特にアメリカの学校教育は 1945 年以後、日本が占領下におかれた際、占領軍がアメリカを中心とした構成メンバーであったため、日本の教育改革に大きく影響を与えている。そのため、日本の学校図書館史を学ぶ上ではアメリカの学校図書館についても触れておく必要がある。ここで、アメリカの学校図書館史について簡単に触れておこう。アメリカで学校図書館が盛んになるのは、20 世紀初頭からである。ニューヨーク州のエラスムス・ホール高等学校（Erasmus Hall High School）に、アメリカ最初の学校図書館員としてマリー・キングスベリー（Mary Kingsbery）が採用されたのは 1900 年のことである。キングスベリーが採用される 1 年前、アメリカ 20 世紀の学校図書館で盛んに引用されるある書籍が発行されている。それは、教育学者のジョン・デューイ（John Dewey）の『学校と社会（*School and Soci-*

ety)』である。

ジョン・デューイは20世紀前半のアメリカにおいて、新教育運動の一論客として位置付けられている。デューイの理論は多岐にわたっているが、学校教育だけに限れば「児童中心主義」と「学校の社会化」の2つにまとめられる。ここで、「児童中心主義」とは児童の興味に

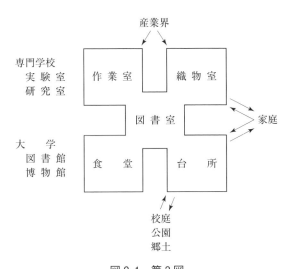

図 2-1　第 3 図

出所）デューイ著、宮原誠一訳『学校と社会』岩波書店（1957 年）。

基づく自発的学習を盛んに取り入れること、「学校の社会化」とは学校が社会の問題を学びその改革の報告を探求することを指す。

　デューイの学校図書館に対する考え方については『学校と社会』中のシカゴ大学附属小学校の校舎に関する「第3図」（図2-1）に関する記述から窺うことができる。具体的には、学校と社会の繋がりを述べる文脈で、学校の設備面を第3図で示しており、校舎の中心に図書室の設備をおくとした上で、次のように記述している。

　　「子どもたちが諸々の経験、諸々の問題、諸々の疑問、彼らが発見した諸々の個々具体的な事実をもちよって、それらのものについて論議する場所であるが、それらのもののうえに新しい光を投ずること、わけても他人の経験から来る新しい光、世界の叡智の集積——それは図書室に象徴されている——から来る新しい光を投ずることである。ここに理論と実践との有機的な関連がある。子どもはたんに仕事をなすばかりでなくて、かれが為すところのものについての観念をもまた獲得するのである。すなわち、かれの実践に入り込み、それをゆたかならしめるところのな

んらかの知的概念を最初から獲得してかかるのである。一方あらゆる観念は、直接にか間接にか、何らかの形において経験に適用され、生活のうえになんらか影響をあたえるのである。このことが、いうまでもなく、教育における「書物」ないし読書の地位を決定する。書物は経験の代用物としては有害であるが、経験を解釈し拡張するうえにおいてはこの上もなく重要なものである。」

　ここでは、図書室は "各種の知的資料の集成" として示されており、"諸々の経験、諸々の問題、諸々の疑問、彼らが発見した諸々の個々具体的な事実をもちよって、それらのものについて論議する場所" として登場する。この場においては、書物は、議論の中で他人の経験を参照し、解釈し拡張するために用いられている。ここでは、子どもたちが経験するはずだった事象を書物を読むことだけで済ませるべきではないとされているが、経験した事象とともに書物を用いることは、かえって重要であるともされている。

　このデューイの第3図は同校に勤務していたメイヨーやエドワード（Katherine Mayhew and Anna Edwards）の報告書を見る限り、あくまでモデル図であり、実際の学校では、図書室が実際に設置されていたかどうかは不明である。しかしながら、学校図書館の学校教育における役割を明確に示したという点で、その後のアメリカの学校図書館に関する文献でも盛んに引用されており、20世紀初頭のアメリカ学校教育に大きな影響を与えたことは確かである。デューイの「児童中心主義」に影響を受けたカリキュラム改革を行った学校では、学校図書館を使った教育を提唱しているケースが見られるほどである。

2　占領期の学校教育改革

1）米国教育使節団報告書

　1945年8月14日のポツダム宣言受諾により、第二次世界大戦は終結した。日本はアメリカをはじめとする連合国による占領下におかれた。占領下の教育では、戦前の教育を否定し、新たな教育実践や制度を構築する動きが盛ん

になった。占領をきっかけとして、日本全体の教育は大きく転換を迫られたのである。占領期の教育改革全般について説明は紙幅の制限があり難しいので、以下では学校図書館との関係が強固であったと思われる動きについて取り上げる。

　1946（昭和21）年3月には、米国教育使節団（Mission to Japan）が来日した。使節団の目的は教育、宗教、日本文化、施設に関する事項について援助し、助言することを目的としていた。その目的に基づき「教育使節団報告書」を作成、発行している。

　報告書の第1章「日本の教育の目的及び内容」では、民主主義の生活にふさわしい教育とは、教育の内容および教授法に関し、個人の価値と尊厳の認識に基礎を置き、教育の機会を与えるように編成されつつ、探求の自由を養いそして批判的に分析する能力の育成を行う教育であると述べられている。その上で、以下のように続けている。

　　「このような方向は、学校というものの仕事が指定された学習計画の指針や各教科にただ一種類の認可教科書に制約を受けるというのであれば、推進しえないものである。いわゆる民主主義のもとにおいては、教育の成功は、画一化や規格化という観点では測りえないのである。」

　ここでは、国定教科書の使用による弊害を指摘し、探求の自由を伸ばし、様々な教材を用いた教授の自由についても保障されるべきとしている。その上で、この章の結論部では、「新計画全般に亘って図書館やその他独学のための機関が重要な役割を演ずるだろう。実際、教科書や口述教材の暗記に対する行き過ぎた強調を克服する最良法の一つは、異なった観点を表す書物や論文に接近するようにさせること」として、異なる視点を提示する著書や論文に触れさせる機会を設けるよう促している。

　また、報告書の第4章「教育と教師教育」の「優れた教育活動の特徴」では、下記のように、図書館について論じた箇所が見られる。この箇所で実験室などと並んで示されている図書館はおそらく、学校図書館そのものを指しており、学校の外にある様々な施設の例示で挙げられている図書館は、学校の外にあると言うことから公共図書館を想定した記述であると思われる。

「一般的に言って、定員の少ない学級規模とよく整えられた実験室、図書館、体育館、運動場及び特別教室などが備わっていれば、望ましい実践が展開されやすくなる。教師というものは、十分な自由が与えられるならば、学校の外にあるさまざまな施設を駆使して、子どもたちの学習を豊かにすることができる。農園、工場、事務所、図書館、博物館、及び病院などが、教育の機会を提供してくれる。」

以上の通り、米国教育使節団報告書においては、異なる視点を提示する著書や論文に触れさせる機会が必要であるとしながら、図書館の必要性について複数の箇所で論じていた。

2）新教育指針

こうした米国教育使節団の報告を受ける形で、1946 年 5 月には、教科書中心主義から、教員への裁量権の増加を示した『新教育指針』が文部省から発行された。新教育指針の第一部前編「新日本建設の根本問題」では、軍国主義や極端な国家主義が否定され、「人間性・人格・個性の尊重」「民主主義の徹底」「平和的文化国家の建設と教育者の使命」が必要だとされた。

第一部後編「新日本教育の重点」の「個性尊重の教育」では、教材の性質や分量について個性に応じた多様な教材の用意についての必要性が主張されている。また第二部第三章の「教材の取り扱い方」では「学校は単なる教育の場所たるにとどまらないで、学校そのもので教育するということにかわって来なければならない」と宣言し、既存の教育からの転換を図ろうとしている。その上で、学校内の設備として、「図書室・実験室・工作室・保健設備、その他の特別教室などは、もっと内容が充実せられた上に、もっと自由に使用しうるように、児童に開放されることが必要である」とされ、学校図書館の必要性が述べられている。

『新教育指針』では、生徒が自ら問題を発見し解決する学習が提唱され、個性に応じた教育や民主主義の尊重といった教育が提唱された。その上で、教材の取り扱いとして多様な教材の提示や、設備としての図書館の充実の必要性が明記されている。

3）学校図書館の手引

　占領期の教育改革では、学校図書館に対する手引き書の作成が試みられた。文部省の官僚であった深川恒喜は、1947（昭和22）年の初頭に他の同僚数人とGHQに呼ばれ、図書館についてどう思うか、日本の図書館についての状況を聞かれている。この数週間後、深川は上司より「こんど総司令部から、文部省で学校図書館の手引きをつくるようにとの示唆があって、これに着手することになったので、君がこれをやってくれ」と依頼され、深川は『学校図書館の手引』（以下『手引』）の担当者に任命されている。

　1947年3月にはCIEの図書館問題の担当官、グラハム（Mae Graham）とキーニー（Philip O. Keeney）が深川恒喜、滑川道夫、阪本一郎、加藤宗厚といったメンバーを呼び、図書館に関する考え方や日本の図書館の現況について意見聴取を行った。この時のメンバーを中心として、『手引』の編集チームが作られ、分担して作業が進められていった。この頃、文部省内での『手引』に関する理解は高くなく、学校図書館の本を文部省でつくるというのは、そんなに意味があるのか、だいいち、学校図書館をそんなたいそうにみる必要などあるのかという声も聞かれた状況だった。

　『手引』は、グラハムの日本滞在の3ヶ月では完成を見ず、後任の担当官に引き継がれ、作業が続けられた。1948（昭和23）年12月になって、ようやく『手引』は完成し、全国の学校へと頒布された。

　その冒頭では、学校図書館という言葉の定義について「生徒と教師に対して、調査・レクリエーションおよび研究のための手段を提供する目的をもって、学校に設けられた読書施設」と定義し、学校図書館が新しい教育にとって重要な設備

図2-2　『学校図書館の手引』
出所）文部省編『学校図書館の手引』
　　　師範学校教科書（1948年）。

であると強調している。

『手引』は全5章からなっており、第1章は「新教育における学校図書館の意義と役割」についての概説、第2章は「学校図書館の組織」として人や設備に関しての記載、第3章は「学校図書館の整備」として、図書館における選書や整理といった実務面に関する内容、第4章は「学校図書館の運用」として、指導法や実践、予算面の対策といった内容、そして、第5章では「学校図書館を中心とする学習活動の例」として、学校図書館を使った教育の実践例が掲載されている。

『手引』において職員制度については「学校図書館はいかに小さい規模のものであっても、形の上からは司書・事務員の二つの職制が必要である。司書は教師の中から選ばれ、学校図書館の経営に全責任をになう。本格的に図書館経営をすることになると、相当の専門的知識を必要とするが、現状では、図書館教育を受けた教師もいないことであるから、選ばれた人は、今後、専門的な技術を習得するように進んで行く必要がある」としていた。

また、カリキュラム上の位置付けについては、第4章「学校図書館の運用」第2節「図書及び図書館利用法の指導」に以下のような記述がみられる。

　「これまでの学校教育では、生徒も教師も教科書だけで手いっぱいで、学習のためによい参考書を読むことも、これを紹介することも、その余裕がほとんど与えられていなかった。参考書と言えば、生徒は安易なとらの巻に走ってしまい、教師は、とらの巻を駆逐することは知っていても、いろいろの参考書を生徒に知らせてその利用法を教えるまでの指導は、ほとんど行われなかったのである。まして図書館を利用する方法を訓練するようなこともなかったのであるが。しかし、新しい学習形態においては、生徒が教科書以外のいろいろの図書を調べ、さらに図書館などもできるだけ活用して行くようにならなければならないのであるから、そのためには、図書および図書館利用法の一般について、相当の指導が必要となって来る。」

このように様々な参考書の利用法について、指導が必要なことを記述した上で、社会科ならびに国語科の学習指導要領において、どこに学校図書館が

登場するかが、具体的なページ数とともに紹介されている。その上で、第3節では「読書指導の実施」と銘打ち、読書をするにあたってのマナーや、感想や気になった点をノートに書き出すなど、事細かく読書に関する指導方法の例が列挙されている。

　この『手引』は日本の学校図書館発展を考える上では大きな影響を及ぼすことになった。その内容が文部省から出されたということもさることながら、『手引』の発行後、文部省によって1949（昭和24）年に東日本と西日本の2会場で伝達講習会が行われ、現場の教員が伝達講習会に参加した。この講習会の場で参加者から全国的な民間の学校図書館団体を結成したいという案が提案され、講習会参加者が中心となって、各地に運動団体が結成された。これらの団体をとりまとめる形で、1950（昭和25）年2月、東京都港区立氷川小学校で「全国学校図書館協議会」が結成された。

3　占領期以後の模索

　運動の盛り上がりの一方で、『手引』をはじめとして、学校図書館の目標や機能は提案されたものの、財政措置や人員配置については、国や自治体による十分な措置が執られてはいなかった。そこで問題を解決する手段として、「学校図書館法」の制定が目指されることとなった。1952（昭和27）年には全国から寄せられた「学校図書館の振興に関する署名」92万5000名分が衆参両院議長、文部大臣、大蔵大臣へ提出された。

　こうした運動の後押しもあって、1953（昭和28）年7月、与党野党の区別なく超党派の議員による議員立法で「学校図書館法」が成立、同年8月8日に公布された。当時の財政上の制限により、図書以外のメディアに対する補助金規程がカットされたり、学校図書館を担当する司書教諭についても、当分の間置かないことができるとの規程が設けられたりしたものの、世界に類を見ない国レベルでの学校図書館に関する単独法が成立したのである。

　学校図書館法が成立したことで、学校図書館の目的や司書教諭というスタッフが学校図書館では必要であることの裏付けは公式に得られたといえよう。

しかし、同法律は罰則規定もなく、何よりも学校図書館の業務を掌るとされた司書教諭は、学校図書館法附則第2項で「当分の間置かないことができる」とされたことから、各学校での発令は進んでいなかった。その発令状況が芳しくなかったことは、1975（昭和50）年に文部省から司書教諭の発令を促す文章である「昭和五十年度学校図書館司書教諭講習の実施及び司書教諭の発令について」が出されていたことからも窺える。そこで、この附則第2項の撤廃を求める動きや、司書教諭が置けない学校において事務職員が学校図書館業務を代替している状況を法律上で認めさせようとする動きが出て、各所で議論が進められていった。こうした議論を反映する形で、1961（昭和36）年、1972（昭和47）年、1973（昭和48）年にそれぞれ議員立法による学校図書館法の改正が模索されるものの、成立には至らなかった。

　その後、1974（昭和49）年からは全国学校図書館協議会、日本教職員組合、日本高等学校教職員組合の一ツ橋派と麹町派の四者による協議が開始され、学校図書館に関わりのある団体の意見を集約して合意を得ようとする動きが見られた。1975年6月には「学校図書館改正運動についての覚え書」が出され、1977（昭和52）年11月には「学校図書館法改正法律案要綱」（いわゆる「四者合意」）が出され、法改正の動きが進んでいったものの、改正には至らなかった。四者による協議も1980（昭和55）年1月の合意を最後に、その後は行われなかった。法律の改正は、1996（平成8）年以降に国会議員を中心に起こった学校図書館法改正の動きまで待たなくてはならない。

　こうした法律の改正が行われず、いわば司書教諭が置かれなかった時期には、学校図書館のサービスや基盤整備を支えていたのは、いわゆる学校司書たちであったことは見逃すことはできない。1954（昭和29）年の文部省調査局統計課の調査では、司書教諭は231校での発令に留まっていたのに対して、学校司書は全国で3714人いたことが報告されている。各種調査で学校図書館法の改正の影響が見られる2002（平成14）年まで、司書教諭の発令数は300校程度で推移するのに対して、学校司書の数は増え続け、1995（平成7）年の時点では8218人が全国の小中高等学校に配置されていた。この状況は現時点では改善されつつあり、2010（平成22）年の文部科学省「平成22年度

学校図書館の現状に関する調査」では、学校図書館法の改正もあり2万3218人の司書教諭が全国で発令され、学校司書は1万7191人が全国で活動していることが報告されている。ただし、司書教諭の発令を形式的に行うだけで実際に業務には携わらないケースや、学校司書の勤務時間が短いため、十分なサービスが提供できないケースも報告されていることから、課題がすべて解決したわけではない。

　本章の冒頭で確認したアメリカの学校図書館については、日本と異なる動きを見せていく。例えば、1957年にソ連がアメリカに先んじて人工衛星を打ち上げたスプートニクショックから始まる教育改革が例として挙げられる。当時のアメリカでは宇宙開発で先を越されたソ連に追いつこうとするために、多様な情報源の利用によって教育効果を上げようとする考え方が生まれていた。学校図書館の中には、この考え方に対応するために従来の印刷資料だけでなく、視聴覚資料を教材として扱うような体制作りを整えるところが出てきた。そして、こうした多様なメディアを管理し活用できるようにするために、メディアスペシャリストという名称の専門家が各地で配置され、学校図書館の学校教育への活用を進めていった。同時期の日本でも視聴覚教材の活用は模索されたが、理念や資金が不足していたことから、アメリカと同じという状況には至らなかった。

　学校図書館は占領期の学校教育改革で重要だとされたのにもかかわらず、1996年の学校図書館法改正まで、特に人が配置されない問題から、十分に機能できず本の置き場所としてのみ機能していたという学校図書館も少なくない。こうした原因としてこれらの制度不備が原因にあったことは、状況が改善されつつある現在においても認識しておく必要があるだろう。

◎学習のヒント
　現在の学校図書館が置かれている状況を把握するためには、単に現在のサービスや問題を理解するだけでなく、過去の蓄積やそれまでの経緯をも理解することが必要である。なぜならば、過去の経緯を踏まえないまま誤った理解の元に、問題を指摘したり解決しようとしても、問題解決の近道になるどころか、

むしろ解決を遠回りさせることにつながってしまうからである。

　本章では、日本の学校図書館発展の過程を学ぶ上で重要と思われる占領期の学校図書館改革および、占領期に参考とされたアメリカの学校図書館の歴史を中心に取り上げる。特に、現在の学校図書館理念を語る上でも頻繁に参照されるジョン・デューイの『学校と社会』において、なぜ学校教育に図書室が必要とされたのか、占領期の学校図書館改革で、その方針を示した文部省による『学校図書館の手引』では、学校図書館はどのように考えられていたのかについては、詳細に説明を加える。

　その上で、占領期以後の学校図書館が、現在に至るまでどのような発展や困難に直面したのかを紹介する。具体的には学校司書の配置数に比べて司書教諭の配置数が少なかったこと、学校図書館法附則の２において司書教諭が「置かないことができる」ようにされたことを指摘しつつ、実際のサービスとしては読書支援を目的とした読書センターの役割だけでなく、学校の授業全般を支援する学習情報センターの動きも出てきたことを指摘する。

　学習のポイントとしては、それぞれの歴史的事柄について正確な名称や年月日を押さえつつも、実際に起こった事象について説明を丸暗記するのではなく、受講者自らの言葉で順序立てて説明することを目指してほしい。

■参考文献

文部省編『学校図書館の手引』師範学校教科書（1948 年）

デューイ著、宮原誠一訳『学校と社会』岩波書店（1957 年）

塩見昇『日本学校図書館史』（図書館学大系／芦谷清編　第 5 巻）全国学校図書館協議会（1986 年）

全国学校図書館協議会『学校図書館五〇年史』編集委員会編『学校図書館五〇年史』全国学校図書館協議会（2004 年）

日本図書館情報学会研究委員会編『学校図書館メディアセンター論の構築に向けて：学校図書館の理論と実践』（シリーズ・図書館情報学のフロンティア；no. 5）勉誠出版（2005 年）

中村百合子『占領下日本の学校図書館改革：アメリカの学校図書館の受容』慶應義塾大学出版会（2009 年）

高橋恵美子「1950 年から 2000 年にかけての公立高校学校司書の図書館実践：教科との連携と『図書館の自由』の視点から」（修士論文）（2013 年）〈http://hdl.handle.net/2261/53608〉

根本彰監修、中村百合子・松本直樹・三浦太郎・吉田右子編著『図書館情報学教育の戦後史：資料が語る専門職養成制度の展開』ミネルヴァ書房（2015 年）

今井福司『日本占領期の学校図書館：アメリカ学校図書館導入の歴史』勉誠出版（2016 年）

第3章

教育法制の中の学校図書館

山田知代

1 教育法制の基本構造——日本国憲法、教育基本法

1）日本国憲法

　戦前、日本の教育に関わる事項は、「教育勅語」を中心とする天皇の勅令という形式に基づいて行われていた（教育の勅令主義）。戦後、日本国憲法（昭和21年憲法）が制定されると、この構造は一変する。日本国憲法は、「すべて国民は、法律の定めるところにより、その能力に応じて、ひとしく教育を受ける権利を有する」（26条1項）と規定し、教育に関する事項は「法律」によって規定することが明確にされた（教育の法律主義）。教育基本法（平成18年法律第120号）はもとより、学校教育法（昭和22年法律第26号）や学校図書館法（昭和28年法律第185号）も、その一環として制定された法律と言える。

　日本は制定法（制定する権限を持っている大臣等の機関が制定する法）を中心とする国とされている。主な制定法の効力関係は、①憲法を最上位として、②法律＞③命令（政令、省令〔府令〕）＞④地方自治体の自主法（条例等）という順で示される。日本国憲法は、日本の最高法規であり、当然ながら教育法規の最高法規でもある。

　「法律」とは、国会が制定する法形式である。教育界では他の法律と一線を画す法律として、「教育基本法」が重視されている。法形式としては、学校教育法や学校図書館法と同じく「法律」に位置付くものであるが、教育基本法は準憲法的な性格を有すると言われ、一般に日本の教育法制は「日本国憲法＝教育基本法体制」と呼ばれている [1]。

「命令」とは、行政機関が制定する法形式の総称であり、内閣が制定する「政令」と、各省（府）の大臣が制定する「省令（府令）」が代表的である。学校教育法を例にとると、学校教育法施行令（昭和28年政令第340号）は内閣が制定する「政令」に該当し、学校教育法施行規則（昭和22年文部省令第11号）は文部科学大臣が制定する「省令」に該当する。第2節において登場する「学校教育法施行規則」、第4節において登場する「学校図書館司書教諭講習規程」（昭和29年文部省令第21号）は、いずれも文部科学大臣が制定する文部科学省令である。学校教育、学校図書館に関する事項も、こうした日本の法体系の中に位置付いており、教育法制の基本構造の理解は必須と言える。

2）教育基本法

　旧教育基本法は、1947（昭和22）年に制定された。その名の通り、教育に関する基本法であり、学校教育のみならず、家庭教育、社会教育も対象とした法律である。現在の教育基本法は、2006（平成18）年に全面改正されたものである。前文と18条、附則から構成されている。

　改正後の前文には、日本国民の願いとして、「民主的で文化的な国家を更に発展させるとともに、世界の平和と人類の福祉の向上に貢献すること」が述べられた。そして、「この理想を実現するため、個人の尊厳を重んじ、真理と正義を希求し、公共の精神を尊び、豊かな人間性と創造性を備えた人間の育成を期するとともに、伝統を継承し、新しい文化の創造を目指す教育を推進する」ことが宣言されている。

　教育の目的については、「人格の完成を目指し、平和で民主的な国家及び社会の形成者として必要な資質を備えた心身ともに健康な国民の育成を期して行われなければならない」と規定されている（1条）。そして、この目的を実現するため、学問の自由を尊重しつつ、次の5項目を達成すべき目標として定めている。

---

① 幅広い知識と教養を身に付け、真理を求める態度を養い、豊かな情操と道徳心を培うとともに、健やかな身体を養うこと。
② 個人の価値を尊重して、その能力を伸ばし、創造性を培い、自主及び自律

の精神を養うとともに、職業及び生活との関連を重視し、勤労を重んずる態度を養うこと。
③ 正義と責任、男女の平等、自他の敬愛と協力を重んずるとともに、公共の精神に基づき、主体的に社会の形成に参画し、その発展に寄与する態度を養うこと。
④ 生命を尊び、自然を大切にし、環境の保全に寄与する態度を養うこと。
⑤ 伝統と文化を尊重し、それらをはぐくんできた我が国と郷土を愛するとともに、他国を尊重し、国際社会の平和と発展に寄与する態度を養うこと。

　法律に定める学校では、これらの「教育の目標が達成されるよう、教育を受ける者の心身の発達に応じて、体系的な教育が組織的に行われなければならない」（6条2項）。学校図書館を利用して学校教育を行う場合にも、究極的にはこうした「教育の目標」が存在していることに留意する必要があろう。

2　学校教育法・学校教育法施行規則

　学校教育法は、学校教育に関する根本を定めた法律である。この法律における「学校」とは、幼稚園、小学校、中学校、義務教育学校、高等学校、中等教育学校、特別支援学校、大学、高等専門学校をいう（1条）。これらは、学校教育法1条に定められた学校という意味で、「学校教育法1条校」などと呼ばれる。
　学校教育法には、各学校種の目的、目標が定められている。義務教育の場合には、教育基本法5条2項に、義務教育として行われる普通教育の「目的」が規定されており、これを達成するための「目標」が、学校教育法21条において10項目にわたって規定されている。
　学校を設置しようとする者は、「学校の種類に応じ、文部科学大臣の定める設備、編制その他に関する設置基準」に従って学校を設置しなければならない（3条）。文部科学大臣の定めるこの基準には、学校の種類に応じて、幼稚園設置基準（昭和31年文部省令第32号）、小学校設置基準（平成14年文部科学省令第14号）、中学校設置基準（平成14年文部科学省令第15号）、高等学校設置基準（平成16年文部科学省令第20号）などがある。

学校図書館の設置に関する事項は、複数の法令により規定されている。第一に、学校図書館法である。第3節の1）でも触れるが、学校図書館法上の学校（小学校、中学校、義務教育学校、高等学校、中等教育学校、特別支援学校〔小学部・中学部・高等部〕）には、学校図書館の設置義務が課されている（3条）。

　第二に、学校教育法施行規則である。同規則では、「学校には、その学校の目的を実現するために必要な校地、校舎、校具、運動場、図書館又は図書室、保健室その他の設備を設けなければならない」とされている（1条1項）。ここでいう「学校」とは、学校教育法1条のことを指す。

　第三に、各学校種に対応した学校設置基準にも、図書室に関する定めが置かれている。小学校、中学校、高等学校の場合、「校舎に備えるべき施設」として、「図書室」が挙げられている（小学校設置基準9条1項2号、中学校設置基準9条1項2号、高等学校設置基準15条1項2号）。

　以上のように、小学校、中学校、高等学校においては、学校図書館法、学校教育法施行規則、そして各学校種の設置基準に共通して、学校図書館（図書室）の設置が義務付けられていることがわかる。

3　学校図書館法

　学校図書館法は、1953（昭和28）年に成立した法律である。同法は議員立法であり、しかも複数の党派にまたがる議員の提案によるものであった。東西冷戦構造が激化していた当時、自由党と民主党、あるいは社会党の左派、右派という対立構造の下、学校図書館が超党派議員立法によって成立したことは、「学校図書館の有用性・必要性がイデオロギーの対立を超えて認識されていたことを示唆するもの」[2]であると評されている。また、「学校図書館だけの単独の法律としては、世界で初めての法律」[3]とされていることにも注目したい。

　学校図書館法は、制定当初より、わずか15条と附則から成るシンプルな法律であった。その後、数次にわたる改正を経て、以下の8条＋附則という構成になっている（2020〔令和2〕年2月22日現在）。

第1条　この法律の目的	第6条　学校司書
第2条　定義	第7条　設置者の任務
第3条　設置義務	第8条　国の任務
第4条　学校図書館の運営	附則
第5条　司書教諭	

　本節では、学校図書館法の主な条文について概説していくことにしたい。

1）学校図書館法の目的・学校図書館の定義・設置義務

　学校図書館法は、「学校図書館が、学校教育において欠くことのできない基礎的な設備であることにかんがみ、その健全な発達を図り、もつて学校教育を充実することを目的」としている（1条）。

　同法における「学校図書館」とは、学校において「図書、視覚聴覚教育の資料その他学校教育に必要な資料（以下「図書館資料」という。）を収集し、整理し、及び保存し、これを児童又は生徒及び教員の利用に供することによつて、学校の教育課程の展開に寄与するとともに、児童又は生徒の健全な教養を育成することを目的として設けられる学校の設備」をいう（2条）。学校図書館が収集・整理・保存する資料の範囲として、図書だけでなく、CD等の録音資料、DVD等の映像資料など、視聴覚資料を含む幅広いメディアが想定されているといえる。

　学校図書館法上の「学校」に該当するのは、①小学校、②中学校、③義務教育学校（前期課程・後期課程）、④高等学校、⑤中等教育学校（前期課程・後期課程）、⑥特別支援学校（小学部・中学部・高等部）である（2条）。これらの学校には、学校図書館の設置義務が課されている（3条）。学校教育法1条校のうち、幼稚園、大学、高等専門学校が学校図書館法の適用対象外とされている点に注意する必要がある。

2）学校図書館の運営

　学校には、次に掲げる5つの方法によって、学校図書館を児童・生徒、教員の利用に供することが求められている（4条1項1号～5号）。

① 図書館資料を収集し、児童又は生徒及び教員の利用に供すること
② 図書館資料の分類排列を適切にし、及びその目録を整備すること
③ 読書会、研究会、鑑賞会、映写会、資料展示会等を行うこと
④ 図書館資料の利用その他学校図書館の利用に関し、児童又は生徒に対し指導を行うこと
⑤ 他の学校の学校図書館、図書館、博物館、公民館等と緊密に連絡し、及び協力すること

①は、学校図書館法の目的からも理解可能なように、学校図書館の最も基本的で重要な役割といえる。そしてこの役割を円滑に実施できるようにするため、②「図書館資料の分類排列を適切にし、及びその目録を整備すること」が求められている。児童・生徒、教員が図書館資料を検索・利用しやすいような整理が必要であろう。③、④は、教育課程の効果的な実践に資することを期待する役割と言える。そして最後に、⑤において、生涯学習の関連施設や他校との連携、ネットワークづくりも、学校図書館の役割として明確に位置付けられている。そして、地域との連携を行いやすくするため、学校図書館を「一般公衆に利用させること」も制度上可能である（4条2項）。ただし、一般公衆の利用は、学校図書館の「目的を達成するのに支障のない限度」に限定されている点に留意する必要があろう。

3）司書教諭・学校司書

学校図書館法は、学校図書館を支える主たる教職員として、「司書教諭」と「学校司書」に関する規定を置いている。

まず、「司書教諭」については、「学校図書館の専門的職務を掌らせるため」、すべての学校に置かれることが原則とされている（5条1項）。この原則は、学校図書館法の制定当初から変わっておらず、「学校図書館の専門的職務を掌らせるため、司書教諭を置かなければならない」と規定されていた。

だが以前の学校図書館法には、その附則において、「当分の間（…）司書教諭を置かないことができる」という例外規定が置かれていた（旧附則2項）。主として財政的理由や有資格者の絶対的不足という状況から、この「例外」

が常態化し、司書教諭を置かないことが当たり前という異例の状況が長らく続いていたのである。

　しかし、1980年代後半以降、知識偏重の詰め込み教育や学校の画一性に対する批判が集中するようになっていく。これを克服するための教育改革のキーワードが、「ゆとり」と「生きる力」であった。「生きる力」を培うため、教科の枠を超えた横断的学習を目指す「総合的な学習の時間」が創設されるなど、従来の一斉型授業から、児童・生徒の個性に応じた教育、調べ学習の重要性が認識されるようになるにつれて、児童・生徒の主体的な学習をバックアップする場として学校図書館に注目が集まったのである。

　こうした流れを受けて、1997（平成9）年、学校図書館法が改正され、50年近くの歳月を経て、司書教諭の配置を猶予してきた例外規定、附則2項が改正されることになった。その結果、「当分の間」とされてきた司書教諭配置の猶予期間が、2003（平成15）年3月31日までと明確に定められた。そして、同年4月1日から、「学校図書館法附則第2項の学校の規模を定める政令」（平成9年政令第189号）が規定する学級数11以下の学校を除いて司書教諭が原則配置となり、司書教諭を中心とする学校図書館運営が始動することになった。

　2016（平成28）年4月1日現在、司書教諭は、12学級以上の学校の場合、国・公立学校でほぼ100%、私立学校でも90%近くの学校で発令されている

表3-1　司書教諭の発令状況（2016年4月1日現在）

（単位：%）

小学校	全体の状況	12学級以上の学校における発令状況	中学校	全体の状況	12学級以上の学校における発令状況	高等学校	全体の状況	12学級以上の学校における発令状況
国立	100.0(88.9)	100.0(88.9)	国立	72.6(67.1)	95.9(89.8)	国立	64.7(70.6)	100.0(100.0)
公立	67.9(66.2)	99.4(98.7)	公立	64.6(62.8)	98.9(98.4)	公立	87.0(84.9)	99.3(98.3)
私立	64.3(58.5)	89.2(82.1)	私立	68.4(59.4)	88.0(79.2)	私立	79.6(73.4)	88.2(80.0)
合計	68.0(66.2)	99.3(98.4)	合計	65.0(62.6)	98.3(97.2)	合計	84.5(81.4)	96.1(93.0)

注）（　）内は2014年5月現在の数値。
出所）文部科学省「平成28年度『学校図書館の現状に関する調査』の結果について」（2016年10月）より引用。

（表3-1）。これに対し、全体の状況を見ると、11学級以下の学校が含まれるために、発令割合は当然ながら低下している。特に、公立の小・中学校では、30％近くも発令割合が下がっていることがわかる。実は、義務教育諸学校には小規模校が多く、小・中学校の場合、11学級以下の学校が約半数を占めている。こうした状況を踏まえると、12学級以上の学校に司書教諭が必置となった状況に甘んじるのではなく、11学級以下の学校においてもその発令割合を上昇させていくことが課題と言えよう。

　司書教諭は、主幹教諭（養護又は栄養の指導及び管理をつかさどる主幹教諭を除く）、指導教諭又は教諭をもって充てる（5条2項前段）ことになっているが、これらの教諭等は、「司書教諭の講習を修了した者でなければならない」（同条2項後段）。司書教諭の講習に関する法令については、第4節において詳述することにしたい。

　次に、「学校司書」についてである。学校図書館法では、「学校図書館の運営の改善及び向上を図り、児童又は生徒及び教員による学校図書館の利用の一層の促進に資するため」、学校には「専ら学校図書館の職務に従事する職員」（学校司書）を置くように「努めなければならない」とされている（6条1項）。そして、国・地方公共団体に対しては、「学校司書の資質の向上を図るため、研修の実施その他の必要な措置を講ずるよう努めなければならない」としている（6条2項）。学校図書館の運営を支えるという観点から、専門性の確立に向けて、学校司書の資質の向上等に努めることの重要性が反映された規定と言えよう。

　学校司書に関する規定は、2014（平成26）年に行われた学校図書館法の改正により新設された。学校現場には、従来より、高等学校を中心に学校図書館運営と深く関わってきた、いわゆる「学校司書」が存在していたが、学校図書館法にはその明確な位置付けが存在しておらず、学校司書の法制化は関係者の悲願であったと言える。

　学校司書は、司書教諭とは異なり、学校図書館法上、原則必置とはなっていない。また、業務範囲や資格に関する扱いも異なっている。司書教諭と学校司書の法制度上の主な比較については、表3-2を参照してほしい。

表 3-2　司書教諭と学校司書の比較

	司書教諭	学校司書
設置根拠	・学校には、司書教諭を置かなければならない（学校図書館法5条1項） ・ただし、11学級以下の学校については、当分の間、司書教諭を置かないことができる（学校図書館法附則2項、学校図書館法附則第2項の学校の規模を定める政令）	・学校には、学校司書を置くよう努めなければならない（学校図書館法6条1項）
位置付け	【業務】 ・学校図書館の専門的職務を掌る。 【職種】 ・主幹教諭、指導教諭又は教諭をもって充てる（学校図書館法5条2項）	【業務】 ・専ら学校図書館の職務に従事する。 【職種】 ・学校事務職員（学校教育法37条1項・14項等）、又は「その他必要な職員」（学校教育法37条2項等）に相当
資格（養成）	・司書教諭の講習を修了した者（学校図書館法5条2項） 《学校図書館司書教諭講習規程》 司書教諭講習科目として規定する5科目10単位を修得 【受講資格】：下の(1)又は(2)のいずれか (1)　教諭の免許状を有する者 (2)　大学に2年以上在学する学生で62単位以上を修得した者	・資格について制度上の定めはない。 ・各地方公共団体における採用時には、それぞれの実情に応じ、司書資格や司書教諭資格、教諭免許状、相当実務経験等の資格を求める等の資格要件を定めて、学校司書を募集。 ・国において、学校司書としての資格の在り方、その養成の在り方等について検討を行うこととされている（学校図書館法附則） ・学校司書の資質の向上を図るため、研修の実施等に努めなければならない（学校図書館法6条2項）
勤務形態	・常勤	・常勤又は非常勤

出所）文部科学省HP「『司書教諭』と『学校司書』及び『司書』に関する制度上の比較」〈http://www.mext.go.jp/a_menu/shotou/dokusho/sisyo/1360933.htm〉（2020年2月22日最終アクセス）を基に筆者一部改変の上作成。

　なお、2016（平成28）年4月1日現在、学校司書の配置状況は、表3-3の通りである。公立学校の場合、小学校で59.3％、中学校で57.3％の配置率である。公立学校における学校司書の配置状況は、都道府県によってばらつきがあるのが現状であり、例えば公立中学校の場合、鳥取県、島根県、山梨県のように100％ないしほぼ100％のところもあれば、青森県のように1割に満たない（3.8％）自治体も存在している。

表 3-3　学校司書の配置状況（2016 年 4 月 1 日現在）

小学校	配置学校数	全体に占める割合(%)	中学校	配置学校数	全体に占める割合(%)	高等学校	配置学校数	全体に占める割合(%)
国立	42 校 （40 校）	58.3(55.6)	国立	40 校 （40 校）	54.8(54.8)	国立	13 校 （14 校）	76.5(82.4)
公立	11,644 校 （10,978 校）	59.3(54.5)	公立	5,408 校 （5,051 校）	57.3(52.8)	公立	2,349 校 （2,371 校）	66.9(66.5)
私立	115 校 （91 校）	51.3(41.9)	私立	521 校 （416 校）	70.4(56.1)	私立	915 校 （816 校）	66.4(59.7)
合計	11,803 校 （11,109 校）	59.2(54.4)	合計	5,969 校 （5,507 校）	58.2(53.1)	合計	3,279 校 （3,201 校）	66.6(64.4)

注1）この調査における「学校司書」とは、専ら学校図書館に関する業務を担当する職員をいい、教員およびボランティア（無償で活動を行う者）を除く。
注2）（ ）内は 2014 年 5 月現在の数値。
出所）文部科学省「平成 28 年度『学校図書館の現状に関する調査』の結果について」（2016 年 10 月）より引用。

　学校司書をめぐっては、中央教育審議会「チームとしての学校の在り方と今後の改善方策について（答申）」（2015〔平成 27〕年 12 月）において、「授業等において教員を支援する専門スタッフ」の一員として想定されているなど、その存在の「活用」に注目が集まっている。同答申では、「国、教育委員会は、資格・養成の在り方の検討や研修の実施など、学校司書の専門性を確保する方策を検討・実施するとともに、その配置の充実を図る」という改善方策が提言されていることにも着目すべきと言えよう。

4）設置者の任務・国の任務

　学校図書館法の対象となる学校の設置者は、国公私立を問わず、学校図書館法の目的（1 条）が十分に達成されるよう、「その設置する学校の学校図書館を整備し、及び充実を図ることに努めなければならない」（7 条）。

　また、国に対しては、学校図書館法 6 条 2 項に規定するもののほか、「学校図書館を整備し、及びその充実を図るため」、次の 3 つの事項の実施に努める義務を課している（8 条）。①学校図書館の整備及び充実並びに司書教諭の養成に関する総合的計画を樹立すること、②学校図書館の設置及び運営に

関し、専門的、技術的な指導及び勧告を与えること、③このほか、学校図書館の整備及び充実のため必要と認められる措置を講ずること、である。

4　学校図書館司書教諭講習規程

　第3節の3）で述べた通り、学校図書館法上、司書教諭は、主幹教諭（養護又は栄養の指導及び管理をつかさどる主幹教諭を除く）、指導教諭又は教諭をもって充てることになっている（5条2項前段）。これらの教諭等は、「司書教諭の講習を修了した者でなければならない」（同条2項後段）。この司書教諭講習は、「大学その他の教育機関が文部科学大臣の委嘱を受けて行う」こととされ（同条3項）、さらに、「司書教諭の講習に関し、履修すべき科目及び単位その他必要な事項は、文部科学省令で定める」こととされている（同条4項）。この「文部科学省令」に該当するのが、「学校図書館司書教諭講習規程」（昭和29年文部省令第21号）である。

　同規程によれば、司書教諭講習を受けることができる者は、①教育職員免許法に定める小学校、中学校、高等学校、特別支援学校の教諭の免許状を有する者、または、②大学に2年以上在学する学生で62単位以上を修得した者、とされている。前者については、学校図書館法が適用される学校種の教員免許状に限定されている。

　履修すべき科目・単位は、①学校経営と学校図書館、②学校図書館メディアの構成、③学習指導と学校図書館、④読書と豊かな人間性、⑤情報メディアの活用の5科目10単位である（3条）。これらの科目名称は、講習を行う大学等によって異なる場合もある。単位修得の認定は、「講習を行う大学その他の教育機関が、試験、論文、報告書その他による成績審査に合格した受講者に対して行う」（5条）。文部科学大臣は、上記の10単位を修得した者に対して、講習の修了証書を授与することとされている（6条）。

◎学習のヒント
　本章では、学校図書館が、教育法制上どのように位置付けられているのかを概観することを目的とする。多数の教育関係法令の中から、まず、日本の最高法規である日本国憲法、教育界では日本国憲法に次いで重視されている教育基本法を扱い、次に、学校教育の基本法としての性格を有する学校教育法を概略する。その後、学校図書館法、学校図書館司書教諭講習規程について若干の検討を行う。
　学習のポイントは、次の4点である。第一に、教育法規の基本構造を理解する。第二に、日本国憲法と教育界における教育基本法の位置付けを理解する。第三に、学校教育法、学校教育法施行規則について概略を理解する。第四に、学校図書館法及び学校図書館司書教諭講習規程の内容を理解する。
　これらの視点から、学校および学校図書館を支える法制度について理解を深めてほしい。

■注
1）坂田仰『新教育基本法』教育開発研究所（2007年）10頁。
2）坂田仰「学校・学校図書館を支える法制度の概略」坂田仰編著『教育改革の中の学校図書館─生きる力・情報化・開かれた学校─』八千代出版（2004年）24頁。
3）公益社団法人全国学校図書館協議会HP「学校図書館充実運動」〈http://www.j-sla.or.jp/about/about-000317.html〉（最終アクセス日：2020年2月22日）。

■参考文献
大串夏身監修、渡邊重夫『学校図書館学1　学校経営と学校図書館』青弓社（2015年）
坂田仰編著『教育改革の中の学校図書館─生きる力・情報化・開かれた学校─』八千代出版（2004年）
坂田仰・河内祥子編著『教育改革の動向と学校図書館』八千代出版（2012年）
坂田仰・河内祥子・黒川雅子編著『学校図書館の光と影─司書教諭を目指すあなたへ─』八千代出版（2007年）
全国学校図書館協議会監修『司書教諭・学校司書のための学校図書館必携　理論と実践』悠光堂（2015年）
全国学校図書館協議会「シリーズ学校図書館学」編集委員会編『シリーズ学校図書館学1　学校経営と学校図書館』全国学校図書館協議会（2011年）

第4章

学校図書館運営と人的資源

田 嶋 知 宏

1　学校図書館の運営体制

1）学校図書館に関わる人

　学校図書館の運営は、管理的業務、学校図書館メディアを活用するための準備的業務、学校図書館メディアを提供するサービス的業務、教育的業務、研修などを含んでいる。こうした業務は、司書教諭のみで担うことは難しく、学校全体で運営する体制づくりをする必要がある。

　実際には司書教諭以外にも、学校図書館主任、学校図書館係、学校司書といった者が学校図書館運営の中核を担っている。この他に校長、副校長、教頭などの管理職、学級担任、教科担任なども学校図書館運営に関わっている。また、図書委員会（図書館委員会）に関わる児童生徒、学校外の人的資源であるボランティアも学校図書館運営に寄与することがみられる。

2）校 務 分 掌

　1つの組織として運営されている学校は、その経営を円滑に行っていくために校務組織（部会）と呼ばれる内部組織を設けている。学校図書館を担当する組織も校務組織に位置付けられるが、学校図書館を担当する組織の分掌範囲は各学校で異なっている。図書館部や図書部などと独立した組織として位置付けることも多いが、視聴覚関係の分掌と統合されている場合もあれば、情報（コンピュータ）関係の分掌と統合されている場合もある。

2　学校図書館運営の中核を担う人

1）司書教諭

　司書教諭は、学校図書館法5条で「学校には、学校図書館の専門的職務を掌らせるため、司書教諭を置かなければならない」と学校図書館の専門職であることが示されている。司書教諭を置くということについて、文部科学省は、以下のように説明している[1]。

> 　第二項で「教諭をもって充てる」と規定されていますが、この「充てる」は、学校教育法施行規則に「教務主任及び学年主任は、教諭をもって、これに充てる」「生徒指導主事は、教諭をもって、これに充てる」「進路指導主事は、教諭をもって、これに充てる」と同様であり、司書教諭は、教諭が担当する校務分掌の一つとして職務命令により発令されることとなります。
> 　したがって、その発令については、当該学校の教職員の服務を監督する一般的権限を有する教育委員会が行うか、または当該学校の校務をつかさどる地位にある校長が行うこととなります。

　この説明にあるように、教育委員会もしくは校長から校務分掌のひとつとして発令されることで、司書教諭としての活動が可能となる。

2）学校司書

　学校司書は、学校図書館担当職員とも呼ばれ、学校図書館法6条1項で「専ら学校図書館の職務に従事する職員（次項において「学校司書」という。）を置くよう努めなければならない」と規定されている。学校職員としての学校司書は、学校事務職員（学校教育法37条1項）やその他必要な職員（学校教育法37条2項等）に位置付けられるものと考えられている。

3）学校図書館主任、学校図書館係教諭

　学校図書館に関わる校務分掌上の組織に関わる教諭を係教諭と一般に呼ぶことが多くみられる。その係教諭のまとめ役が学校図書館主任である。学校規模にもよるが、学年別もしくは教科別に複数の係教諭が置かれることが多

い。司書教諭が発令されている学校において、係教諭は、管理運営を担う司書教諭と分担し、主に教育的事項やサービス的事項を担うことが考えられる。しかし、司書教諭が発令されていない場合は、学校司書が配置されているかどうかで負うべき役割が異なる。学校司書の配置がある場合、業務分担し、係教諭が管理運営、教育的事項を担い、学校司書がサービス的事項、学校図書館コレクション管理を担うことが考えられる。司書教諭も学校司書もいない場合は、係教諭が司書教諭と学校司書が担う役割を一手に担うことになる。

3　学校図書館の運営に関わる人

1) 校　　　長

　校長は、校務をつかさどる（学校教育法 37 条 4 項）者として、各学校の教育課程の編成に責任を有する立場にある。そのため、校長は学校図書館が教育課程の展開に寄与することを目指し、学校教育における学校図書館の積極的な利活用に関して学校経営方針・計画に盛り込む必要がある。さらに、学校図書館の館長的な立場として、その方針・計画を教職員に対し明示することや、学校図書館の運営・活用・評価に関してリーダーシップを強く発揮することが求められている。また、司書教諭や学校図書館主任を発令する立場にもなりうる存在である。

2) 教　　　諭

　教育課程の展開に寄与する学校図書館は、特別なことをする場所ではないことを意味している。つまり、児童生徒の日常的な学びの中に取り入れられることで「教育課程の展開に寄与する」学校図書館が実現する。その実現には、学級担任や教科担任の取り組み・協力が必須である。もし、活用が十分でないならば、司書教諭は学級担任や教科担任の学校図書館に対する理解を促していくことから取り組みを始めていけばよい。

3）児童生徒の図書館委員会

　図書館委員会は、図書委員会とも呼ばれる。図書館委員会は、学校図書館を起点に展開される活動に関わる児童生徒から構成される。その多くが自主的、実践的な活動を重視する「特別活動」の一部に位置付けられている。図書館委員会の児童生徒に対する指導と支援は、司書教諭により担われることが一般的である。図書館委員会の児童生徒は、かつて貸し出し業務を担う人員とみなされたこともあったが、貸し出し記録などのプライバシー情報を扱うことから現在では避けるべきと考えられている。そこで図書館委員会の児童生徒は、返却本の配架や書架整理（シェルフリーディング）のような日常的な図書館業務の一部を担うほか、おすすめ本の紹介といった図書館掲示物作成、季節の飾りつけ、図書館イベントの企画運営、図書館だより（広報媒体）の作成などに参画させることが考えられる。

4）ボランティア

　学校図書館に関わるボランティアは、保護者と地域住民が考えられる。保護者ボランティアの場合は、PTA活動の一環として、学校図書館の資料整理やレイアウト替えを行うことがみられる。また、読み聞かせ、ブックトーク、お話し会（ストーリーテリング）、人形劇などの活動に保護者・地域ボランティアが協力することもみられる。学校図書館活動にボランティアの活用をしている学校の割合（表4-1）は、小学校で8割を超える一方で、高等学校は3％に満たない。小学校で、高い活用率となっているのは、読み聞かせ、ブックトークなどの読書活動支援がボランティアにより盛んに行われているためである。

表 4-1　学校図書館におけるボランティア
　　　　活用率

	小学校	中学校	高等学校
2012 年	82.20%	27.20%	2.90%
2014 年	81.10%	28.10%	2.80%
2016 年	81.40%	30.00%	2.80%

出所）2012年度から2016年度の文部科学省児童
　　　生徒課「学校図書館の現状に関する調査
　　　結果について」に基づき作成。

5）公共図書館の学校図書館支援担当者

　子どもの読書活動の推進に関する法律（子どもの読書推進法）

に基づき策定された、子どもの読書活動の推進に関する基本的な計画では、子どもの読書環境を整備する上で、公共図書館と学校図書館連携の必要性が指摘されている。さらに、公共図書館による学校図書館への貸し出し、定期的な連絡会の開催、公

表 4-2　学校図書館と公共図書館の連携状況

	小学校	中学校	高等学校
2012 年	76.50%	49.80%	46.50%
2014 年	79.90%	52.40%	47.70%
2016 年	82.20%	57.50%	51.10%

出所）2012 年度から 2016 年度の文部科学省児童生徒課「学校図書館の現状に関する調査結果について」に基づき作成。

共図書館司書などによる学校訪問を行うよう求めている。このような取り組みを推進していくため、公共図書館の中に学校図書館担当部署（学校図書館支援センター）や学校図書館担当者を配置することがみられる。

　学校図書館と公共図書館の連携状況（表 4-2）を参照すると、小学校で 8 割、中高 5、6 割の連携率であることが確認できる。小学校の割合が高い背景には、読書活動が活発であることや小学校の蔵書が不足していることなどが考えられる。

4　学校図書館の人的資源の現状と課題

1）司書教諭の養成

　司書教諭は、学校図書館法 5 条の規定に基づく、「司書教諭の講習」を受講することでその資格を得ることができる。

　司書教諭講習の受講資格や内容は、学校図書館司書教諭講習規程で規定されている。受講できるのは、「小学校、中学校、高等学校若しくは特別支援学校の教諭の免許状を有する者又は大学に 2 年以上在学する学生で 62 単位以上を修得した者」である。履修すべき内容は、学校経営と学校図書館（2 単位）、学校図書館メディアの構成（2 単位）、学習指導と学校図書館（2 単位）、読書と豊かな人間性（2 単位）、情報メディアの活用（2 単位）の 5 科目 10 単位となっている。

　司書教諭は、教員免許とは異なる「資格」であるため、免許状は存在しな

い。文部科学省より交付された「司書教諭講習修了証書」が資格を証明する
ものとなる。「司書教諭講習修了証書」の効力は教員免許状の所持によって
有効となる。したがって、教員免許更新制に該当せず、また司書教諭資格に
は期限がないため、一度取得した司書教諭資格自体の更新の必要はない。

2）司書教諭の発令状況

　学校図書館法では司書教諭を必置する規定になっている。しかし、同法附
則において、「学校には、平成15年3月31日までの間（政令で定める規模以下
の学校にあっては、当分の間）、第5条第1項の規定にかかわらず、司書教諭を
置かないことができる」とされ、政令で定める11学級以下の学校には司書
教諭を置かなくてもよいことになっている。

　司書教諭配置率（表4-3）を参照すると、12学級以上の学校での配置率が
ほぼ100％であるのに対し、司書教諭の配置が猶予されている11学級以下
の学校を含めた全体の配置率は、小中で7割弱、高校で8割強となっている。
この数値は、11学級以下の学校における司書教諭の配置がまだ途上である
ことを示している。

3）学校司書の養成

　学校図書館担当職員の役割およびその資質の向上に関する調査研究協力者
会議が、2014（平成26）年3月に公表した「これからの学校図書館担当職員
に求められる役割・職務及びその資質能力の向上方策等について（報告）」に

表4-3　司書教諭配置率

	小学校		中学校		高等学校	
	全体	12学級	全体	12学級	全体	12学級
2012年	64.60%	99.60%	61.20%	98.40%	83.20%	95.90%
2014年	66.20%	98.40%	62.60%	97.20%	81.40%	93.00%
2016年	68.00%	99.30%	65.00%	98.30%	84.50%	96.10%

注）12学級は、12学級以上の学校における発令状況を示す。
出所）2012年度から2016年度の文部科学省児童生徒課「学校図書館の現状に関する
　　調査結果について」に基づき作成。

おいて、学校図書館担当職員（いわゆる学校司書）に求められる役割・職務を担うために学校図書館の「運営・管理」と児童生徒に対する「教育」との両面にわたる知識・技能を習得することを求めている。特に注目すべきは、児童生徒に対する「教育」に関する役割である。従来指摘されてこなかった学校図書館を活用した授業などの教育活動を推進・充実させるため、教員などと日常的にコミュニケーションを図りつつ、児童生徒の発達の段階や学習指導要領に基づく各学年・各教科などの学習内容に応じ、図書館資料の活用や教員との協働などを通じて、授業などの教育活動に学校司書の立場から協力・参画することが強調されている。

　それを担う人材を育成するために、学校図書館の整備充実に関する調査研究協力者会議が 2016 年 10 月公表した「これからの学校図書館の整備充実について（報告）」において、学校司書養成のモデルカリキュラム（表 4-4）が提示された。このカリキュラムは、既存の司書養成科目を活用しつつ、児童生徒に対する「教育」を担うために必要な知識・技能を身に付けるために学校司書独自の科目（表 4-4 で＊の付いた科目）を加えている（それらの科目について、既存の司書教諭養成科目などで読み替えを認めているものもある）。

　このモデルカリキュラムの科目構成には、必要な科目と実現可能なカリキュラムの点から賛否が存在するものの、国による同モデルカリキュラムの周知や普及をしていくことが求められている。学校司書の養成はこれから本格化

表 4-4　学校司書のモデルカリキュラムで示された科目

学校図書館の運営・管理・サービスに関する科目	児童生徒に対する教育支援に関する科目
＊学校図書館概論 　図書館情報技術論 　図書館情報資源概論 　情報資源組織論 　情報資源組織演習 ＊学校図書館サービス論 ＊学校図書館情報サービス論	＊学校教育概論 　学習指導と学校図書館 　読書と豊かな人間性

出所）学校図書館の整備充実に関する調査研究協力者会議「これからの学校図書館の整備充実について（報告）」（2016 年 10 月）。

していくことになるが、その際学校司書のモデルカリキュラムを踏まえて、学校司書の養成が進められていくことが期待される。

4）学校司書の配置

　学校司書は、学校図書館法6条で「学校には、前条第1項の司書教諭のほか、学校図書館の運営の改善及び向上を図り、児童又は生徒及び教員による学校図書館の利用の一層の促進に資するため、専ら学校図書館の職務に従事する職員（次項において「学校司書」という。）を置くよう努めなければならない」と努力規定として配置することが促されている。

　学校司書の配置率（表4-5）を参照すると、約6割から7割程度となっており、配置率が年々高まってきていることが確認できる。学校司書の配置率増加は、学校図書館への関心の高まりや国の学校司書配置のための地方財政措置（年220億円規模）を反映しているものと考えられる。

　学校司書は明確な養成制度が未確立のため、各地方公共団体が採用する際に、それぞれの実情に応じ、司書資格や司書教諭資格、教員免許状、相当の実務経験などの資格を求めるなどの資格要件を定めて、募集していることが一般的である。その雇用形態は、常勤職員であることは少なく、非常勤職員かつ、複数校を兼務することも多くみられる。それは、学校司書を配置するための地方財政措置の算出が、全国の公立小中学校の1.5校に1人、週30時間勤務の非常勤学校司書を配置するという前提で考えられていることにも表れている。

表4-5　学校司書の配置率

	小学校	中学校	高等学校
2012 年	47.8%	48.2%	67.7%
2014 年	54.4%	53.1%	64.4%
2016 年	59.2%	58.2%	66.6%

出所）2012 年度から 2016 年度の文部科学省児童生徒課「学校図書館の現状に関する調査結果について」に基づき作成。

5　学校図書館における人的資源の活用に向けて

学校図書館を支える人的資源を上手に活かしていくためには、それぞれの果たすべき役割とその範囲を明確にする必要がある。それをした上で、各業務を中心的に担う者を決め、学校図書館に関わる者たちがそれぞれの立場（表4-6）から協働していくことが求められる。

表 4-6　学校図書館の各業務の分担例

◎中心的に担う　　○補佐的に担う　　□必要に応じて担う
△望ましくはないがやむを得ない場合に担う

	内容	司書教諭	図書館主任	学校司書	校長	教諭/担任	図書委員	ボランティア
管理的業務	運営方針の整備と見直し	◎	○	○	□			
	年間計画策定	◎	○	○	□			
	規程類の整備と管理	◎	○	○				
	学校図書館施設の管理	◎						
	学校図書館の館内整備	◎	○	○			□	□
	備品、消耗品管理	○		◎				
	日常的な学校図書館運営	◎	○	○				
	校長への報告、連絡	◎			□			
	学校図書館評価	◎	○	○	○			
	各種調査対応	◎	○	○	□			
	予算立案	◎	○	◎	□			
	学校外との連携企画・立案	◎	○	○				
準備的業務	利用者管理	○		◎				
	図書の収集、受入れ、配架	○	○	◎				
	書架整理	○	○	◎			□	□
	資料購入の支払い	○		◎				
	予算執行管理	○		◎				
	図書台帳への登録	○		◎				
	目録作業、分類作業	○		◎				
	図書の修理	○	○	◎			□	
	除籍（廃棄）	○		◎				
	蔵書点検	○	○	◎			□	
	相互貸借			◎				
	独自資料の作成	○	○	◎				

サービス的業務	貸出、返却	○		◎				
	未返却資料の督促	○		◎		□		
	予約、リクエスト			◎				
	レファレンスサービス	○		◎				
	図書館だより作成、配布	○	○	◎			□	
	コーナーづくり	○	○	◎			□	
	図書館オリエンテーション	○	○	◎				
教育的業務	利用態度指導	◎	○	○				
	学校図書館活用授業	◎	○		○			
	読書指導	◎	○		○			
	朝の読書	○	○		◎			
	ブックトーク	○		○	○			○
	読み聞かせ	○	○	○	○			○
	お話会	○			○			○
	読書感想文・感想画	◎	○					
	学級文庫の管理			◎	○			
	図書委員への指導	◎	○					
研修	校内研修会	◎	○	○	○			
	教育委員会の研修会	◎						
	学校図書館団体の研修会	◎						
	他校の事例、活動情報収集	◎	○	○				

◎学習のヒント

　本章は、学校図書館の運営に人的資源が必要不可欠との立場から概観をした。最初に学校図書館の運営体制を学校図書館に関わる人の全体像や校務分掌について、人的資源との関わりから取りあげた。そこでは、学校図書館の運営に関わる人的資源の構成を理解したい。

　次いで、学校図書館の運営を担う人的資源について、中核的に担う司書教諭、学校司書、学校図書館主任、学校図書館係教諭、学校図書館運営に関わる者として校長、教諭（担任）、図書館委員会の児童生徒、公共図書館の学校図書館支援担当者に分けてそれぞれの役割と担うべき業務について取りあげた。そこでは、人的資源の観点から学校図書館に関わる人びとの位置づけを理解したい。

　また、学校図書館の運営の中核を担う司書教諭、学校司書についてはその養成や配置の現状についても言及を行った。そこでは、養成の仕組みとその現状を理解したい。

　そうしたことを踏まえて、学校図書館における人的資源を有効活用していく

ことに向けて、業務を担う中核となる者を明確にし、その者を中心にそれぞれ
の立場から協働していく必要性を理解したい。そして、それぞれの立場から学
校図書館の運営にどのように関わっていくことができるのかを一覧表で示して
いるので、役割分担をしつつ、連携協働していくあり方を考えたい。

■注

1) 各都道府県・指定都市教育委員会教職員人事主管課長あて、文部科学省初等
中等教育局児童生徒課長通知「学校図書館司書教諭の発令について」(2003
年1月21日14初児生第二四号)。

実践報告1

学校司書の実践

鈴 木　章

　2014（平成26）年6月の学校図書館法改正により、学校司書は「学校図書館の運営の改善及び向上を図り、児童又は生徒及び教員による学校図書館の利用の一層の促進に資するため、専ら学校図書館の職務に従事する職員」（第6条）であることが明記された。学校司書の配置は努力義務とはいえ、この条文により、学校図書館運営や学校図書館活用教育（以下「図書館教育」という）において、重要や役割を果たしてきた、学校図書館の専門職としての「学校司書」の存在が明確になった。

　そこで、ここでは学校司書の職務内容を概観した上で、その実践例を紹介する。

1　学校司書の職務

1）学校司書の一日

　学校司書は、司書教諭と連携しつつ、学校図書館運営に関する多岐にわたる業務を遂行するものである。しかも、多くの公立学校においては、司書教諭は、学級担任などとの兼任であることがほとんどである。そのため、本来であれば司書教諭が担うべき業務まで、学校司書が担わざるを得ない状況もあるようである。また、学校図書館法が改正され、学習指導要領においても学校図書館を活用した学習活動や、読書活動の重要性が指摘されるようになっても、地方公共団体や学校の方針により、学校司書が活躍できる環境にあるとは限らない。例えば、雇用条件を見ても正規の職員ではなく、嘱託や臨時の職員として週に2〜3日の在校、あるいは午前中だけの勤務といった例も

少なくない。

こうした状況下であっても、学校司書は、子どもたちが利用する学校図書館において、子どもとメディアをつなぐため、様々な工夫を凝らし努力を重ねている。

表実1-1は、福岡県内小学校の学校司書のある1日の様子である。この学校の学校司書は、原則として児童在校日に学校図書館で勤務している。

学校では、朝8時から学校図書館を開館している。そのため、学校司書は出勤するとまず、館内の換気、照明の状況など、利用者のための環境づくりを行う。当日の担当になっている児童図書委員への指導後は、入館した児童への対応を図書委員とともに行う。各学級の「朝の会」が始まると貸出し・返却業務は一段落するため、その間に、届いている新刊図書の受付や整理などを行ったり、昨日の新聞記事をチェックし、授業や行事のために関連する記事のコピーや資料化によってテーマごとにファイルに分類したりしている。曜日によっては、「朝の読書活動」（朝読）での読み聞かせをしている。担任からの依頼によって資料準備やブックトークなどの支援も行っている。中休みや昼休みでの活動や作業もある。活動の終了時間になると、児童図書委員

表実1-1　学校司書の1日

8:00 （始業）	○1日の始まり ○本の貸出しと返却
8:15	○新しい情報のチェック（新刊準備、新聞のチェック）
8:25	○朝の読書の時間（ある学級での「読み聞かせ」活動）
10:20 （中休み）	○カウンターでの貸出し事務、調べ学習のために入館した子どもへの対応、 　レファレンス・ワーク
10:40	○担任から依頼の調べ学習用の地域資料、図書資料の準備 ○担任の依頼による調べ学習に関わるブックトークを実施
11:30	○子どもから調べ学習に必要な本の相談を受ける
13:15 （昼休み）	○「絵本の読み聞かせ」活動（週2回） ○図書委員への指導（貸出し活動）
15:30	○図書委員への指導（戸締まり、入館者数・貸出し本の集計）
17:00	○1日の振り返りと明日の準備（図書館使用割りの確認等） ○図書館での気になる子どもの様子を担任へ連絡
17:15 （終業）	○公共図書館への事務連絡

への指導、学校司書の振り返りと日誌記入、明日の準備などに取り組む。時には、外部の関係機関への連絡、打ち合わせをすることもある。

この中には現れていないが、図書館内の清掃、傷んだ本の修理、掲示物の点検（書き換え）、図書館だよりの原稿作成等、日々多くの業務をこなしている。

図実 1-1　朝読時に読み聞かせをする学校司書

2）読み聞かせによる指導

　読み聞かせ活動は、読書活動の充実に向けて全職員が取り組むべき課題である。近年は地域・保護者による朝の読書活動（朝読）などへの参加・支援を受けている学校が多い。

　その中でも、「図書館の先生」と呼ばれる学校司書による読み聞かせは、子どもたちがたいへん楽しみにしている。朝読や昼休みなど、学校図書館において日常的に接してくれる学校司書への子どもの信頼は高い。大好きな「図書館の先生」から紹介してもらった本は子どもにとっても特別なものとなるのである。学校図書館の利用の一層の促進のため、学校司書による今後の積極的実践が望まれる。

3）TT（ティーム・ティーチング）での指導

　前述した小学校では、国語科の研究を通して学校図書館教育を推進している。この学校の学校司書は、学級担任への授業支援を積極的に行っている。表実 1-2 は、第 2 学年の国語科の単元【どうぶつの「すごい」を見つけて『どうぶつクイズ』をつくろう】（題材『ビーバーの大工事』から）の学習指導案の一部（本時 13/18 時間目）で、学級担任と学校司書が協働した部分である。

表実 1-2　学習指導案（一部）

流れ	学習活動と内容	指導上の留意点 （○ T1 担任● T2 学校司書）
つかむ ↓ あらわす ↓	1　前時までを振り返り、本時めあてを確かめる。 (1)『どうぶつのひみつクイズ』をつくるために、調べ学習をするという本時のめあてをつかむ。 〈クイズづくりの手順〉 ①動物の「すごいところ」を本から書き抜く。 ②すごいと思う理由を書く。 (2) 本時めあてを確認する。 めあて　クイズカードにどうぶつの本から見つけた「すごい」を書きぬき、そのわけも書こう。 2　動物の「すごいところ」を調べるための本の選び方や調べ方について知り、クイズカードに書き出す。 (1) 動物の生態について書かれた科学読み物や動物図鑑についての学校司書のブックトークを聞き、クイズづくりへの意欲を高める。 (2) 動物のすごいところを調べるために、学校司書に本を使った調べ方の話を聞く。 ・目次を使ったら、知りたいことが書かれているページを早く見つけることができるんだね。 ・索引を見ると、知りたい動物の名前の横にページ数がいくつか書いてあったよ。いくつかのページに同じ動物についてのことが書かれているんだね。	○これまでの学習を振り返り、本時からは自分の興味のある動物のクイズをつくることへの意欲を高める。 ○アザラシの学習でのクイズづくりを想起させ、つくり方のポイントを確認する。 ○単元を通して並行図書で読ませていた動物の本のすごいなと思う箇所に付箋を貼らせておく。本時はその中からとっておきの「すごい」を見つけて書き抜かせる。 ●動物に関連する本を何冊かブックトークし、クイズづくりへの意欲づけをする。 ●知りたいことに関係のある言葉を手がかりにして、目次、索引を使って調べる方法を、実際に図鑑を見せながら知らせる。

図実 1-2　授業時にブックトークをする学校司書

　学校司書が授業に参画する際に、重要な役割の一つが「ブックトーク」（テーマに即した関係本の紹介）である。本授業でも、科学読み物や動物図鑑の紹介を担当する。また、子どもがスムーズに調べ学習を進められるよう、図鑑の見方、調べ方なども

含めレファレンスを担うことにより、学級担任は安心して授業を進めること
ができる。

　学校図書館が、読書センター、学習・情報センターとしての機能、を発揮
するためには、子どもとメディアをつなぐ「人」が必要である。学校司書は、
学校図書館運営の中心となっていると言っても過言ではない。

2　校務分掌からみる学校司書

　学校では、校長が示す「学校経営要綱」および「校務分掌」によって教育
活動を展開している。福岡県内のある小学校の場合は、全職員が一丸となっ
て取り組むために、校長が先頭に立って『チーム○○（校名）』とのスローガ
ンを打ち立てた。中でも、学校の教育方針の柱の一つに、「学校が図書館」
となるよう、学校図書館を中核とした学校づくりを目指している。

1）校務分掌に位置づく学校司書

　図実 1-3 は、ある小学校の「校務分掌」である。校務分掌とは学校内にお
ける運営上必要な業務分担で、校長の経営方針に則り組織化されている。こ
の学校では、教育課程内の特別活動での「児童会活動」に「図書委員会活
動」があり、学校司書が司書教諭や高学年担任とともに指導に当たっている。
さらに、朝の読書活動は「なかよしタイム」の時間で進められており、その
担当者として、学校司書が学級担任等とともに関わっている。また、教育指
導全体に関わる「諸教育」部門の中に「図書館教育」が明記され、学校司書
が司書教諭や図書館主任、学級担任らとともに組織化されている。

2）学校図書館運営組織と学校司書

　上記の学校では図書館教育の推進を「諸教育」部門での組織化がされてい
るが、学校図書館を中核とした学校づくりを目指すためには、全職員が何ら
かの形で関わる体制が重要との認識を持っている。

　そこで、図実 1-4 のような「学校図書館運営組織」を樹立している。学校

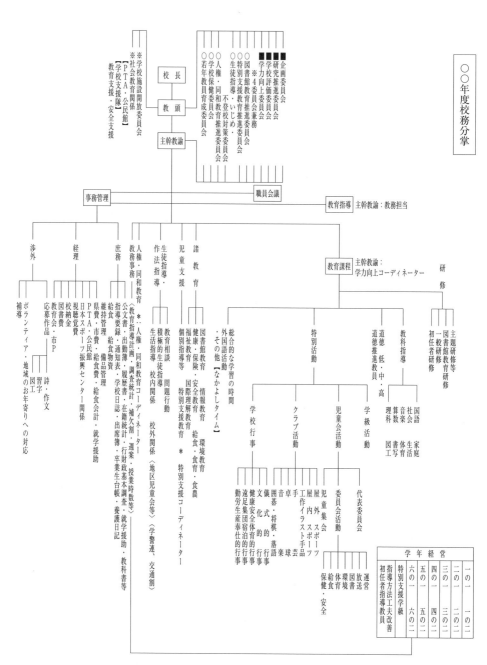

図実 1-3　校務分掌（例）

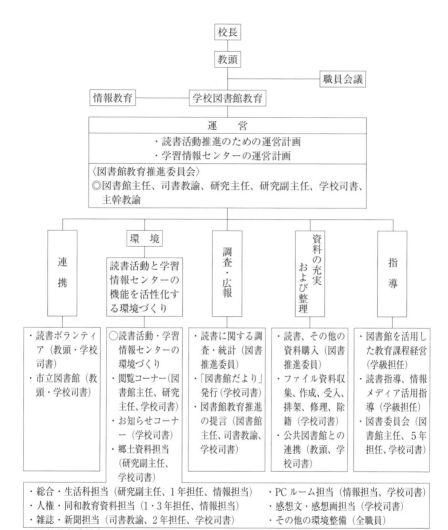

図実1-4　学校図書館運営組織（例）

環境から学習指導に至るまで、学校図書館を十分活かせるよう、全職員が図書館運営や図書館教育に参画していることに注目したい。

　まず、学校図書館の機能である、読書センター、学習・情報センター、としての運営計画を立て、その上で「図書館教育推進委員会」が中核となって進める。その具体化のために「指導」「資料の充実および整理」「調査・広報」「環境」「連携」の各部門をつくり、全職員が分担している。さらに重要なことは、下欄の「図書選定委員会」を設置し、校長をはじめ多くの関係職員の意見を組み入れて図書館資料の蔵書計画を進めていることである。学校を挙げて「図書館教育」「学校図書館運営」に取り組む姿勢こそ、授業を変える、教育を変える、学校を変える原動力である。

　学校司書は、こうした全職員の学校図書館への理解と協働の姿勢があってこそ、十分な職務が遂行できるのである。

3）学校司書と司書教諭の連携

　学校図書館の運営は、前述のように学校司書だけでできるものではない。理想的には、学校司書、司書教諭、図書館担当教師、児童・生徒図書委員会、地域ボランティアなどによる協力体制の確立が必要あるが、特に、学校司書と司書教諭の連携・協力は重要な課題である。

　そこで、福岡県学校図書館協議会[1]が2003（平成15）年6月に発表した『司書教諭及び学校司書の役割』（同会研究委員会編）では、表実1-3のようにそれぞれの役割を分担するとともに連携の在り方を示している。図書館業務は、通常「1.　経営的活動」「2.　技術的活動」「3.　奉仕的活動」「4.　教育指導的活動」が挙げられるが、本表では、その活動の内容を「図書館業務」の項で示している。また、学校司書と司書教諭の分担する業務内容を対比することで、それぞれが受け持つ内容を明らかにしている。

表実 1-3　司書教諭および学校司書の役割

図書館業務	司書教諭	学校司書
1　経営的活動 ①運営計画 ②会計 ③統計調査 ④施設設備 ⑤記録 ⑥研修	○年商計画立案と実施 ○図書館の管理運営 ○予算作成と決算 ○学校図書館調査 ○校内での調査立案・実施 ○施設設備の管理運営 ○図書館運営・指導記録 ○校内図書館教育関係研究企画運営	○立案作成に参画 ○図書館の管理運営 ○予算、決算、会計簿、検収、支払い等 ○統計、日々の貸出利用統計、各種統計 ○学校図書館調査 ○校内での調査立案・実施 ○図書館整備 ○業務日誌の記録 ○校内図書館教育関係研究企画への参画 ○図書館業務に関する研修会への参加
2　技術的活動 ①資料 ②蔵書管理 ③視聴覚資料 ④書誌的資料	○図書選択（図書購入希望調査・選書のための資料準備・図書展示会） ○図書以外の情報資料（雑誌・冊子類を含む）インフォメーションファイルとして整備分類、配架、資料請求、更新、リストの更新 ○図書分類 　検索用目録カード作成	○図書選択（図書購入希望調査・選書のための資料準備・図書展示会） ○図書以外の情報資料（雑誌・冊子類含む）インフォメーションファイルとして整備分類、配架、資料請求、更新、リストの更新 ○必要資料、不足図書、希望図書等の日常的把握と記録 ○図書の発注、検収 ○新着図書受け入れ作業 　・納品検査：注文書、納品書、図書 　・図書分類 　・装備 　・台帳記入：基本台帳、備品台帳、職員図書台帳、紙芝居台帳 　・基本カード目録作成（または、電算入力） 　・新着紹介：ジャケット掲示・放送 　・図書館だより等 ○配架 ○図書修理、随時実施

図書館業務	司書教諭	学校司書
	○教科単元参考図書目録作成 ○テーマ別図書紹介：行事関係や部活など使用頻度の多い事柄の関連図書の図書目録 ○蔵書点検：3学期末全蔵書の照合、点検、調査、除籍	○教科単元参考図書目録作成支援 ○テーマ別図書紹介：行事関係や部活など使用頻度の多い事柄の関連図書の図書目録 ○蔵書点検：3学期末全蔵書の照合、点検、調査、除籍の実施 ○図書払出 ・不明図書調査 ・除籍台帳記入 ・基本カード抜き取り ・基本台帳抹消
3　奉仕的活動 ①閲覧 ②貸し出し ③資料紹介 ④資料・情報提供 ⑤レファレンスサービス ⑥広報活動 ⑦読書相談 ⑧学級文庫 ⑨地域・家庭との連携	○読書相談、読書案内 ○放送：新着案内やお知らせを随時 ○教員への資料、情報の提供 ○教員へのレファレンス・サービス ○掲示 ・新着図書案内 ・教科学習に役立つ本の紹介 ・季節・時事的関心事等の紹介図書 ・図書館の行事・お知らせ等 ○地域の読書活動への協力、連携 ○図書館だより（児童、職員、保護者向け）	○図書貸し出し ・自由貸し出し ・特別貸し出し ○図書カードの保存 ○放送：新着案内やお知らせを随時 ○レファレンス・サービス ○掲示 ・新着図書案内 ・教科学習に役立つ本の紹介 ・季節・時事的関心事等の紹介図書 ・図書館の行事・お知らせ等 ○地域の図書活動への協力、連携 ○図書館だより（児童、職員、保護者向け）

図書館業務	司書教諭	学校司書
4 教育指導的活動 ①利用指導 ②読書指導 ③図書委員会 ④研修活動への支援 ⑤図書館活動や行事	○学校図書館利用指導計画、読書指導計画の立案と実施 ○オリエンテーション：各学年のオリエンテーション、読書指導、利用指導、マナー指導 ○図書室使用学級への指導、援助：調べる学習、総合的な学習等への図書資料案内、レファレンス、本の読み聞かせや選本指導 ○読書指導用図書の紹介と指導 ○利用指導用資料の紹介と指導 ○各種行事的図書館活動の立案と実施、指導 ○教育課程の編成、展開への協力 ○図書委員の指導、読書関係クラブの指導	○新１年生に日常的な導入指導 ○各学年オリエンテーション指導資料準備 ○図書館マナー指導 ○返本遅滞への督促、返本遅滞状況把握と担任への報告 ○調べ学習、総合的な学習の資料準備、支援 ○読書指導用の図書準備、支援 ○利用指導用資料の準備、支援 ○図書委員への援助：当番活動、係活動への援助

出所）福岡県学校図書館協議会研究委員会編『司書教諭及び学校司書の役割』（2003 年）に基づいて作成。

■注

1）福岡県内の国・公・私立の小学校、中学校、高等学校のすべてが加盟している研究団体である。

第5章

学校図書館運営と物的資源

　本章は、学校図書館の運営に必要不可欠な物的資源について取り上げた。学校図書館に関わる物的資源は、学校図書館施設・設備（場）と学校図書館メディアコレクション（物）とに大別されることを理解したい。

　その上でまず、物的資源の入れ物となる施設・設備（図書館・図書室）の整備について、文部科学省が校種別に策定している「施設整備指針」から学校図書館に関わる部分を取り上げるとともに、数値的な目安を参考にできる全国学校図書館協議会による「学校図書館施設基準」も取り上げ、どのような空間が必要となるのかを確認した。さらに、学校図書館の施設・設備に求められるユニバーサルデザインや災害対策についても言及した。それらに基づき、学校施設の一部であることを考慮しつつ、望ましい学校図書館の施設整備について考えたい。

　また、学校図書館の中身ともいえる学校図書館メディアコレクションについて、物的資源の観点から取り上げた。具体的には、学校図書館の蔵書の現状、コレクション構築のための地方財政措置や学校図書館予算、学校図書館用図書平均単価、メディアコレクション構築の流れなどについて概観した。

　そこでは、学校図書館の蔵書の現状と課題を把握した上で、今後学校図書館メディアコレクション構築を図っていくための財源や購入の参考となる学校図書館用図書平均単価や図書購入単価（実績値）について確認したい。そして、学校図書館メディアコレクションの構築体制とその流れについて理解を深めたい。

1　学校図書館における物的資源

　学校図書館の物的資源は、入れ物である施設・設備と中身である学校図書館メディアコレクションとに大別される。学校図書館法 1 条では、「学校図書館が学校教育において欠くことのできない基礎的設備であること」を示している。こうした設備としての日本の学校図書館は、法的裏付けによりほぼ100％の設置率となっている。

2　施設としての学校図書館整備のための手引き

1）学校図書館施設整備指針

　学校図書館の施設・設備には、どのようなものが求められているのだろうか。その手引きとなるのが「施設整備指針」[1] である。この施設整備指針は、文部科学省が「小学校施設整備指針」（2019 年改訂）、「中学校施設整備指針」（2019 年改訂）、「高等学校施設整備指針」（2016 年改訂）、「特別支援学校施設整備指針」（2016 年改訂）のように校種別に作成している。施設整備指針において、学校図書館は「図書室」として盛り込まれている。その中で、学校図書館に関する項目が「学校図書館施設整備指針」と通称されている。基本的な項目や文言は、校種にかかわらず共通している。

　以下で、2019（平成 31）年に改訂された「小学校施設整備指針」を中心に確認していく。学校施設全体の中での学校図書館の位置付けに関して、「小学校施設整備指針」の第 3 章平面計画の第 2 学習関係諸室の項目の 3 つめでは、「視聴覚室、コンピュータ室、図書室等、問題解決的な学習等における児童の主体的・積極的な利用を促す諸室については、普通教室、多目的教室等と機能的な連携に配慮して配置を計画することが望ましい」と他教室との連携を意識した配置を求めている。また、別項目では、理科教育の充実のために、理科教室との連携に配慮することも求めている。さらに、学校内での学校図書館という施設の位置付けを詳述した指針として、「小学校施設整備

指針」の第3章平面計画の項目8に図書室がある。そこでは、以下3点が示されている。

> (1) 利用する集団の規模等に対して十分な広さの空間を確保するとともに、各教科における学習活動等において効果的に活用することができるよう普通教室等からの利用しやすさを考慮しつつ、児童の活動範囲の中心的な位置に計画することが重要である。
> (2) 図書、コンピュータ、視聴覚教育メディアその他学習に必要な教材等を配備した学習・メディアセンターとして計画することも有効である。
> (3) 学習・研究成果の展示できる空間を計画することも有効である。

「高等学校施設整備指針」は、これに「自習スペースやグループ学習で利用できる室・空間を計画することも有効である」が追加されている。学校図書館に関する指針は、この3、4点で完結するものではない。例えば、「共通学習空間」として、「図書、コンピュータ、視聴覚教育メディア等を共通学習空間に分散する場合は役割分担を明確にし、相互の連携に留意して計画すること」、「教材・教具の作成・収納空間」を「図書室と連携した空間として計画すること」も必要に応じて検討していくことが他の項目で求められている。さらに、「小学校施設整備指針」第4章各室計画の項目15の図書室では、学校図書館という施設の空間的な指針が6点示されている。

> (1) 多様な学習活動に対応することができるよう面積、形状等を計画することが重要である。
> (2) 1学級相当以上の机及び椅子を配置し、かつ、児童数等に応じた図書室用の家具等を利用しやすいよう配列することのできる面積、形状等とすることが重要である。
> (3) 児童の様々な学習を支援する学習センター的な機能、必要な情報を収集・選択・活用し、その能力を育成する情報センター的な機能、学校における心のオアシスとあり、日々の生活の中で児童がくつろぎ、自発的に読書を楽しむ読書センター的な機能について計画することが重要である。その際、コンピュータ教室等と連携し、児童の様々な学習活動を支える読書センター・学習センター・情報センターとしての機能を持たせた計画とすることも有効である。
> (4) 学校司書、司書教諭、図書委員等が図書その他の資料の整理、修理等を行うための空間を確保することが望ましい。

(5) 資料の展示、掲示等のための設備を設けることのできる空間を確保することも有効である。

(6) 図書を分散して配置する場合は、役割分担を明確にし、相互の連携に十分留意して計画することが重要である。

　「高等学校施設整備指針」は、面積、形状の項目を1つとし、資料の検索および管理、他学校や地域の図書館等の連携のための危機導入に対応すること、生徒の自習のための空間を確保すること、開放する場合の出入口・受付部分の位置、仕様等に留意して計画することの3点が追加されている。「特別支援学校施設整備指針」は、点字図書のためのスペースを計画することや車いす等で移動する児童生徒が円滑に図書の出し入れや閲覧などを行うことができるよう計画する点が追加されている。

　以上のように、具体的な数値基準ではなく、他教室との連携の中で施設として学校図書館を位置付けていく考え方を示している。

2) 学校図書館施設基準

　文部科学省の「施設整備指針」に類似するものとして、「学校図書館施設基準」[2] がある。「学校図書館施設基準」は、全国学校図書館協議会が「全国どの地域、どの学校においても、学校図書館の活動を達成するためには最低これだけの施設が必要であるという必要最低条件を示したもの」で、1990（平成2）年に制定され、1999（平成11）年に改訂された。この基準は「学校図書館施設の基本原則」「スペースごとの最低必要面積」「建築および設備の条件」の三部より構成されている。「学校図書館施設基準」の特徴は、文言に望ましい方向性の提示だけではなく、基準となる数値が盛り込まれていることである。

　1つめの「学校図書館施設の基本原則」は、専用の施設を設けること、校内の利用しやすい場所に設けること、学校図書館に必要な機能スペースの列挙といった望ましい方向性が示されており、文部科学省の「施設整備指針」と同等の内容といえる。だが、同時に2学級以上が利用できる広さを求めるなどその内容は異なっている。

表 5-1　小学校の規模別各スペースの最低面積

(単位 = ㎡)

学級数	\<スペース\> 1	2	3	4	5	6	7	8	9	10	11	12	13	14	合計
5以下	70	15	20	35	20	20	15	—	—	—	—	—	195	85	280
6	90	15	25	35	20	20	15	—	—	—	—	—	220	95	315
7～12	110	20	30	60	25	25	20	—	—	15	—	—	305	130	435
13～18	155	25	40	80	25	25	25	—	10	15	—	15	420	180	600
19～24	185	30	50	100	30	30	25	10	10	15	15	15	515	220	735
25以上	210	35	55	120	35	35	30	15	20	15	15	15	595	255	850

スペースの番号：1＝学習読書試聴、2＝ブラウジング、3＝コンピュータ、4＝配架、5＝受付、6＝スタッフ、7＝保存収納、8＝検索、9＝展示、10＝委員会、11＝教員研究、12＝制作、13＝ネット面積、14＝交通部分。

　２つめの「学校図書館施設基準」は、小、中、高別に学級数に応じた各「スペースごとの最低必要面積」を一覧表とし、解説を付した数値基準である。例えば、小学校の規模別（学級数別）各スペースの最低面積（表5-1）では、学級数に応じて学習や読書のための必要スペースを確認できる。

　最低面積とされているが、様々なスペースが細かく規定されており、これを実現するのは容易なことではない。

　３つめの「建築および設備の条件」は、「文部科学省の施設整備指針」で、「積載荷重を実情に応じ設定し」と大まかに示すのに対し、「学校図書館施設基準」では「書架、ファイリング・キャビネット、AV機器等の設置・移動を考慮して、最低300kg／㎡の床荷重を見込んだ構造とする」と具体的な数値も含めて技術的な面で留意すべき点を指摘している。

3　学校図書館の施設・設備に求められるもの

　学校図書館の活動を支える物的資源としての施設・設備は、前述の「施設整備指針」や「学校図書館施設基準」を踏まえつつ、学校の状況に合わせて具現化していくことが望ましい。

1) 学校図書館の位置付けの考え方

　学校図書館の位置については、児童生徒の登下校の経路に近く、行きやすい場所に設置されるべきである。また、扉を開けておくような入館しやすい雰囲気づくりも大切である。

　既存の学校図書館は、その広さを変更することは困難である。しかし、学級数の減少などで空き教室が将来的に見込まれる場合は、既存教室の転用も考えられる。その際、複数の隣接する2つの教室を低学年と高学年や学習用の本と読みものの本のように分けて配架することなど工夫をすることも可能である。

2) 学校図書館の空間構成の考え方

　学校図書館は、その多くが1室、1フロアーである。1つの空間として捉えられるが、その空間では様々な活動が展開される。そのため、1つの空間を活動に即してゾーニングすることが求められている。それぞれのゾーンにあった書架、閲覧机、椅子などの家具や什器が必要となる。その際に、学習形態の変容に合わせた将来のゾーニング変更にも対応できるようなフレキシビリティの確保を念頭に可動式の閲覧机や椅子を選択しておくことが望ましい。学校での学習形態、学習スタイル、すなわち学び方を反映するような学校図書館の空間づくりが求められている。

3) ユニバーサルデザインの考え方

　2016年4月「障害を理由とする差別の解消の推進に関する法律（障害者差別解消法）」施行により、障がいのある児童生徒に対する「合理的配慮」の提供が、国公立学校では義務、私立学校では努力義務となった。それにより、バリアフリーやユニバーサルデザインの観点を踏まえた障がいの状態に応じた、適切な施設・設備の整備が求められている。すぐに施設・設備の改修を行うことが難しい場合も多い。そのような場合でも、書架表示の色を認識しやすいものにすることや閲覧席、書架の間隔を広げて歩行器や車いすでの利用をしやすくするなど工夫できる点もある。

4) 学校図書館の災害対策（火災・地震・水害など）の考え方

　火災対策に関して、学校図書館メディアコレクションは、可燃性の紙媒体が大部分を占めるため、消火器の設置だけではなく、日ごろから火気に注意する必要がある。また、水害は、一般に越水や堤防決壊などによる浸水が想起される。その対策も必要だが、学校図書館で留意しなければならないのは、配管からの漏水、火災用スプリンクラーの誤作動で、学校図書館メディアコレクションが濡れてしまうことである。紙媒体は、濡れてしまうとページが波打ったり、カビが発生したりしてしまう。そうしたことが発生しないように、定期的な点検が求められる。

　地震対策に関して、学校建築は厳しい法規制によって、耐震化がすすめられているため、建物自体の倒壊は考えにくい。学校図書館では、地震の際に書架の倒壊が懸念される。また、書架から図書が落下することも考えられる。書架を低いものにしたり、固定したりすることで書架倒壊のリスクを軽減できる。図書の落下を防ぐ一例として、書架に専用のシートやテープを付ける方法がある。いずれにしても、学校図書館の災害対策として優先すべきは、児童生徒の避難経路の確保である。事前に災害別に対応策を立案しておく必要がある。

4　物的資源としての学校図書館メディアコレクション

　学校図書館は、多様なメディアコレクションを収集、整理、管理、提供することを通して、教育課程の展開に寄与する。その実現には学校図書館メディアコレクションの数と質を確保することが必要である。その中でも、学校図書館メディアコレクションの中核となるものが図書であり、その蔵書構成は重視されている。

1) 学校図書館の蔵書の現状

　学校図書館の蔵書の現状（表5-2）は、2008（平成20）年度以降隔年で、文部科学省が都道府県教育委員会を通して実施している「学校図書館の現状に

表 5-2　学校図書館の蔵書の現状 2010 年度〜 2015 年度

単位 （冊）	小学校			中学校			高等学校		
	蔵書数 （平均）	購入数 （平均）	廃棄数 （平均）	蔵書数 （平均）	購入数 （平均）	廃棄数 （平均）	蔵書数 （平均）	購入数 （平均）	廃棄数 （平均）
2010 年度	8,199	—	—	9,951	—	—	23,194	—	—
2011 年度	8,370	401	328	10,179	511	352	23,419	558	497
2012 年度	8,506	—	—	10,291	—	—	23,653	—	—
2013 年度	8,653	309	257	10,453	415	309	23,810	463	449
2014 年度	8,778	—	—	10,615	—	—	23,634	—	—
2015 年度	8,920	304	256	10,784	407	293	23,794	452	432

出所）2012 年度から 2016 年度の文部科学省児童生徒課「学校図書館の現状に関する調査結果について」に基づき作成。

関する調査」で確認することができる。それによれば、公立学校の学校図書館蔵書数（平均）は、小中高とも増加傾向にある。一方、購入数（平均）および廃棄数（平均）は減少傾向にある。

　類似の調査として、毎年 6 月に、全国学校図書館協議会が全国の都道府県ごとに 3％の無作為抽出した私立学校を含む小中高等学校に対して実施している学校図書館に関する質問紙調査がある。その結果を参照すると、2019年の平均蔵書数（平均）小学校 1 万 335 冊、中学校 1 万 1579 冊、高等学校 2万 7204 冊、購入数（平均）小学校 324.9 冊、中学校 398.2 冊、高等学校 576.6冊、廃棄数（平均）小学校 239.9 冊、中学校 411.3 冊、高等学校 533.0 冊である。私立学校を含めると公立学校よりも数値が大きくなる傾向が見られる。

2）計画的な収集

　学校図書館で構築されるメディアコレクションは、その活動を行うために、必須の物的資源である。計画的な収集に基づく、コレクション構築を図っていかなければならない。その際、コレクションの数が注目されがちであるが、様々な学習内容に対応できるような内容を含んでいることも意識されなければならない。

3）学校図書館に関する地方財政措置と予算

　学校図書館メディアコレクション構築には予算が必要である。その財源の1つと考えられているのが、「学校図書館図書整備5か年計画」と呼ばれる国の学校図書館に関する地方財政措置である。学校図書館図書標準（1993〔平成5〕年）で設定された蔵書冊数を目指して、図書の新規購入を促すために、1993年度から5年間で約500億円の地方財政措置として開始された。それ以降、現在までほぼ5年ごとに計画は更新されている。2017（平成29）年度からの「学校図書館図書整備等5か年計画」は、単年度約220億円、5年間で約1100億円の図書購入に関わる財政措置と単年度約30億円、5年間で約150億円の新聞配備に関わる地方財政措置からなっている。図書購入に関わる財政措置の約1100億円は、図書の増加分（約325億円）と更新冊数分（約775億円）を含んでいる。

　こうした学校図書館整備施策がどれだけ浸透しているのかという状況について、全国学校図書館協議会による悉皆調査が、全国1741の市区町村教育委員会を対象に実施されている。2019年5月の調査では、約35.8％にあたる623教育委員会から回答があった。その調査結果の図書費について参照すると2018年度比で、2019年度の図書費予算が増額183市区町村（29.4％）、同額184市区町村（29.5％）、減額239市区町村（38.4％）、算出不可17市区町村（2.7％）であった。また、新聞購読費の予算化をしたところが40.1％にあたる250市区町村、予算化していないところが59.6％にあたる371市町村であった。このように国の学校図書館振興策である地方財政措置は、一定程度の活用が見られるものの、各自治体での予算化に左右されるという限界に直面していることを示している。

　そうした状態の中で、1校あたりの資料購入平均予算は、2019年度の場合小学校1校あたりの平均図書費43万3051円、中学の1校あたりの平均図書費64万6308円であった。

4）学校図書館用図書平均単価

　学校図書館の資料購入計画を立案する際に、予算額とともに、図書の平均

単価を踏まえて、どれくらいの数のメディアを購入できるのかを見積もることは、資料の受け入れ業務や管理業務の計画を考える基礎となる。2009（平成21）年度の文部科学省による図書購入単価の実績値によれば、小学校1210円、中学校1520円、特別支援学校小学部1900円、同中学部1800円となっている。同様に、図書平均単価の参考になるものとして、学校図書館用図書平均単価がある。学校図書館用図書平均単価とは、全国学校図書館協議会が月2回実施している選定会議のうち、毎年1月から6月までの半年間に「全国学校図書館選定図書」として選定された図書（本体価格）の平均価格を算出したものである。

2019年度の「学校図書館用図書平均単価」は、小学校1747円、中学校1829円、高等学校1973円であった。2015年度から2019年度までの平均単価（表5-3）を見ると、金額の大きな変動は見られない。それを踏まえて、小学校1742円、中学校1863円、高等学校1959円を目安として捉えておけばよいだろう。

前述の学校図書館用図書平均単価という、理想的な図書を購入するための図書単価と、限られた予算の中での購入という、現実に基づく文部科学省の実績値の間には、差が見られる。どちらの単価を参考にするのかは、次年度の資料購入予算計上の際、理想的な購入予算を見積もる場合には、学校図書館用図書平均単価を参考にし、購入予算でどれくらいの数の図書を受け入れられそうかの見込みを立てるためには、文部科学省の実績値を参考に用いる等、司書教諭が状況に応じて判断すればよい。

表5-3　学校図書館用図書平均単価2015年度～2019年度

	小学校	中学校	高等学校
2015年度	1,678円	1,810円	2,006円
2016年度	1,774円	1,823円	1,975円
2017年度	1,793円	1,927円	1,977円
2018年度	1,720円	1,928円	1,863円
2019年度	1,747円	1,829円	1,973円
5ヵ年平均	1,742円	1,863円	1,959円

出所）『学校図書館』の各号に掲載された数値に基づき作成。

5）物的資源としての学校図書館メディアコレクション構築の流れ

新設学校でもない限り、何もないところから学校図書館メ

ディアコレクションを構築していくことはない。これまでに収集された一定程度のメディアコレクションが存在しているはずである。すでにメディアコレクションを有する学校の司書教諭や学校司書は、それら学校図書館メディアコレクションの現状把握からはじめる必要がある。現状把握することで、不足するメディアコレクションを明らかにし、優先して収集すべき対象を決めることができる。

その上で、誰が収集に関わるのかといったことを明確にする体制の確認、メディアコレクションとして収集の判断をするための選定基準の確認を行い、未整備であれば、整備を行う必要がある。そして、実際に収集すべきメディアを選定していく。メディアの発注、検収等の資料受け入れから図書台帳への登録、目録整備などの業務は、学校司書が配置されていれば、学校司書が担い、配置されていなければ、司書教諭や係教諭が分担して担うことになる。メディアコレクションの日常的な管理、蔵書点検、資料の廃棄も同様である。なお、資料廃棄基準がメディアの種類を踏まえつつ、明文化されているのかも確認する。整備されていなければ資料廃棄基準を策定する。

6）公共図書館・国立国会図書館国際子ども図書館からの団体貸し出し

限られた予算で、十分な学校図書館メディアコレクションの構築をはかることは容易なことではない。不足する部分を補う方法として、他図書館からの団体貸し出しを活用することが考えられる。

国立国会図書館国際子ども図書館では、学校図書館に対する支援の一環として、児童書など約50冊からなる「学校図書館セット貸出し」を実施している。小学校低学年、小学校高学年、中学校向けの3つの対象者を念頭（高等学校の図書館でも利用可能）に、「世界を知るセット」「ヨーロッパセット」「東南アジアセット」「科学セット（中学校向けのみ）」などが提供されている。学校図書館の蔵書には少ない、外国語の原書や写真集・図鑑などもセットに含まれているため、学校図書館で提供する情報に幅をもたせることにも役立つといえる。

7）ネットワーク環境

　学校図書館メディアコレクションには、図書や新聞以外にも、インターネット上の情報資源を含めることができる。インターネット上の情報資源を活用するためには、学校図書館にコンピュータやタブレット端末といった情報機器と、ネットワークにアクセスするための無線 LAN などの整備も重要である。

◎学習のヒント
　本章は、学校図書館の運営に必要不可欠な物的資源について取りあげた。学校図書館に関わる物的資源は、学校図書館施設・設備（場）と学校図書館メディアコレクション（物）とに大別されることを理解したい。
　その上でまず、物的資源の入れ物となる施設・設備（図書館・図書室）の整備について、文部科学省が校種別に策定している「施設整備指針」から学校図書館に関わる部分を取り上げるとともに、数値的な目安を参考にできる全国学校図書館協議会による「学校図書館施設基準」も取り上げ、どのような空間が必要となるのかを確認した。さらに、学校図書館の施設・設備に求められるユニバーサルデザインや災害対策についても言及した。それらに基づき、学校施設の一部であることを考慮しつつ、望ましい学校図書館の施設整備を考えたい。
　また、学校図書館の中身ともいえる学校図書館メディアコレクションについて、物的資源の観点から取り上げた。具体的には、学校図書館の蔵書の現状、コレクション構築のための地方財政措置や学校図書館予算、学校図書館用図書平均単価、メディアコレクション構築の流れなどについて概観した。
　そこでは、学校図書館の蔵書の現状と課題を把握した上で、今後学校図書館メディアコレクション構築を図っていくための財源や購入の参考となる学校図書館用図書平均単価や図書購入単価（実績値）を確認したい。そして、学校図書館メディアコレクションの構築体制とその流れについて理解を深めたい。

■注
1）2016 年 3 月の各校種の施設整備指針は、「学校施設整備指針」の改訂〈http://www.mext.go.jp/b_menu/shingi/chousa/shisetu/013/gaiyou/1368309.htm〉（最終アクセス日：2016 年 12 月 8 日。以下同じ）から確認できる。
2）学校図書館施設基準〈http://www.j-sla.or.jp/material/kijun/post-38.html〉。

■参考文献
全国学校図書館協議会編『学校図書館・司書教諭講習資料［第 7 版］』全国学校図書館協議会（2012 年）

第6章

教育課程と学校図書館

河内祥子

1　近年の教育課程の特徴

　学校においては、教育関係法令や学習指導要領に従い、「児童の人間として調和のとれた育成を目指し、児童の心身の発達の段階や特性及び学校や地域の実態を十分考慮して、適切な教育課程を編成する」こととされる（「第1章　総則」『小学校学習指導要領』2017〔平成29〕年）。言い換えれば、各学校における教育課程の編成等の際に学習指導要領が「基準」として取り扱われており、各学校ごとに教育課程は異なるものの、法令や学習指導要領を見ることで、大まかな教育課程の内容を把握することができるということである。

　教育課程とは、「学校教育の目的や目標を達成するために、教育の内容を児童の心身の発達に応じ、授業時数との関連において総合的に組織した学校の教育計画である」とされる[1]。このような教育課程を編成するためには、まず、学校の教育目標等を設定する必要がある。そこで、教育基本法や学校教育法等に規定されている学校教育に関係する目的や目標を概観する。

2　学校教育の目標・目的からみる学校図書館の役割

　教育基本法においては、まず、教育の目的（1条）と目標（2条）、義務教育の目的（5条2項）等が定められている。また6条2項では、教育を受ける者の姿勢も示されており、「自ら進んで学習に取り組む意欲を高めることを重視して行われなければならない」とされている。これらをふまえ、学校教育

法では、義務教育の目標（21条）や学校の目的（29条等）・目標（30条等）に関することが規定されている。小学校や中学校の目標にも反映されている義務教育の目標においては、「公正な判断力」などに基づき主体的に社会の形成に参画することや（1号）、「読書に親しませ」国語を正しく理解し、使用する基礎的な能力を養うこと、「文芸」などについて基礎的な理解と技能を養うこと（9号）等が明記されており、学校図書館との関係が見受けられる。また、学校図書館法においても、図書館資料を児童・生徒や教員に提供することで、「学校の教育課程の展開に寄与する」ことを目的の一つとして掲げている（2条）。

3 学習指導要領における学校図書館の位置付けの変遷

　ここでは、学習指導要領の内容を整理し、当時の教育行政が教育課程に求めたものと学校図書館の関係を概観する。

1）1947（昭和22）年

　「学習指導要領（試案）」は、戦後の教育界が、戦時中の軍国主義や極端な国家主義思想から脱し、新しい教育の在り方を求めていたという時代背景を反映させたものである。このような社会状況の中で、学習指導要領は、「いまわが国の教育はこれまでとちがった方向にむかって進んでいる。（略）このようなあらわれのうちでいちばんたいせつだと思われることは、これまでとかく上の方からきめて与えられたことを、どこまでもそのとおりに実行するといった画一的な傾きのあったのが、こんどはむしろ下の方からみんなの力で、いろいろと、作り上げていくようになって来た」としている。他にも「学習が十分な効果をあげるには、児童が積極的にみずからこれを学ぶのでなければならない」とする。これらの意向を受けるかのように、小学校4年生以上を対象に「自由研究」が設定された。しかし、このときは、学校図書館法等も未だ制定されておらず、学校図書館に関する記述は見られなかった。

2）1951（昭和 26）年改訂

　1949（昭和 24）年には教育課程に関する重要事項を調査審議する「教育課程審議会」が設置され、1950（昭和 25）年の「小学校の教育課程をどのように改善すべきか（答申）」において小学校家庭科の存置、毛筆習字の取り扱い、自由研究の発展的に解消等に関する見解が出された。これに基づいて 1951（昭和 26）年に学習指導要領の全面的な改訂が行われた。この改訂においては、前回と根本的な考え方に変化はないとされた。その一方で「自由研究」をなくし、新たに「教科以外の活動の時間」を設けた。だが、学校図書館に関する記述は見られない。

　しかし、児童・生徒の主体性や自発性が重視される状況下であったことには変わりなく、「戦後の新教育の効果を真に達成するための必要不可欠な設備である学校図書館を充実する」ことを目的とし、1953（昭和 28）年に学校図書館法が成立することとなる。

3）1958（昭和 33）年〜1960（昭和 35）年改訂

　児童・生徒の主体性や自発性を重視する流れは、社会の変化とともに方向を変えていくこととなる。教育課程審議会は、「小学校・中学校教育課程の改善について（答申）」（昭和 33 年 3 月）において、「最近における文化・科学・産業などの急速な進展に即応して国民生活の向上を図り、かつ、独立国家として国際社会に新しい地歩を確保するためには、国民の教育水準を一段と高めなければならない」ことを指摘した。特に「道徳教育の徹底」と「基礎学力の充実」および「科学技術教育の向上」を図る必要性を説く。また「各教科間の不要の重複を避け、目標、内容を精選して、基本的事項の学習に重点をおくとともに、各学年における指導の要点を明確にし、教育の能率化を図ること」を求めた。

　1958（昭和 33）年改訂に当たり、学校教育法施行規則の一部が改正され、文部大臣が公示することとなった。「試案」からスタートした学習指導要領が「告示」化されたことにより法的拘束力を持つようになったのである [2]。この改訂により、道徳の時間の新設や基礎学力の充実等が図られた。

なお、1953（昭和28）年に成立した学校図書館法と整合性を取ったかのように、各教科、道徳、特別教育活動及び学校行事等の指導を能率的、効率的にするための留意事項の一つとして「教科書その他の教材、教具などについて常に研究し、その活用に努めること。また、学校図書館の資料や視聴覚教材等については、これを精選して活用するようにすること」と学校図書館に関する記述が初めて登場する。しかし、この改訂により、日本は戦後の新教育から知識偏重型教育に舵をきったともいえる。言い換えれば、教室において知識を詰め込む講義型の授業が主流となり、授業において学校図書館を活用する機会は消えていったのである。結果的に、学習指導要領のこの一文が学校図書館の理想と現実の乖離への第一歩と見ることもできる。

4）1968（昭和43）年〜1970（昭和45）年改訂

　1968（昭和43）年改訂では、科学技術の革新、経済の成長、社会の成熟など各領域に急速な発展、変化を考慮し、国民の基礎教育の充実が図られた。その要点は、「社会が複雑化し変化が激しいほど学校の教育課程は精選化、構造化を進め、基本的な知識や技能を習得させ、健康、体力の増進、判断力や創造性、情操や意志を養うため調和と統一のある教育課程の実現を図ろうとすること」にあった。

　同時に「年間授業時数の標準を示し、構成領域は各教科、道徳、特別活動の三領域に改め、教育課程研究のための特例を認めるなど新しい時代に柔軟に対処」した。

　学校図書館に関しては、「教科書その他の教材・教具を活用し、学校図書館を計画的に利用すること。なお学校の実態に即して視聴覚教材を適切に選択し、活用して、指導の効果を高めること」という記述がある。また、小学校の教育課程は、「各教科」、「道徳」、「特別活動」から構成されることになったが、「特別活動」の中で、学級指導の内容として「学校図書館の利用指導」が例示されている。しかし、学校図書館が教育課程全般にわたり活用されていたとすれば、学級指導において、あえて「学校図書館の利用指導」を行う必要などなかったはずである。学校図書館が「開かずの間」と化したことの

表れともいえなくもない。

5) 1977（昭和52）年～1978（昭和53）年改訂

その後、「第三の教育改革」を宣言した中央教育審議会より、いわゆる「四六答申」が発出される [3]。「戦後の学制改革以来20年の実績を反省するとともに、技術革新の急速な進展と国内的にも国際的にも急激な変動が予想される今後の時代における教育のあり方を展望し、長期の見通しに立った基本的な文教施策について」提言したものである。明治維新の教育改革、第二次世界大戦後の教育改革に続く大改革が意図されていた。具体的には「生涯（がい）教育の観点から全教育体系を総合的に整備すること、教員の給与・処遇の改善について具体案を作成すること、高等教育の新しい教育課程の類型を作り出すこと、教育行政体制の再検討を行うことなど」多岐に渡る施策を提言している。そして、初等・中等教育の根本問題において、今日の時代は「ひとりひとりの人間によりいっそう自主的、自律的に生きる力をもつことを要求しつつあることを示している」。「そのような力は、いろいろな知識・技術を修得することだけから生まれるものではなく、さまざまな資質・能力を統合する主体としての人格の育成にまたなければならない。そのための教育がめざすべき目標は、自主的に充実した生活を営む能力、実践的な社会性と創造的な課題解決の能力とを備えた健康でたくましい人間でなければならない」ことを指摘している。

「四六答申」を受け、1977（昭和52）年に改訂された学習指導要領では、「自ら考え正しく判断できる力を持つ児童生徒の育成を重視し、1）道徳教育や体育を一層重視し、知・徳・体の調和のとれた人間性豊かな児童生徒の育成を図ること、2）各教科の基礎的・基本的事項を確実に身に付けられるように教育内容を精選し、創造的な能力の育成を図ること、3）ゆとりある充実した学校生活を実現するために、各教科の標準授業時数を削減し、地域や学校の実態に即して授業時数の運用に創意工夫を加えることができるようにすること、4）学習指導要領に定める各教科等の目標、内容を中核的事項にとどめ、教師の自発的な創意工夫を加えた学習指導が十分に展開できるように

すること、などをねらいとして改善が図られた」。

　各教科の指導内容を大幅に精選し、思い切った授業時数の削減を行ったことが大きな特色である。学校図書館に関しては、「視聴覚教材などの教材・教具や学校図書館を計画的に利用すること」とされており、むしろ前回よりコンパクトにまとめられている。

6）1989（平成元）年改訂

　1989（平成元）年改訂では、前回削減された授業時間がそのまま引き継がれた。また生涯学習の基盤を培うという観点に立ち、「二十一世紀を目指し社会の変化に自ら対応できる心豊かな人間の育成を図ることをねらいとし、1）心豊かな人間の育成、2）基礎・基本の重視と個性教育の推進、3）自己教育力の育成、4）文化と伝統の尊重と国際理解の推進」を重視した改善が行われた。小学校低学年については、児童の直接体験を学習活動の基本に据え、自立への基礎を培うことをねらいとする生活科が新設された。これに伴って低学年の社会科および理科は廃止されることとなった。

　学校図書館に関しては、「視聴覚教材や教育機器などの教材・教具の適切な活用を図るとともに、学校図書館を計画的に利用しその活用に努めること」とされ、学校図書館の持つ教材等ではなく、学校図書館自体の活用に言及しているところに注目すべきである。「心豊かな人間」や「自己教育力の育成」といった観点からの各教科等の内容や指導方法の改善が求められる中で、ようやく学校図書館の利用が見直され始めたといえる。

7）1998（平成10）年〜1999（平成11）年改訂

　1996（平成8）年には、中央教育審議会が「21世紀を展望した我が国の教育の在り方について―子供に［生きる力］と［ゆとり］を―（第一次答申）」を出し、「生きる力」の重要性が指摘された。

　これらを受け、第六回改訂（1998〔平成10〕年）においては、完全学校週5日制の下、各学校が「ゆとり」の中で「特色ある教育」を展開し、子どもたちに学習指導要領に示す基礎的・基本的な内容を確実に身に付けさせること

はもとより、自ら学び自ら考える力などの「生きる力」をはぐくむことを目的とした。具体的な特徴としては、「授業時数の縮減と教育内容の厳選」、「個に応じた指導の充実」、「体験的、問題解決的な学習活動の重視」、「総合的な学習の時間の創設」、「選択学習の幅の拡大」があげられる。

　学校図書館に関する記述としては、「指導計画の作成等に当たって配慮すべき事項」において「各教科等の指導に当たっては、児童がコンピュータや情報通信ネットワークなどの情報手段に慣れ親しみ、適切に活用する学習活動を充実するとともに、視聴覚教材や教育機器などの教材・教具の適切な活用を図ること」、「学校図書館を計画的に利用しその機能の活用を図り、児童の主体的、意欲的な学習活動や読書活動を充実すること」とある。これまで視聴覚教材等の活用と学校図書館の計画的利用は一つの項目となっていたがこれが別途規定されている。その上で学校図書館は、「学習活動」と「読書活動」を担うことが明記されたのである。このことから、教育課程における学校図書館の果たすべき役割の重要性をうかがうことができる。また、学校図書館と関係の深い教科においては、各教科の中でも学校図書館に関する記述が見られるようになった。例えば、社会においては、「学校図書館や公共図書館、コンピューターなどを活用して、資料の収集、活用・整理などを行うようにすること」が明記されている。教育課程における学校図書館の重要性が学習指導要領においてもようやく具体的に示されたといえよう。

8) 2003（平成15）年一部改正と 2008（平成20）年〜2009（平成21）年改訂

　文部科学省は、2003（平成15）年12月26日付けで学習指導要領の一部を改正した。その背景には PISA 調査（2003年）や TIMSS 調査（2003年）の結果を受けた「学力低下」を懸念する動きがあった。

　学習指導要領の主な改正点としては、第一に学習指導要領に示している内容等を確実に指導した上で、児童・生徒の実態に合わせて、学習指導要領に示していない内容を加えて指導できることを明確にした（学習指導要領の最低基準化）。第二に総合的な学習の時間の学習活動を行う上での配慮事項等を明らかにした。第三に個に応じた指導の充実のための指導方法等の例として、

学習内容の習熟の程度に応じた指導、補充的な学習や発展的な学習などの学習活動を取り入れた指導等を示した。他にも、指導内容の確実な定着を図るため必要がある場合には、指導方法・指導体制の工夫改善を図りながら、学校教育法施行規則に定める各教科等の年間授業時数の標準を上回る適切な指導時間の確保に配慮することとされた。

2008（平成20）年からの改訂では、学力の重要な3つの要素として、①基礎的・基本的な知識・技能、②知識・技能を活用して課題を解決するために必要な思考力・判断力・表現力等、③主体的に学習に取り組む態度が示された。教育内容の改善という点では、「言語活動の充実」があげられている。言語活動の拠点となりうる学校図書館にとっても追い風となる可能性がないわけではないが、学校図書館については、1998（平成10）年改訂から一切変更は加えられていない。この改訂は、いわゆる「ゆとり教育」からの「ゆりもどし」とも見られなくはない。例えば、小学校においては、総合的な学習の時間が減少し、国語、社会、算数、理科、体育の授業時数は6学年合わせて350時間程度増加している。

9）2015（平成27）年一部改正と2017（平成29）年～2018（平成30）年改訂

2015（平成27）年には、学習指導要領が一部改正され、小学校及び中学校において、道徳の時間を「特別の教科」として位置付け、多様で効果的な道徳教育の指導方法へと改善し、一人一人のよさを伸ばし成長を促すための評価とすることが求められた。また、検定教科書が導入されることとなった。

2017（平成29）年からの改訂の特徴としては、知識の理解の質をさらに高め、確かな学力を育成するため、すべての教科等を①知識及び技能、②思考力、判断力、表現力等、③学びに向かう力、人間性等の3つの柱で再整理し、偏りなく実現することとした点である。ただし前提として、知識及び技能の習得と思考力、判断力、表現力等の育成のバランスを重視する従来の学習指導要領の枠組みや教育内容は維持するとしている。「知識の理解の質をさらに高め、確かな学力を育成する」という点だけが強調されると、知識偏重型の教育へと揺り戻される可能性があるが、それを意図しているわけではないと

いうことであろう。なお、小学校中学年から「外国語教育」が導入され、小学校における「プログラミング教育」が必修となった。

　学習指導要領では、「アクティブ・ラーニング」というワードこそ入らなかったが、「主体的・対話的で深い学び」の視点から「何を学ぶのか」だけでなく「どのように学ぶのか」を重視した授業改善が求められている。実際、文部科学省が保護者等に向けて発出したパンフレットにおいては「主体的・対話的で深い学び（アクティブ・ラーニング）」と表記されている。

　このような中で学校図書館に関しては、「学校図書館を計画的に利用しその機能の活用を図り、児童の主体的・対話的で深い学びの実現に向けた授業改善に生かすとともに、児童の自主的、自発的な学習活動や読書活動を充実すること。また、地域の図書館や博物館、美術館、劇場、音楽堂等の施設の活用を積極的に図り、資料を活用した情報の収集や鑑賞等の学習活動を充実すること」とされた。児童らの「主体的・対話的で深い学び」を実現する上で、学校図書館が重要な役割を担うということがより明確となったといえるであろう。

4　「主体的・対話的で深い学び」と学校図書館の未来

　新しい学習指導要領では、「主体的・対話的で深い学び」、すなわち「アクティブ・ラーニング」の視点からの学びをいかに実現するかが重要だとされる[4]。「アクティブ・ラーニング」は、新しい取り組みのようなイメージすらあるが、従来より学校図書館で行われる教育活動は、子どもたちの主体性を重視したアクティブな学びである。にもかかわらず、各教科からの学校図書館へのアプローチがほとんどないことが気がかりである。

　現在、学校図書館は軽視されているわけではないが、学校図書館の置かれた状況は必ずしも安定したものでもない。何より、学校図書館自体に今日の教育改革が要請する機能を果たすだけの物的資源が十分に確保されていないというきわめて深刻な現状がある。「総合的な学習の時間」はもちろんのこと、各教科において問題解決的な学習活動を行う場合、本来であれば学校図書館

とその蔵書等を利用することになるであろう。しかし、クラスの児童・生徒が一斉に学校図書館を利用して、調べ学習を行おうとしても、その人数分の資料を十分に提供できない状況がある。そのため、調べ学習を取り入れたいと考える教員の多くはパソコン室を利用させたり、保護者等へのヒアリング調査を行わせるなど、学校図書館の資料を使用しなくても対応できるよう苦心している。

この問題を解決するため、現在、学校図書館図書整備費等が措置されているが、地方交付税であるため使途を特定しない一般財源として措置される。そのため各地方公共団体において予算化が図られ、はじめて学校図書館の図書などの整備のために充てられる。近年、地方財政も厳しいためか、これらが学校図書館の整備以外に「流用」されるケースも少なくない。予算確保が困難であることを見越してか、文部科学省も「みんなで使おう！学校図書館」（リーフレット）において、「第5次学校図書館図書整備5か年計画」の解説と、予算要求のフローを示している（図6-1）。

実際、地方公共団体によっては、図書の廃棄を行わないよう指導しているところもある。これは、学校図書館の整備目標として学校図書館図書標準が掲げられていることから、数値上、学校図書館図書標準を満たし、それを口実に学校図書館整備のための予算配分を避けようとすることを狙いとしているとしか考えられない。このような地方公共団体においては、実質的に学校図書館の衰退を推し進めているということであり、言語活動を充実させるための学校図書館における授業やアクティブラーニングとしての学校図書館を活用した授業が全くイメージできていないということであろう。

また、公共図書館等では、蔵書のデータベース化が進み、アクセシビリティに配慮しつつ、高齢者から子どもまでOPAC（蔵書検索）などを利用し、必要とするメディアを自ら探し、手に取ることができるよう様々な工夫がされている。一方、学校図書館の蔵書のデータベース化は少しずつ進んでいるものの、児童らがそのデータベースを活用し自由に検索する状況にはほど遠い現状がある。子どもたちの情報活用能力を伸ばすためにも、学校図書館のデータベース化を早急に進め、そのデータベースを子どもたちが活用できる環境

【予算要求のフロー】

学校図書の整備や学校司書の配置そのものを目的にするのではなく、その整備充実により、いつまでにどのように学校を変えようとしているのかが整理されていないと、議会や財政当局には納得していただけません。

総合教育会議
③ 協議・調整

① 状況報告等
⑥ 予算配賦
④ 予算要求
⑤ 予算配賦

学校　　　　　　　　　教育委員会　　　　　　　地方公共団体財政部局等

① 学校現場での整理、状況報告

・校長を中心に、教頭、教務主任、事務職員等による予算委員会を組織するなど、校内組織を生かして全校的な対応を図り、整備が必要な図書の優先順位付け、学校司書の活用方法等を検討。それを踏まえ、教育委員会に情報提供・要望

② 教育委員会内での整理

・学校現場で新規購入・更新が必要な図書の把握（学校からのヒアリング、他の地方公共団体の整備状況の照会等）
・図書館資料や学校司書に係る目標となる水準を明確化し、複数年次にわたる計画の策定
・学校の意見を聴きつつ、図書館資料充実や学校司書の配置に伴う政策目標、政策効果等を整理（例えば、伝記や自然科学書等授業に直結する蔵書の割合を高める、読書好きの子供の数を増やす等具体的でフォローアップ可能な目標を定める。）

③ 総合教育会議における協議、調整

・教育条件整備に関する施策（学校図書館の環境整備計画の策定等）

④ 予算要求

・政策効果等の説明に当たっては、必要に応じ、文部科学省の資料等を活用

図 6-1　学校図書館整備のための予算要求のフロー
出所）文部科学省「みんなで使おう！学校図書館」（リーフレット）

を整える必要がある。

　新学習指導要領は小学校は 2020（令和 2）年度、中学校は 2021（令和 3）年度から全面的に実施し、高等学校では 2022（令和 4）年度以降の入学生から適用するとされている。これに合わせ、学校図書館の充実が進むか否かが、学校図書館の未来を左右するのではないだろうか。学校図書館の理想と現実が極端に乖離した状況が続けば、授業計画を立てる教員からも、教育課程を検討する審議会や文部科学省からも見放される可能性が高い。

　2016（平成 28）年には、学校図書館の整備充実に関する調査研究協力者会議において「これからの学校図書館の整備充実について（報告）」が出されたことを受け、文部科学省は「学校図書館ガイドライン」を定めた。これを参考に各地方公共団体が、学校図書館の整備を進め、教育課程の充実が図られるよう、学校図書館関係者は学校図書館の可能性や現状について、報告すると同時に具体的な対策を提案していく必要がある。

　なお、公益財団法人文字・活字文化推進機構、公益社団法人全国学校図書

館協議会、一般社団法人日本新聞協会、学校図書館整備推進会議が連名で発行した「学校図書館の出番です―アクティブ・ラーニングの視点に立った学びに向けて―」（パンフレット）では、予算化をうながす一つの方法として、行政や議会に「請願書」を提出することを提案し、具体的な行動マニュアルや文書のひな形を示している。学校図書館の図書などの整備のための予算化が行われていない地域では、これらも参考に、保護者や地域と連携した取り組みが必要になるであろう。

◎学習のヒント

　学校図書館法2条において、学校図書館は、図書館資料を児童・生徒や教員に提供することで、「学校の教育課程の展開に寄与する」ことを目的の一つとして掲げている。学校図書館は学校における教育活動と密接に関係した施設設備であるべきである。多くの学校では、学校図書館を活用した授業は、必ずしも積極的に行われていない。実際、学生が、教育実習中に学校図書館を活用した授業に接したり、実施することは、皆無に等しい。

　このように理想と現実に乖離のある学校図書館ではあるが、本章では、教育課程上学校図書館はどのように位置付けられてきたのか、また教育施設としての学校図書館の課題について概観する。具体的には、教育基本法や学校教育法における教育の目的や目標を押さえ、1947（昭和22）年「学習指導要領（試案）」から新学習指導要領までの変遷を学ぶ。

　学習指導要領の変遷では、教育課程全般における学校図書館の位置付けを明らかにするため総則を中心に分析している。そこで、学習者ごとに現行の学習指導要領および新学習指導要領を手にとり、各教科における学習指導要領上の学校図書館の位置付けや、各教科と学校図書館との関係を読み説くとよいであろう。

■注

1）文部科学省『小学校学習指導要領解説総則編』平成29年7月。

2）学習指導要領の法的拘束力については、疑義も提起されるなど学校現場においても激しい対立があったが、最高裁判所は旭川学力テスト訴訟（最高裁判所大法廷判決昭和51年5月21日）以降、法規としての性格を有するとの立場を強めた。

3）中央教育審議会「今後における学校教育の総合的な拡充整備のための基本的施策について（答申）」（昭和46年）

4）中央教育審議会教育課程部会『次期学習指導要領等に向けたこれまでの審議のまとめ』2016 年 8 月。

■参考文献
文部省『学制百二十年史』
文部省『学制百年史』
文部省『小学校における学校図書館の利用指導』大日本図書（1970 年）
文部省『中学校における学校図書館運営の手びき』大阪書籍（1972 年）
押上武文『「総合的な学習」のための学校図書館活用術』学事出版（2002 年）
天道佐津子編著『読書と豊かな人間性の育成』青弓社（2005 年）
宅間紘一『学校図書館を活用する学び方の指導』全国学校図書館協議会（2002 年）
坂田仰・河内祥子編著『教育改革の動向と学校図書館』八千代出版（2012 年）
坂田仰・河内祥子・黒川雅子編著『学校図書館の光と影―司書教諭を目指すあなたへ―』八千代出版（2007 年）

実践報告2

言語活動と学校図書館

金本佐紀子

は じ め に

　練馬区立橋戸小学校は、人口の多い東京都内に位置しているが、白子川、赤松林の赤松公園、清水山憩いの森公園など、学校の近隣には豊かな自然が見られる。学校は、昔からの地名である「橋戸」を称し、1977（昭和52）年6月に開校した。開校以来、「考える子、思いやりのある子、たくましい子」を教育目標としており、知・徳・体の調和のとれた児童の育成を目指している。また、校庭に面した校舎の1階にある学校図書館は、放課後や休日は地域の図書館として開放されている。この時間の業務は開放員が当たるが、開放により「開かれた学校」として情報を発信するとともに、地域の教育力の導入の一つの起点ともなり得ている。

　筆者は、橋戸小学校を訪問し見学・ヒアリングを行った。本報告は、その取材を基に、言語活動を通し思考力・判断力・表現力等を鍛えていく橋戸小学校の教育実践について紹介するものである。

1　日常的な言語活動の取り組み

　小学校低学年は、学習の習慣化を図る貴重な時期である。この時期に、話すことや聞くことといった言語活動の基本形を身に付けることは、コミュニケーション能力を養う基盤ともなり、

話し方あいうえお
あかるくはっきり
いそがずにていねいに
うまくつたわるように
えがおで
おちついて

聞き方あいうえお
あいてのかおをみて
いっしょうけんめい
うなづきながら
えがおで
おしまいまで

大切である。各クラスでは、担任が「話し方あいうえお」と「聞き方あいうえお」という2つの標語を用いて、言語活動の指導をしている。正しい言葉づかいや目的を持った発言・聞き方を児童に意識させることができるこの標語は、各教科の授業ではもちろんのこと、朝の会・帰りの会等、様々な日常生活の場面で子どもの言語活動の指針となっている。

2　教科指導と言語活動

　平成20年版小学校学習指導要領の総則には、「各教科等の指導に当たっては、児童・生徒の思考力、判断力、表現力等をはぐくむ観点から、基礎的・基本的な知識及び技能の活用を図る学習活動を重視するとともに、言語に対する関心や理解を深め、言語に関する能力の育成を図る上で必要な言語環境を整え、児童の言語活動を充実すること」とあり、言語活動を手段として用い、各教科において思考力・判断力・表現力を育み、教科の目標を達成することの重要性が示されている。言語活動に関する指導は、国語科で培った能力を基本に、各教科の特質にあった取り組みをする必要があるとされている。橋戸小学校の取り組みを見ると、学校図書館を活用した言語活動の指導の活性化が進んでいることが特徴である。そこで次に、学校図書館を活用し学習効果の上がっている言語活動の教育実践例を紹介する。

1）理科における言語活動

　科学的な用語の意味や使い方を正しく知ることは、理科の学習の基礎となる。その上で、「観察、実験の結果を整理し考察する学習活動や、科学的な言葉や概念を使用して考えたり説明したりするなどの学習活動」が言語活動の充実に繋がる。

　3年生の理科領域「B生命・地球」には、単元「身近な自然の観察」がある。身の回りの生物の様子を調べ、生物とその周辺の環境との関係について考え

表実 2-1 「虫図かん」の評価基準（下線部は言語活動の実践）

自然事象への関心・意欲・態度	科学的な思考・表現	観察・実験の技能	自然事象についての知識・理解
いろいろな昆虫の成長の決まりや体のつくり、活動の様子に興味関心をもち、その特徴を進んで調べようとしている。	いろいろな昆虫の成長のきまりや体のつくりを比較して、共通点や差異点について、自分の考えを表現している。	自分の考えを確かめるために、昆虫を観察したり複数の資料を調べたりして、結果を記録している。	昆虫の育ち方には一定の順序があり、体は頭−胸−腹からできていて、胸に6本のあしがあることを理解している。

を持つことができるようにすることをその目標としている。橋戸小学校では、実際にモンシロチョウを飼育し、卵から幼虫、羽化までを観察し、その育ち方や食べ物、すみか等を学習し昆虫の特徴を学んだ後、学校図書館を利用した発展学習「虫図かんを作ろう」が設定されている。この取り組みは、自分の選んだ昆虫や虫について、学校図書資料から必要な情報を集め、わかったことをカードにまとめ、他の昆虫との共通点や差異について考察する。これらのカードを基に一人ひとりが「虫図かん」を作り、グループで発表する。同じ昆虫や虫を調べている児童はグループになり、情報交換しやすいようにする工夫も備わっている。

　この活動では、「科学的な思考・表現」の観点から「自分の考えを表現」する言語活動、「観察実験の技能」の観点から「結果を記録」する言語活動が実践され、多数の昆虫や虫の「虫図かん」の作成や観察により、「自然事象についての知識・理解」の観点にある昆虫の特徴をよりはっきりと知り、発表することができていた。教科の目標を補充・発展的に達成したといえよう（表実 2-1）。

2) 道徳および特別活動における言語活動

　平成20年版小学校学習指導要領では第6章第3の1の（4）の中において、「第3章道徳の第2に示す内容について、特別活動の特質に応じて適切な指導をすること」と示している。小学校低学年では、表実2-2に示した特別活動および道徳の内容をクロスカリキュラムとして捉え、関連付けて指導する

表実 2-2　小学校低学年における特別活動と道徳の関連内容

特別活動（学級活動）の内容	道徳の内容（特に関連の深い）
仲良く助け合い学級を楽しくする	2　主として他の人とのかかわりに関すること。 　（3）友達と仲良くし、助け合う。 4　主として集団や社会とのかかわりに関すること。 　（4）先生を敬愛し、学校の日常に親しんで、学級や学校の生活を楽しくする。

出所）平成 20 年版小学校学習指導要領解説特別活動を基に作成。

ことで、相乗効果が期待できる。

　橋戸小学校では、絵本を教材として主題に迫った教育実践を、道徳および特別活動のクロスカリキュラムを設定し実践している。『ともだちや』（内田麟太郎・作、降矢なな・絵、偕成社）による実践を紹介する。同書は、「読み聞かせ」にもよく使用され、学校図書館でも人気が高く、児童にとってなじみの絵本である。

　まず道徳で、『ともだちや』を題材に、平成 20 年版小学校学習指導要領の道徳の内容の「2 主として他の人とのかかわりに関すること」の「（3）友達と仲良くし、助け合う」大切さを理解することを、本時のねらいとして取り組まれていた。価値項目には①主人公であるキツネの気持ちがわかる、②本当の友達の意味を考える、③自分は「こんな友達になりたい」ということが考えることができる、という 3 点を設定している。目標を達成するために、2 人一組の役割演技、グループ発表が展開された。自分の考えを相手に伝えることや、相手の考えを聞く言語活動を通して、児童同士の関わりや会話が生まれ、自分の考えが深まっていく様子を見ることができた。

　次に、学芸会の題材に『ともだちや』を取り入れ、学年として劇を発表した。特別活動における文化的行事の指導では、平成 20 年版小学校学習指導要領解説特別活動編において、実施上の留意点が「（ア）言語力の育成の観点から、学芸会などで異年齢の児童が一堂に会して、互いに発表し合う活動を効果的に実施することが望ましい。その際、特定の児童だけが参加、発表するのではなく、何らかの形で全員が参加しているという意識がもてるようにする」と示されている。『ともだちや』のシナリオは、教員が学年用に編

成し、学年の児童 46 人全員が劇に出るというダイナミックな表現活動が行われ、目標を達成することができていた。

3　図書館資料の活用

1）ブックバイキング

　「読み聞かせ」は、児童の聞く力を育て、情操面も豊かにする。橋戸小学校では、図書の読書旬間（2 週間の取り組み期間を「旬間」と名付けている）に、全校をあげて教員による「読み聞かせ」に取り組んだ。

　まず、教員が児童に「読み聞かせ」をしたい本を学校図書館の本から 1 冊選び、紹介文を書く（表実 2-3）。次に、紹介文をもとに参加したい「読み聞かせ」の個人の希望をとる。担当教員はあらかじめ知らされず、当日、指定された場所に児童が移動したときにはじめてわかる仕組みである。朝の 15 分間で行われる意欲的なこの取り組みは、「ブックバイキング」と称され、異学年の交流の場所でもある。

　この取り組みの特徴は、文部科学省が、2008 年に『言語活動の充実に関する指導事例集【小学校版】』においてその重要性を指摘している、「我が国の言語文化に触れて感性や情緒を育む」ために「言葉の美しさやリズムを体感させたりする」ことを、児童の興味別に選択制で実行している点にある。

　他の本にも、興味が湧くように取り組み後は、学校図書館前の廊下にすべての本の紹

表実 2-3　2016 年度　ブックバイキングの本

- ・ざぼんじいさんのかきのき
- ・えいっ
- ・じごくのそうべえ
- ・ガンバレ !! まけるな !! ナメクジくん
- ・ソメコとオニ
- ・九九をとなえる王子さま
- ・クレヨンからのおねがい
- ・はらぺこあおむし
- ・うごいちゃ　だめ！
- ・おおかみがきた！
- ・トラのじゅうたんになりたかったトラ
- ・せかいでいちばんつよい国
- ・シロナガスクジラより大きいものっているの？
- ・もしも日本人がみんな米つぶだったら
- ・ぶつぶついうのだあれ
- ・めっきらもっきらどおんどん
- ・工場の底力　町工場のエジソン
- ・大きなモミの木の下で
- ・クリスマス事典

介文と「ブックバイキング」の様子が掲示されている。

2）学校図書館チーム

　学校図書館には図書支援員が配置されており、貸出業務以外に調べ学習に必要な図書の手配、調べ学習に適切な本についての児童への支援、「読み聞かせ」等に関するアドバイス、学校図書室レイアウトや飾りつけも行っている。

　また、図書ボランティアは掲示物作成・朝の読み聞かせ等を担当している。児童や教員が必要とするときに適切な学校図書が提供されることは、タイムリーな言語指導の実践に繋がる。また、季節や行事を意識した手づくりのレイアウトが施された学校図書館は、情操を養うとともに言語活動を支える児童の「興味・関心」を引き出す環境となっている。

　このように図書支援員、および図書ボランティア等の学校図書館チームの存在は、言語活動をはじめとした橋戸小学校の多様な教育実践に大きく寄与しているといえよう。

図実 2-1　ブックバイキング

第7章

生きる力をはぐくむ学校図書館活用

金本佐紀子

　「生きる力」は、1996（平成 8）年に中央教育審議会が「21 世紀を展望した我が国の教育の在り方について（第一次答申）」の中で示した教育の目標である。答申では、「生きる力」を知・徳・体の３つの観点から説明し、その１つの知に関する点について、「いかに社会が変化しようと、自分で課題を見つけ、自ら学び、自ら考え、主体的に判断し、行動し、よりよく問題を解決する資質や能力」であると定義した [1]。また、それらのために必要となる学校施設の整備の一つとして学校図書館の充実を掲げたのである。

　本章では、「生きる力」をはぐくむ教育活動における学校図書館の活用の可能性と課題について、近年、関心が高まっている「課題の発見・解決に向けた主体的・協働的な学び方」にも焦点を当てつつ、概観する。

1　「生きる力」と学校図書館

　1998（平成 10）年の学習指導要領改訂に際して、各学校が「ゆとり」の中で「特色ある教育」を展開することで「生きる力」をはぐくむことが、基本的視点として位置付けられた [2]。

　その後、2008（平成 20）年に改訂された学習指導要領においても、その実現のために、より具体的な手立てを確立することを目指している。例えば、中学校学習指導要領では総則において、「生徒に生きる力をはぐくむことを目指し、創意工夫を生かした特色ある教育活動を展開する中で、基礎的・基本的な知識及び技能を確実に習得させ、これらを活用して課題を解決するために必要な思考力、判断力、表現力その他の能力をはぐくむ」とし、基礎的

な知識や技能の習得と思考力、判断力、表現力の育成を強調している。さらに、すべての教科等の指導を通じ、学校図書館の計画的な利用を進め、児童・生徒の主体的な学習活動を促進していくことの重要性を指摘した[3]。

このような中、すべての教科等の指導を通じ、学校図書館の計画的な利用を進め、児童・生徒の主体的な学習活動を促進していくことが、ますます重要となっていることから、文部科学省は、2008（平成20）年から子どもの読書サポーターズ会議を開催した。翌年、子どもの読書サポーターズ会議は、「これからの学校図書館の活用の在り方等について（報告）」を公にする。ここでは、「変化の激しい現代社会の中、自らの責任で主体的に判断を行いながら自立して生きていくために、必要な情報を収集し、取捨選択する能力を、だれもが身に付けていかなければならない」とした上で、「読み、調べることの意義は、増すことはあっても減ることはない」と指摘している。言い換えれば教育方法としての「調べ学習」の必要性・重要性をあらためて明示したといえる。

2 「アクティブ・ラーニング」と学校図書館

学校教育法30条2項は、「生涯にわたり学習する基盤が培われるよう、基礎的な知識及び技能を習得させるとともに、これらを活用して課題を解決するために必要な思考力、判断力、表現力その他の能力をはぐくみ、主体的に学習に取り組む態度を養うことに、特に意を用いなければならない」と規定している。ここから、学校教育において重視すべき三要素は、「知識・技能」「思考力・判断力・表現力」「主体的に学習に取り組む態度」であるといえる。

文部科学省は、2020（平成32）年から全面実施が予定されている新学習指導要領において育成すべき資質・能力は次の3点であると、2016（平成28）年の中央教育審議会答申において明らかにした[4]。

① 何を理解しているか、何ができるか（生きて働く「知識・技能」の習得）

② 理解していること・できることをどう使うか（未知の状況にも対応できる「思考力・判断力・表現力等」の育成）

③　どのように社会・世界と関わり、よりよい人生を送るか（学びを人生や社会に生かそうとする「学びに向かう力・人間性等」の涵養）

　この３点を養うためには、学びの量、質、深まりが重要である。文部科学省は、その学びの質の向上や深まりを求めるために、「課題の発見・解決に向けた主体的・協働的な学び」（いわゆるアクティブ・ラーニング）が有効であるとする。

　アクティブ・ラーニングは、主体的に学ぶことの意味と自分の人生や社会の在り方を結び付け、多様な人との対話を通じて考えを広げる教育方法であるとされる。この点、山地は、アクティブ・ラーニングを「思考を活性化する」学習形態と定義し、多様な学習方法を提案している[5]（図7-1）。

　学校図書館のメディアを活用し児童・生徒らが調べ、発表する「調べ学習」も、アクティブ・ラーニングの一つの形態に位置付けられるはずである。このようなアクティブ・ラーニングに代表される「主体的・対話的で深い学び」の充実のために、「子供たちが学びを深めるために必要な資料（統計資料や新聞、画像や動画等も含む）の選択や情報の収集」を支える学校図書館の役割に期待が高まっていると言えよう[6]。

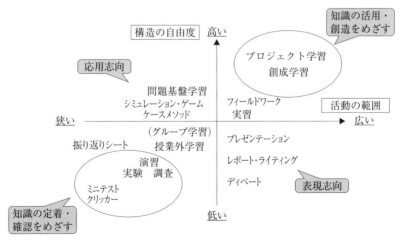

図 7-1　アクティブ・ラーニングの形態
出所）山地弘起「アクティブ・ラーニングの実質化に向けて」（2013 年）より引用。

3 「調べ学習」と学校図書館

　「調べ学習」が教育課程の中で展開される際には、まず、教員が年間指導計画を立案し、その中で「調べ学習」の位置付けを行う。次に、自校の学校図書館にどのようなメディアが整備されているかを把握し、必要であれば、公立図書館等に団体貸し出し等の依頼を行うことになる。その際、司書教諭や学校司書と連携することでスムーズに必要なメディアを収集することができる。

　あらかじめ教員が収集した多様なメディアの中から、児童・生徒が自ら「なぜ」「どうして」という疑問をもち、自分の力で資料を選び、情報を手に入れられることを目指す必要がある。したがって、児童・生徒には、知識伝達型の授業ではないことをあらかじめ周知し、メディアを利用する学び方、あるいは発表の仕方を指導することが重要となる。この段階で、教員は、各メディアの長所や短所などその特性を児童・生徒に理解させるよう努める。また、児童・生徒自身に、「必要な情報を自分で探し、自分の言葉で表現する能力」を養う学習機会の重要性に気付かせ、モチベーションを上げておくことが望まれる。このステップの有無は、「調べ学習」によるメディア活用・課題解決の成果、ひいては「生きる力」の育成の成果を大きく左右する。

　そして、教員は、学校図書館の施設利用やメディア利用に関して必要な指導・助言を行い、児童・生徒の不安を取り除かねばならない。「調べ学習」は児童・生徒自身が課題を見つけ、意欲的に取り組むところにその醍醐味があるのである。以下では、学校図書館において行われる「調べ学習」のポイントについて著者の実践例を基に整理していく。

1)「調べ学習」の年間指導計画への位置付け

　所沢市立北野中学校では、「進んで学び　心身をきたえ　生きる力を伸ばす生徒」を学校教育目標に掲げ、地域に根差した教育活動の充実を図ることを重視して授業計画を立てている (図7-2)。

| 学校教育目標 | 『進んで学び 心身をきたえ 生きる力を伸ばす生徒』 |

目指す学校の特色
・礼儀を重んずる学校
・花と緑のあるきれいな学校
・体験学習の活発な学校

目指す生徒像
＊ 基礎・基本を身につけ，自分の良さを伸ばすことのできる生徒
＊ 物事の深い意味や本質などをみきわめようとする姿勢をもち，何事にも積極的に取り組む生徒
＊ 知・情・意のバランスがとれ，他人と協調し明るく健康で自ら体力を高めようとする生徒
＊ 規律ある生活を送り，勤労やボランティア活動を理解し進んで取り組める生徒
の具現化のために

図 7-2　学校教育目標（北野中学校）

　和室や農園など特色ある学校施設を利用した体験学習、所沢市埋蔵文化センターなど近隣施設と連携した社会体験活動等を行い、さらに広く視野を広げる教育活動として、国際理解教育やキャリア教育にも力を入れている。以下は、第2学年の総合的な学習の時間の実践である。

　第2学年の総合的な学習の時間の学年テーマは「ふるさと北野から　日本そして世界へ」である。そして、サブテーマは「国際理解」、キーワードには「学校農園、国際理解、自然体験学習、上級学校訪問」が設定されている。

　学校図書館を利用した「調べ学習」は、年間指導計画に従って以下の3つの内容で展開した（表7-1）。

　第1に、国際理解教育のうち「国際理解教室」である。生徒に興味・関心を持たせるために国立国際医療研究センター病院の協力を得、国際医療協力局の看護師の講演を聞いた後に、国際理解についての「調べ学習」を行った。その際、学校図書館の資料のみでは、生徒らが調べ学習を行う上で不十分であったため、近隣の公共図書館から関連する資料を借りて対応することにした。

　なお、特別活動・道徳を利用し、国際協力に関する事例や扱っている機関、およびその理念についても学び、特別活動においてはボランティア活動などの社会参加について考えるきっかけと位置付けている。また、発展的な取り

表 7-1　北野中学校第 2 学年　総合的な学習の時間　実施記録

2009 年度

回数	月	日	学習内容	時数	詳細	総合での図書室利用（学年職員担当）	総合とリンクした他教科での図書室利用	総合以外の教科担当
1	4	16	国際理解教室①*	2	講演会「国立国際医療センター馬場洋子氏講話」、白旗塚修復作業		道徳を利用し、国際理解・国際協力に関する図書を図書室で借りる	担任
2		28	農園活動①*	2	肥料・石灰まき、白旗塚修復作業		学活でJICAについてPCで調べる	
3	5	7	人権教育①*	2	VTR鑑賞（ヘレンケラー来日と障害者理解）、人権作文		道徳を利用し、国際理解・国際協力に関する図書を図書室で借りる	担任
4		21	農園活動②*	2	苗植え、マルチ穴あけ、さつまいもの			
5		22	自然体験学習①	2	係会①、長野・志賀高原に関するテーマ学習	図書室、PCで調べ学習	学活を利用しクラス別にテーマを分担し、図書室調べ学習	担任
6	6	4	自然体験学習②	2	係会②、長野・志賀高原に関するテーマ学習	図書室、PCで調べ学習		
7		11	自然体験学習③	2	係会③、長野・志賀高原に関するテーマ学習の完成、しおりまとめ	図書室、PCで調べ学習		
8		18	自然体験学習④	2	長野・志賀高原自然体験教室事前説明（保護者）、生徒発表			
9		23	自然体験学習⑤	2	キャンプファイヤー（クラスの出し物③）、しおり綴り			
10	9	3	体育祭にむけて①	2				
11		10	体育祭にむけて②	2			JICA 国際協力エッセイコンクール提出（学年担当）	
12		17	農園活動③	2	除草・つる返し、白旗塚修復作業			
13		24	JAXAについて調べ学習	1	いぶき・はやぶさも可	図書室、PCで調べ学習		
14	10	8	JAXAについて調べ学習	1	いぶき・はやぶさも可	図書室、PCで調べ学習		
15		15	合唱コンクールを成功させよう①	2	全体合唱・練習	図書室、PCで調べ学習		

No.		活動名	時間	活動内容	調べ学習（場所・方法）	内容	担当
16	29	合唱コンクールを成功させよう②	2	学年リハーサル			
17	11	進路学習①（上級学校訪問準備）	2	学年、準備	図書室、PC で調べ学習	各自が訪問する学校について、学活で調べ学習	担任
18	5	農園活動④*	1	手ほり　学校公開週間　武州ガスによる液体窒素実験		理科において、液体窒素に関する調べ学習、融点沸点に関する調べ学習	理科担当
19	5	農園活動⑤*	2	さつまいもパーティ・収穫祭を開こう			
20	12	上級学級訪問	4	訪問当日			
21	24 / 3	国際的な日本の技術を知る①	2	日本科学未来館の紹介、グループ分け	図書室、PC で調べ学習	理科において、日本科学未来館・放射線等課題提出のための調べ学習	理科担当
22	12 / 10	国際的な日本の技術を知る②	2	はかるくんで測定、データまとめと宇宙			
23	17	国際的な日本の技術を知る③	2	図書・VTR を使い個人課題の決定	図書、PC で調べ学習（未来館での分担課題決定のための調べ学習）	理科において放射能・放射線・いぶき等の課題提出のための調べ学習	理科担当
24	1 / 14	国際的な日本の技術を知る④	2	JAXA 職員講話			
25	21	国際的な日本の技術を知る⑤	7	日本科学未来館へ校外学習（1日）			
26	28	三送会を成功させよう①	2		理科において放射線測定結果に関する調べ学習 PC		
27	4	三送会を成功させよう②	2				
28	12	三送会を成功させよう③	1				
29	18	三送会を成功させよう④	2				
30	26	三送会を成功させよう⑤	2				
30	4	三送会を成功させよう⑥	2				
31	11	まとめ	2				
時間数合計			66				

学年最終保護者会にて生徒発表（特活担当・総合担当）

*は 3 年間行う内容

組みとしては、夏休み中の課題として、JICA 国際協力エッセイコンクールに応募させた。

第2は、自然体験学習である林間学校の事前学習としての「調べ学習」である。志賀高原において2泊3日の校外学習を行うにあたり、気候・生物（動植物）、特産品、伝統芸能、言葉、地形等に関するテーマを個人で設定し、「調べ学習」を実施した。生徒は一人ひとり掲示物や印刷物を作成し、クラス発表の後、クラスを越えて類似のテーマを選んだ生徒が集まりテーマ別発表を行った。

第3に、国際理解教育のうち「国際的な日本の技術を知る」に関する「調べ学習」である。これは、第2学年の総合的な学習の時間のまとめを意識した取り組みであり、「世界に誇る日本の科学」というスタンスで第3学年までつながる内容となっている。日本の高度な科学技術を知るために、外部指導者の授業を含め他教科（理科・学活）ともリンクでき、図書館での「調べ学習」に十分時間が確保できる時期、および校外学習ができる時期を選んで設定している。外部指導者による授業では、武州ガス（実験）・宇宙航空研究開発機構 JAXA（講演）・日本科学技術振興機構（実験・講演）から専門的な知識を有する指導者を招き、講演、演示実験、生徒全員の個別実験を通して課題への意識付けを行った。本取り組みでは、生徒らが、日本科学未来館を訪問し、専門家の前でプレゼンできることを目指した。そのため、生徒は自ら取り組んでいるテーマについて十分に「調べ学習」を行う意義を自覚して、校外学習に臨むことができた。放射線・宇宙線・ロケット（はやぶさ・いぶき）等は、同時期の理科の学習課題として設定されており、総合的な学習の時間とリンクさせて「調べ学習」を課している。理科の放射線測定実験においては、事前事後に放射線に関する「調べ学習」の時間を設定した。

本実践では、年間指導計画に「調べ学習」を明確に位置付けることにより、他教科などとも連携することができた。その一方で、学校図書館の資料のみでは生徒らが調べ学習を行う際に必要な資料を提供することができず、公共図書館から資料を借りることで対処した。また、テーマによっては、公共図書館にも生徒らの学びに適した資料がそろえられていないこともあり、イン

ターネットによる情報収集に頼らざるを得ない状況もあった。しかし、年間指導計画に位置付けられていたことから、事前に対応策を検討し、比較的スムーズに学校図書館等を活用した「調べ学習」を実施することができたと考えられる。

2) 情報収集・活用能力の向上のための具体的な取り組み

　所沢市立小手指中学校の第1学年の総合的な学習の時間では、5月に、入学後1ヶ月間の図書室の利用状況とコンピューター操作能力についてアンケート調査を行った（図7-3）。その目的は、総合的な学習の時間における「調べ学習」、およびその発表における図書館の利用や図書館におけるコンピューター検索、およびコンピューターによる文書等の作成能力を知るためである。

1　図書室利用について
　①　あなたは中学校に入学してから、何
　　　回図書室を利用しましたか。
　　　（図書室案内以外で）
　　　1　5回以上
　　　2　1回から4回
　　　3　0回

　②　本を借りましたか。

　　　1　借りたことがある。
　　　2　借りたことがない。

2　コンピューターについて
　③　あなたは、コンピューターを自分で
　　　立ち上げることができますか。（はじ
　　　めることができますか。）
　　　1　簡単にできる。
　　　2　難しいけれどできる。
　　　3　できない。

　④　あなたは、インターネットで検索で
　　　きますか。

　　　1　簡単にできる。
　　　2　難しいけれどできる。
　　　3　できない。

　⑤　あなたは、ワードで文章を打つこと
　　　ができますか。
　　　1　かなり上手にできる。
　　　2　できる。
　　　3　できない。

　⑥　あなたはコンピューターに入力する
　　　とき、どちらの方法で入力しますか。
　　　1　ローマ字
　　　2　カナ
　　　3　どちらもできない。

　⑦　あなたは、ワード以外のソフトを使うことができますか。（ゲームを除く）使え
　　　る人はそのソフト名を書いてください。例：一太郎・エクセル
　　（　　　　　　　　　　　　　　　　　　　　　　　　　　　　　　　　　　）

図7-3　図書館利用とコンピューターに関するアンケート

アンケートの結果を踏まえ、教員が、放課後に希望者を対象としたコンピューター基礎講座等を開催する。コンピューター基礎講座では、①検索の仕方、②ワード文章のつくり方、③パワーポイントの作成法等を教員が指導を行った。

総合的な学習の時間では、まず学年の大テーマを提示し、大テーマから引き寄せた個人テーマを各自が設定し「調べ学習」が実施されている（図7-4）。

大テーマ「地域」
事前講演会、特別講義
　1　狭山丘陵の自然と歴史
　2　地域で働く栄養士（栄養教室）
　3　地域に住む外国人
　4　地域の公共施設について
生徒が設定した個人テーマの例
　1　ミヤコタナゴの生態
　2　所沢の祭
　3　民族衣装
　4　日本の文化
　5　東川とめだか
　6　スローフードについて

図7-4　テーマの設定例

大テーマに関連する講演会や、特別講座を様々な視点から複数回設定し、テーマに関して生徒が興味・関心を持つことができるよう工夫した。また、大テーマから自分の興味あるテーマに達するように、イメージマップ（図7-5）を使用した。イメージマップの作成は、生徒が自ら決定したテーマについて資料などを収集し、多様な発表につなげる上で有効であると考えられる。文献による調査のみでは限界があるため、

1　大きなテーマは「地域」であることをつたえる。
　　（作業）
2　中央の円に地域・埼玉・所沢を入れる。
3　3つの項目をいれ、さらにイメージを広げる。
4　仮テーマを決定
　　①仮テーマを赤で囲み、そこまでの道を赤の実線で結ぶ。
　　②具体的な発表方法を考えて、自分が取り組むテーマを考える。
　　③自分ならではのものを考え、修正していくこと。
5　調べる方法や発表方法もどのようなことが可能か記入し、イメージを広げる。

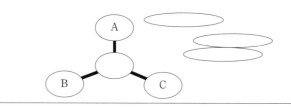

図7-5　イメージマップ

校外調査を必須とし、そのためのアポイントメントのとり方、御礼状の書き方等については、文献やインターネットによる情報収集を行った後、原案を作成し、グループ内発表を経て教員が確認作業を行った。発表方法も、レポート発表、紙芝居発表、パワーポイント発表、実演や実験を伴う発表、ポスター発表、新聞作成等と多様な方法が考えられる。この点についても、自ら調べ、各自が自分のテーマにふさわしい発表方法を自主的に決定していくことが重要となる。

　まず、生徒の情報収集・活用能力の実態を把握することで、教員は適切な支援プログラムを実施することができた。これら教員による支援の下、生徒自らが課題を見いだし、探求の方法から発表に至るまで生徒らが主体的な判断を行うことのできる取り組みとなったと言える。

4　学校図書館メディアの整備

　学校図書館は「学校の教育課程の展開に寄与すること」が、大きな役割である[7]。また、「課題の発見・解決に向けた主体的・協働的な学び」においても、充実した学校図書館のメディア整備がその活動を支える土台となる。しかし、総合的な学習の時間等に学校図書館において「調べ学習」を行おうとすると、生徒の人数に比して、学校図書館のメディアが少なく、生徒らがテーマにあった資料を収集することができず、手持ちぶさたになってしまったという経験のある教員も少なくないのではないだろうか。

　そもそも学校図書館のメディアとしては下記のものが想定されている。

- ・印刷メディア……辞書、事典、図鑑、物語、伝記、小説、漫画、絵本、新聞等
- ・視聴覚メディア……CD、DVD、スライド等
- ・電子メディア……CD-ROM、インターネット等
- ・実物メディア……標本、模型、史料、美術品等
- ・手書きメディア……文字を用いて手で書かれたメディア

これらのメディアの中でも、印刷メディアがその中心を占めている。1993

表 7-2　蔵書の整備状況

	配置学校数	2015 年度末の蔵書冊数	2015 年度末図書標準 達成学校数の割合
小学校	19,604 校	約 1 億 7,487 万冊（約 1 億 7,402 万冊）	66.4%　（60.3%）
中学校	9,427 校	約 1 億 167 万冊（約 9,975 万冊）	55.3%　（50.0%）
高等学校	3,509 校	約 8,349 万冊（約 8,479 万冊）	

（　）内は 2013 年度末現在の数値。
出所）平成 28 年度「学校図書館の現状に関する調査」結果について（概要）を基に作成。

（平成 5）年には文部省（現文部科学省）が、校種別・学校規模別に公立義務教育諸学校の学校図書館に整備すべき蔵書の冊数の目標として、「学校図書館図書標準」を定めている。しかし、2016 年度「学校図書館の現状に関する調査」の結果によると、学校図書館図書標準を達成している学校の割合は、小学校では 66.4%、中学校では 55.3% にとどまっている（表 7-2）。

　また、全国学校図書館協議会も、2000（平成 12）年に、「学校図書館メディア基準」を発表し、学校図書館が備えるべきメディア別の最低基準を示している。「学校図書館図書標準」と「学校図書館メディア基準」を比較してみると、同じ規模の学校で見たときには、「学校図書館メディア基準」では「学校図書館図書標準」の 2 倍以上の冊数が必要としている。実際、学校図書館における「調べ学習」で必要となるメディアを具体的に考えると、「学校図書館図書標準」で定められている冊数では、必ずしも十分な資料が準備できないことが容易に想像できる。

　なお、当然のことながら、学校図書館が多様な教科の学びを支えるためには、冊数さえ満たしていればよいというわけではない。「学校図書館メディア基準」では、蔵書の分類ごとのかたよりをなくしバランスをとるための参考として「標準配分比率」も示されているので、これらも参考にしながら教科等の授業で必要となる蔵書と学校図書館全体の蔵書バランスについてシミュレーションするとよいであろう（表 7-3）。

　他にも、児童・生徒や教職員が学校図書館の蔵書を有効に活用する上で、蔵書のデータベース化は不可欠である。蔵書のデータベース化は、年々進んでいるが（図 7-6）、その一方で学校図書館内に、資料管理・資料返却用に使

表7-3　蔵書の配分比率

	0総記	1哲学	2歴史	3社会科学	4自然科学	5技術	6産業	7芸術	8言語	9文学	合計
小学校	6	2	18	9	15	6	5	9	4	26	100%
中学校	6	3	17	10	15	6	5	8	5	25	100%
高等学校	6	9	15	11	16	6	5	7	6	19	100%
中等教育学校	6	9	15	11	16	6	5	7	6	19	100%

蔵書の配分比率は、冊数比とし、次の数値を標準とする。ただし、学校の教育課程、地域の実情を考慮して運用する。
出所）学校図書館メディア基準を基に作成。

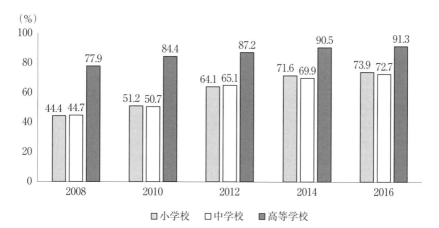

図7-6　学校図書館の蔵書のデータベース化の状況
出所）文部科学省「学校図書館の現状に関する調査」結果についてを基に作成。

用されるコンピューターが整備されている割合は、小学校41.8%、中学校、40.8%、高等学校31.9%であるに止まっている[8]。また、学校図書館内に、児童・生徒が、検索・インターネットによる情報収集に活用できるコンピューターが整備されている学校は、小学校10.6%、中学校12.5%、高等学校47.6%である。つまり、児童・生徒が自ら蔵書を探すために検索する環境は、多くの学校図書館において整備できていないということである。児童・生徒らの情報を選ぶ能力やメディアリテラシーを育成するという意味からも、今後、早急に環境整備に取り組まねばならないと言える。

2016 年、文部科学省は各都道府県・指定都市教育委員会教育長、各都道府県知事等宛に「学校図書館の整備充実について（通知）」を出し、「学校図書館ガイドライン」に基づき各教育委員会や各学校で学校図書館の充実に取り組むように求めている[9]。学校図書館資料については、「学校は、学校図書館が『読書センター』、『学習センター』、『情報センター』としての機能を発揮できるよう、学校図書館資料について、児童・生徒の発達段階等を踏まえ、教育課程の展開に寄与するとともに、児童・生徒の健全な教養の育成に資する資料構成と十分な資料規模を備えるよう努めること」としている。資料の整備・配架に際しても、「利用者の利便性を高めるために、目録を整備し、蔵書のデータベース化を図り、貸出し・返却手続及び統計作業等を迅速に行えるよう努めること」が明記されたことに注意する必要があろう。

◎学習のヒント

　「生きる力」をはぐくむために、①基礎的な知識や技能の習得と思考力、判断力、表現力の育成、②学校図書館の計画的な利用が強調されている。児童・生徒の主体的な活動を促進する教育方法の一つであるアクティブ・ラーニングにおいても、学校図書館の活用が期待されている。

　各教科で効果的な調べ学習を行うには、年間指導計画で位置付けること、児童・生徒の情報収集能力・活用能力を把握し支援することが必須である。メディアが不足していたのでは、児童・生徒が主体的に取り組む活動に支障が出るため、十分なメディアが図書館に設置されなくてはならない。指標として、学校図書館図書基準、学校図書館メディア基準等があり、これらを参考にメディアの充実を図る必要がある。また、蔵書のデータベース化は進みつつあるが、児童・生徒らが利用可能な蔵書検索のためのコンピューターや情報収集を目的としたコンピューターの図書館内の設置は遅れており、今後の環境整備が望まれる領域である。

■注

1) 第 15 期中央教育審議会第一次答申「21 世紀を展望した我が国の教育の在り方について─子供に『生きる力』と『ゆとり』を─」1996（平成 8）年 7 月 19 日。
2) 高等学校の学習指導要領の改訂は 1999（平成 11）年。

3) 例えば、平成 20 年版中学校学習指導要領総則第 1 章第 1 教育課程編成の一般方針第 4　指導計画の作成等に当たって配慮すべき事項

(10) 各教科等の指導に当たっては、生徒が情報モラルを身に付け、コンピュータや情報通信ネットワークなどの情報手段を適切かつ主体的、積極的に活用できるようにするための学習活動を充実するとともに、これらの情報手段に加え視聴覚教材や教育機器などの教材・教具の適切な活用を図ること。

(11) 学校図書館を計画的に利用しその機能の活用を図り、生徒の主体的、意欲的な学習活動や読書活動を充実すること。

4) 中央教育審議会「幼稚園、小学校、中学校、高等学校及び特別支援学校の学習指導要領等の改善及び必要な方策等について（答申）」2016 年 12 月 21 日。

5) 山地弘起「アクティブ・ラーニングの実質化に向けて」山地弘起編『長崎大学におけるアクティブ・ラーニングの事例第 1 集』2013 年。

6) 中央教育審議会「幼稚園、小学校、中学校、高等学校及び特別支援学校の学習指導要領等の改善及び必要な方策等について（答申）」2016 年 12 月 21 日。

7) 学校図書館法（昭和 28 年 8 月 8 日法律第 185 号）第 2 章。

8) 文部科学省平成 20 年度から平成 28 年度「学校図書館の現状に関する調査結果について」。

9) 文部科学省「学校図書館の整備充実について（通知)」（28 文科初第 1172 号)。

■参考文献
坂田仰・河内祥子・黒川雅子編著『学校図書館の光と影—司書教諭を目指すあなたへ—』八千代出版（2007 年）
大串夏身編著『学習指導・調べ学習と学校図書改訂版』青弓社（2009 年）
坂田仰・河内祥子編著『教育改革の動向と学校図書館』八千代出版（2012 年）

第8章

学校図書館からはじめる心の教育と読書活動

岩 﨑 千 恵

1 心 の 教 育

1）心の教育が求められる背景

　心の教育の必要性が叫ばれて久しい。現在の学習指導要領に先駆けて、学校教育においては、すでに 1984（昭和 59）年に「心の教育」についての言及が初等中等教育に関する臨時教育審議会の答申でも行われており、次いで開かれた第 2 次答申においても、21 世紀のための教育目標として、

① 　ひろい心、健やかな体、豊かな創造力

② 　自由・自立と公共の精神

③ 　世界の中の日本人

の 3 つが特に重要なものとして示された。この背景には、量的拡大を求めた高度経済成長を下地として発展を続ける社会の姿があったことは言うまでもない。「もはや戦後ではない」と言わしめた 1956（昭和 31）年の経済白書が出版されてから約 18 年の間、日本は大きくその産業構造を変化させただけでなく、教育の普及・拡大をも引き起こし、社会を豊かにした。これらの発展は一方で、知識重視の教育、学歴重視社会などの多くの批判にさらされることとなった。また、自然環境も同様に変容させることとなり、都市型大気汚染などに代表される公害は、発展のみを目標に掲げていた社会に対して警鐘を鳴らし、反省を促す契機にもなった。総じて社会的弊害の一面は、子どもの心身両面の健康に深刻な影響を及ぼしたと指摘できる。子どもの生活や心の在り方、物事に対する態度、特に非行行動[1] は、新聞やテレビのニュー

スなどで大きな関心ごととして注目を浴びるようになったことがうかがえ、経済成長を目標とした知識重視の教育政策の反省からも、「心の教育」が社会からも要請されるようになった。

　それから約30年経った現在も、子どもたちを取り巻く環境の変化は依然として続いているが、子どもたちの生活や物事に対する態度などはその質を変えてきている。社会的な変化として、情報技術（ICT）の発展は産業構造の変化を促すだけでなく、同時にグローバリゼーションを促進した。それはボーダレス化を招いただけでなく、その反動としてローカライゼーションをも引き起こし、伝承した価値観の多様化と狭小化というアンビバレントな社会を創り出したといえる。日本においては、2007（平成19）年には65歳以上の人口が21％を超えて現在も続く超高齢社会となったことによって、単身世帯の増加や地域力の低下が起こり、世代間・地域間の文化の共有が以前と比べ難しくなり、子どもだけでなく大人間のコミュニケーションでさえ低下しているという指摘もある。このように複雑で価値観が多様化した現在の社会下に置かれた子どもたちの心は柔軟に対応しているように見えつつも、何が自分の基礎になるのかの拠り所がわからないというような自己の喪失とも捉えることができ、「子どもの心の活力が弱っている」と指摘[2]されるようにもなった。一方、連日メディアによって、子どもと深い関連のあるいじめや不登校、殺人や薬物乱用、性の逸脱行為などの非行行為に、ICT発展の陰の側面が強調されるようにもなった。例えばICTは、その発展とともに従来にはなかった不可視的でデジタルないじめ空間をも創り出した。通信機器の普及・拡大によって、より手軽で、より身近な人を即時にターゲットにすることが可能な「ラインいじめ」[3]などは、全国Webカウンセリング協議会によるとその相談件数が急増したという。文部科学省の2018（平成30）年度「児童生徒の問題行動等生徒指導上の諸問題に関する調査」結果（速報値）の統計によると、「パソコンや携帯電話等でひぼう・中傷やいやなことをされ」たのは、小学校で1.1％、中学校で8.3％、高等学校で19.1％、特別支援学校で8.0％と、小学校を除く[4]と「ひどくぶつかったり、叩かれたり、蹴られたりする」や「金品をたかられる」といった可視的ないじめ動態より

も多い数値を示している。このことからも、デジタルネット社会といじめが複合的に展開し、すでに児童生徒の生活に浸食していることがわかる。このようにいじめもその質が絶えず変化していくため、保護者や教師のみでの対応では限界があり、子どもたちが自ら持つ「心」の教育に社会が寄せる期待は大きくなったといえる。

2)「情操的な心」と「道徳的な心」の教育

　上記のような社会的要請によって、心の教育は重要度を増してきており、わが国の児童生徒の「心」に寄せる様々な政策や提言があげられるようになった。

　1998（平成10）年、文部科学省中央審議議会が発表した「『新しい時代を拓く心を育てるために』―次世代を育てる心を失う危機―」では、「幼児期からの心の教育の在り方について」において、生きる力を身に付け、新しい時代を切り開く心を育てるとともに、「正義感・倫理観や思いやりの心など豊かな人間性を育むことが子どもたちのより良い成長を促す」と主張した。ここでは、子どもたちが身に付けるべき豊かな人間性とは「生きる力の核」であるとして、①美しいものや自然に感動する心などの柔らかな感性、②正義感や公正さを重んじる心、③声明を大切にし、人権を尊重する心などの基本的な倫理観、④他人を思いやる心や社会貢献の精神、⑤自立心、自己抑制力、責任感、⑥他者との共生や異質なものへの寛容などの「感性」や「心」であると説明している。言い換えるならば、豊かな人間性とはこれらを感じ取ることのできる情操の鋭さであり、倫理観であり、情であり、それらを複合したものが豊かな心であるといえる。情操的に重きを置いた心とは別に、文部科学省の「実績評価書―平成20年度実績―」では豊かな心の育成を施策目標に掲げ、人間性と社会性を育むために「道徳教育を推進すること」として、思いやりや生命尊重、正義感や公正さを重んじる心など道徳的な心の在り方を想定している。2015年の「小学校学習指導要領解説　特別の教科　道徳編」では、「内省しつつ物事の本質を考える力や何事にも主体性をもって誠実に向き合う意志や態度、豊かな情操などは、『豊かな心』だけでなく『確

表 8-1　人間の 6 類型

1	2	3	4	5	6
理論的人間	経済的人間	美的人間	社会的人間	権力的人間	宗教的人間
道徳（倫理）					

出所）沖原豊『新・心の教育』より抜粋。

かな学力』や『健やかな体』の基盤ともなり、『生きる力』を育むうえで極めて重要なもの」であるとした。「豊かな心」は「生きる力」を支える学力、体力を除く心的要素であり、皆が持っていなければならないきわめて広義の道徳的要素であると指摘できる。

　沖原（1999）は、ドイツの哲学者・教育学者エドワード・シュプランガーの『生の型式』の中で示された「人間の 6 類型」（表 8-1）を提示しながら、「どの類型に属する人間でもその根底に道徳心を持っていなければなら」ず、「道徳が特定の人間だけ求められるものではなく、すべての人々の踏み行う道」であると説いた。

　このような道徳的な心の発達や形成に関しては、教育学の分野外からも多くのアプローチがなされてきた。社会科学の中で道徳心の形成を扱った研究は増えている[5]という。生物学的な立場からは、人間の道徳心はホモ・サピエンス種に本来備わっていると主張する「生得論」や、その反対の立場として子どもは観察・模倣・報酬によって行動基準と価値観を獲得していくという「学習理論」が提示された。ピアジェとコールバーグは心理学的立場から知的成長を重視し、最終的には善悪の選択は意識的になされるとした「認知理論」（図 8-1）を主張した。

　認知理論では知的成長の尺度を年齢別に明らかにし、人は個人差はあるものの、年齢を重ねるごとに仮設の心理的葛藤を、第 1 水準自己の関心から第 2 水準の社会的承認を経て、第 3 水準の抽象的志向に照らし合わせて解決することを導き出した。言い換えると、14 歳以下の子どもは自己の関心、つまりきわめて狭い意味での自己中心的な思考による価値基準で行動や思考を決定するということを示す。一方で 20 代からは社会的秩序や規範とも取れる価値基準に則して意思決定をするようになるため、子どもたちの非行行動の多くがこの時期に現れるのも、このような道徳的判断の段階を経ているからだと考えられる。しかしながら、これら道徳性に関する 3 つの理論は、そ

第1水準：□ 第1段階　罰「私は罰せられたくないから、それをしない」
自己の関心　▨ 第2段階　報酬「私はご褒美がほしいから、それをしない」

第2水準：▨ 第3段階　人間関係「私はみんなに好かれたいから、それをしない」
社会的承認　▨ 第4段階　社会的秩序「私は決まりを破りたくないから、それをしない」

第3水準：▤ 第5段階　社会の契約「してはいけないことだから、私はそれをしない」
抽象的志向　▦ 第6段階　普遍的公正「たとえ誰が何といおうと、それは正しくないから
しない」

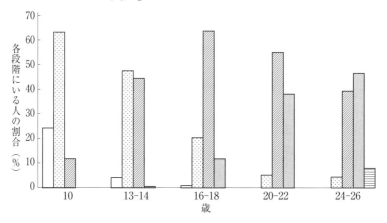

図 8-1　コールバーグによる道徳的判断の 6 段階

出所）『心の成長と脳科学（別冊日経サイエンス 193)』2013 年 8 月 22 日、96 頁。

のどれもが 1）で指摘したような「何が自分の基礎になるのかの拠り所がわ
からないというような自己の喪失」が起こる原因について十分に説明できて
いない。そこで Damon（1999）は、「道徳的アイデンティティー」に注目し、
道徳心の形成を獲得する方法は「何千もの細かな要因の積み重ねによる」も
のだと結論付けた。

　Damon が指摘するように、心を育成するための要素は多様であり、それ
ら要素の重なりがより深く豊かな心を創る。日本において何度も指摘されて
いるように、少子化、都市化、情報化等の社会の変化によって子どもたちの
実体験が不足している状況下において、彼らの成長段階に応じたボランティ
ア活動や自然体験活動は非常に意義深いものである。これらの経験が蓄積さ
れ、他の要素と重なりあう度に、子どもたちの心では自己の心の動きが感動

体験となって集積され、心の経験値を積んでいく。その心の経験値は、コールバーグが明らかにした「道徳的判断」の成長に応じた段階を踏みつつ、物事に対する批判的精神、および寛容の精神を作り自己の確立を促すのである。そのためには社会的で普遍的な価値基準が出来上がる20代よりも、10代において多くの「何千もの細かな要因の積み重ね」ができる方がよい。2019（平成31）年3月に文部科学省が行った「平成30年度『国語に関する世論調査』」でも、「人が最も読書すべき時期はいつごろだと考えるか」という問いに対しては、10代全体が40.7％と答え、9歳以下と答えた割合（18.8％）を合わせると、約60％がおおよそ学生時代に読書すべきであると考えていることがわかった。回答者も自己の経験上、10代ないし、10代前までの読書経験は少なくともプラスになると考えていることがわかる。

　「子どもの頃に絵本を読んでもらった幸せな記憶は次世代を慈しむ心を育て、共通の本について語りあう『共読』経験は人の気持ちを結びつける」[6]と言われるように、幼少期の読書は人に対し知識を与えるだけでなく、個人の自立を促す判断力や創造性を間接的に養う。このように子どもの読書は、心を育むという文脈の中で何千もの細かな要因の一つであり、欠かすことのできない重要な要素であるといえる。

2　心を育む読書

1）読書とは何か

　「読書」に関して辞書を引くと、広辞苑では「書物を読むこと」とある。また、「書」は①かくこと、しるすこと、②かかれた文字。筆跡、③かきつけ。手紙、④文献。ほん、⑤書経の略と5つ挙げ、「読む」に関しては①数をかぞえる、②文章・詩歌・経文などを1字ずつ声を立てて唱える、③詠ずる。詩歌を作る、④文字・文書を見て、意味をといて行く、⑤漢字を国語で訓ずる。訓読する、⑥講ずる、⑦了解する。さとる、⑧囲碁・将棋などで、先の手を考える、の8つが用法として挙げられている。これら用法を鑑みると「読書」は多くの人が考えるような単純に「本を＇読む＇こと」だけでなく、ま

た、ここではその動作の主は記載されておらず、基本的に誰が誰を対象に書物を読んでいてもそれは広義の「読書」として認識できる。つまり、自分が自分のために本を読んでも、誰かに読み聞かせをして / されていても、それは広義の「読書」となり得ることがわかる。しかしながら、ここには心の動きが記されていない。

　フランスの哲学者であるデカルトは「良き書物を読むことは、過去のもっとも優れた人たちと会話を交わすようなものである」と語っているように、「良き書物」の定義はここでは論議の外に置くとしても、読書はただそこに書かれた文字を追って、文字の羅列やその構造を分析するだけものではなく、そこに書かれた文章の背景、書き手の感情、意図等を自己の内面に存在する自我と言葉を交わしながら読み解くものだとして精神的な成長を指摘しており、彼の読書に対するアプローチは実に情操に重きを置いたものであると言える。また、松岡（2001）は文化人類学者の藤岡嘉愛が唱えた「人間はイメージタンクである」という言葉を引用して、人を動かしているもの、人となりを作っているものはその人の中にあるイメージであり、そのイメージは肉体が食べ物を中に取り入れることによって日々養わねばならぬように、私たちの内的なイメージも何かによって養わなければならず、そのイメージの源となるものが「本の中に一番良質なイメージの源がある」と主張した。多くの読書を巡る言説の中で、これらは「読書とは何か」という問いに対して、精神など内的な要素に関して多くの示唆に富むものであるといえる。

2) 日本の学校教育において行われる読書活動

　このように読書は心の内的側面に働きかける効果が注目され、日本の学校教育においても実践されてきた。1988（昭和63）年に林公、大塚笑子教諭が提唱し・実践した「朝の読書」[7] は、文字通り朝に好きな本を皆で一斉に10分間読むという読書行動であるが、「普段の授業では学べないものを学ぶことができ、単に本好きになるだけではなく、言動に落ち着きが出てきた、衝動的な行動をとる生徒がなくなった、他人の気持ちが判るようになった、本を通して生徒同士・生徒と教師のコミュニケーションが深まった、学級崩壊

を立て直すことができた」などの教育的効果が全国の学校から報告され、注目されるようになった。この活動は本を読んで内面と対話するという効果だけでなく、繁雑な日常の中であえて「読むというある時間を精神活動の為に取りのけ」、「あるいは自分の生活の中のある部分を思索したり、何かを記憶に刻みつけたりすることのために使う」'the reading state'（読むという状態）[8] の重要性を示すこととなった。

　また、読む力を指導する教育法である「アニマシオン」[9] も多く実践されている。モンラット・サルトが提唱した、幼児期から 10 代後半までの児童生徒を対象とした「本が読めない子・本に背を向けた子」のための読書教育法で、その方法は、①皆で 1 冊の本を読み（グループ読書）、②読み終えたら読む力を育むねらいが含まれた作戦を行う、③ 1 回に本 1 冊で作戦を行い、④次につなげていくという計画的かつ継続的に児童生徒たちが主体的に楽しみながら読書活動を行えるように促す教育実践である。

　近年では、本の紹介を 5 分間の制限時間内で行い、聞き手がそのプレゼンテーションを聞いてどの本を最も読みたいと思ったかを競う「ビブリオバトル」[10] が日本にも導入され、学校においては学校図書館におけるイベントや特別活動もしくは地域のイベントなどに活かされている（図 8-2）。

　このように学校における実践は、児童生徒に遊びを取り入れながら、できるだけ読書に対しての苦手意識を取り除き、読書を通して得る「心の動き」や「何かを知る楽しさ」を実感させる促しがその根底にあり、これらの経験を通して本を身近に感じ、人生の中で読書人としての内的要素を持ってもらいたいという願いが込められている。

　しかしこのような重要性が唱えられながらも、日本全体として読書量は年々減っていることが指摘されている。2019 年 3 月に行われた「平成 30 年度『国語に関する世論調査』」によると 1 ヶ月に本を 1 冊も読まない者の割合（不読率）が全体の 47.3％を占め、2002（平成 14）年度と比較して約 10％も増加した。この調査は全国 16 歳以上の男女を対象にしているため、超高齢社会の影響として「視力などの健康上の理由」で読書量が減っている原因が、「仕事や勉強が忙しくて読む時間がない」に次いで多く、特に高齢者において「読書

図 8-2　ビブリオバトルの公式ルール

出所）東京都立多摩図書館作成。ビブリオバトル公式ウェブサイトより抜粋。

離れ」は増加していることがわかった。その一方で、全国学校図書館協議会と毎日新聞社とが共同で、全国の小・中・高等学校の児童生徒の読書状況について調査を行う学校読者調査の第 64 回の結果において、不読者[11]の割合は、小学生は 6.8 ％、中学生は 12.5 ％、高校生は 55.3 ％となり、昨年度と比べ、不読者はすべての校種で減少していることがわかった（図 8-3）。

　また、同調査の 5 月 1 ヶ月間の平均読書冊数に関する調査結果では、中学生は 4.2 ％、高校生では 11.4 ％と若干の増加、小学生では 1.4 ％と減少が見られた（図 8-4）。

　小学生は全体的に不読者はわずかであるものの、全体的に読書冊数は 1～2 冊であり、中学生の不読者もここ 10 年は安定して減少傾向にあるといえる。高校生は不読者が増加する傾向ではあるが、その一方で若干の増減はあるものの全体的にひと月に借りる冊数は増えている。

　もちろんこれらの数値のみで、児童生徒の心の教育効果を含む読書活動を

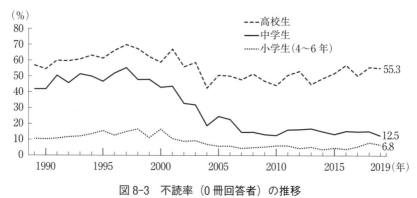

図 8-3　不読率（0 冊回答者）の推移

出所）公益社団法人　全国学校図書館協議会 HP より作成。

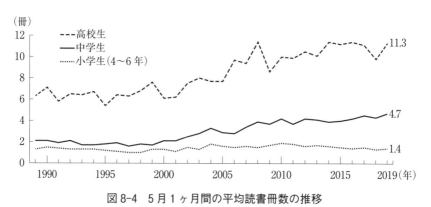

図 8-4　5 月 1 ヶ月間の平均読書冊数の推移

出所）公益社団法人　全国学校図書館協議会 HP より作成。

測ることは不可能である。しかしながら「不読者数」や「借りる本の冊数」などの数値は、指導者となる教職員ら大人が生徒児童に対する読書活動を指導するための 1 つのツールとしてみなすことができる。

　先に述べたように、学校生活を送る時期は様々な経験を通して人間として心の成長に大きく期待できる時期でもある。彼らの生活時間の中でもっとも多くを占める学校生活において、彼らの読書活動は、教職員ら大人が児童生徒に対して適切に促すことによってより実り多いものになるであろう。

3 子どもの読書活動推進の動き

1）1990 年代中盤～後半

　1995（平成 7）年 8 月に「児童生徒の読書に関する調査研究者会議報告」が行われ、「子どもの読書とその豊かな成長のために 3 つの視点 10 の提言」があった。ここでは、学校図書館の機能を「読書センター」と「学習情報センター」にすることが提唱された。1997（平成 9）年に起きた神戸連続幼児殺傷事件（酒鬼薔薇事件）は日本全国の児童に対する認識を一変させるほどの衝撃を与え、従来注目されてきた「心の教育」をもう一度足元から見直すべきであるという流れを起こし、その一つの方法として読書が注目されることとなった。中央教育審議会は「『新しい時代を拓く心を育てるために』―次世代を育てる心を失う危機―」（中央教育審議会「幼児期からの心の教育の在り方について」答申）において、「心を育てる場として学校を見直」す中で「ゆとりある学校生活の中で子どもたちの自己実現を図るため」に、a）教育内容を厳選し、自ら学び自ら考える教育を進め、b）多様な努力を評価する入試改革を進め、c）読書を促す工夫を行うことを提言した。それらは、①子どもが感動する本を用意すること、②読み聞かせや読書会などの読書の楽しさとの出会いを作ること、③読書を楽しみ子どもの心に共感する態度を教員が持つことと併せて、読書で得た感動を子どもたちが表現する様々な方法を工夫すること、④子どもたちがくつろげる「心のオアシス」とすること、⑤学校での取り組みと家庭での働きかけとの連携が望まれることを、読書を促す工夫の具体案として明示している。その後、1997 年には 12 学級以上の学校に司書教諭を配置することが学校図書館法の一部改正する法律によって決定し、翌 1998 年には司書教諭講習規定改正が公布された。

2）2000 年以降

　2000（平成 12）年のこどもの日に、「子どもの本は世界をつなぎ、未来を拓く！」の理念の下、国際子ども図書館が部分開館し、①国内外の児童書専門

図書館、②子どもと本のふれあいの場、②子どもの本のミュージアムとしての3つの役割を、子どもの読書に関連する内外の諸機関と連携・協力してサービス展開している。また開館を記念して2000年は「子ども読書年」とした。2001（平成13）年12月には「子どもの読書活動は、子どもが、言葉を学び、感性を磨き、表現力を高め、創造力を豊かなものにし、人生をより深く生きる力を身に付けていく上で欠くことのできないものであることにかんがみ、すべての子どもがあらゆる機会とあらゆる場所において自主的に読書活動を行うことができるよう、積極的にそのための環境の整備が推進されなければならない」とする基本理念を掲げた「子どもの読書活動推進に関する法律」が制定された。また、これによって4月23日が「子どもの読書の日」と定められた。この法律を受け、その後2002（平成14）年、2008（平成20）年、2013（平成25）年と続く「子どもの読書活動の推進に関する基本的な計画」が閣議決定された。すべての子どもがあらゆる機会とあらゆる場所において、自主的に読書活動を行うことができるよう、環境の整備を推進することを基本理念としており、「学校図書館等の設備・充実」では「学校図書館整備5か年計画」を策定した。

2005（平成17）年には、文字・活字文化が「知識及び知恵の継承及び向上、豊かな人間性の涵養並びに健全な民主主義の発達に欠くことができない」ことから「文字・活字文化振興法」が制定された。特に学校教育において、「教育課程の全体を通じて、読む力及び書く力並びにこれからの力を基礎とする言語に関する能力（以下、「言語力」という。）の涵養に十分配慮」することが定められた。また2008年には「国民読書年に関する決議」が衆議院本会議で可決され、2010年を「国民読書年」とした。

2016（平成28）年10月、学校図書館の整備充実に関する調査研究協力者会議が開かれ、学校図書館の在り方、整備充実についての学校図書館の現状と課題、改善の方向性が報告され、①目的・機能、②運営、③知活用、④教職員等、⑤図書館資料、⑥施設、⑦評価の運営上の重要な事項について、「学校図書館ガイドライン」を定めた。

以上、学校図書館に関連の深い動きを概観した。学校図書館の整備費とし

て地方交付税を充てたことからも、政府が子どもたちやその指導を行う教職員の読書活動を重要視しており、その読書・学習・情報センターの核となる学校図書館へかける期待は大きいことが推察される。

まとめにかえて

　この章では豊かな心の教育の「心」とは何かを明らかにし、心の発達の視点を加えながら、読書の教育的効果を概観した。2011（平成23）年の東日本大震災の際、当初は救援物資として食糧や薬・衣類などの需要が多かったが、その後書籍の需要が高まり、日本全国から書籍の寄付が集まったというように、困難な状況に置かれても本はある種、心の安定の一翼を担う友人のような存在である。さらに学校図書館は、児童生徒がその生活時間の大部分を過ごす学校において、年齢の異なる様々な人とのかかわりを持つ空間、一時的に学級になじめない子どもの居場所、つまり「学校における心のオアシス」[12] としての利活用も大いに意義がある。

　次に子どもの読書推進に関する動きを概観した。昨今の子どもの読書推進の動きの背景には、経済協力開発機構（OECD）の学習到達度調査（PISA）の結果が「学習センター」としての学校図書館運営方針、または読書活動に影響を与えていると思われるが、この章ではこれを除外していることを明らかにしておく。

　学校図書館は、「学校教育の中核」たる役割を果たすように期待されている。そのため、学校の児童生徒や教員のための場所になっているが、地域住民全体の文化施設としての有効利用も、十分検討する余地がある。学校、家庭、地域、関連する団体などが綿密に連帯・連携することによって、今以上に豊かな心を育成する読書センターになるであろう。

◎学習のヒント
　2016年10月、学校図書館の整備充実に関する調査研究協力会議において、「これからの学校図書館の整備充実について」が報告された。ここでは学校図

書館の役割を、より一層進展する情報化社会における情報の収集・選択・活用能力の育成の場としての「情報センター」、主体的・対話的でかつ、深い学びとしてのアクティブ・ラーニングの視点からの学びを深める「学習センター」、そして、児童生徒の豊かな心や人間性、教養、創造力等を育む読書活動や読書指導の場である「読書センター」としての機能を最大限に発揮できるように、3つの方向性が位置付けられることになった。

　本章では、この中の「読書センター」としての機能に注目し、児童生徒の心を育むことが望まれた社会的背景、心の教育とは何かを明らかにし、心の育成の一端を担う様々な読書活動を概観する。次にこれら児童生徒の読書活動を支える「子ども読書活動推進法」、「文字・活字文化振興法」などの政府の政策や読書活動に深く関連する団体などの動きを概観する。

■注

1) 1983（昭和58）年の警察白書によると、1982（昭和57）年に警察が補導した非行行動の内、「特徴的な非行形態」として校内暴力・家庭内暴力・暴走族などが暴力型非行として内容的に凶悪化、粗暴化していると指摘されている。また万引きや薬物・シンナー乱用・家出なども増えており、刑法犯少年の数は「戦後最高を記録し」、触法少年の数は減少したが、「刑法犯少年と触法少年（刑法）を」合わせた人員は、戦後最高を記録」した。

2) 文部科学省「実績評価書―平成19年度実績―」。

3) 東京新聞　2013年9月13日〈子どもとネット〉「ラインいじめ」使い方　ルール決めさせて。「SNSいじめ」のひとつ。

4) 小学生の携帯電話等通信機器の所有状況に関しては、内閣府「青少年のインターネット利用調査」を参照。年々小学生の携帯電話の所有率は増加しているものの、未だ50％に満たない。また学年により大きな差がある。

5) William Damon「子どもの非行とモラル形成」『別冊日経サイエンス　心の成長と脳科学』No. 193（2013年）。

6) 国民の読書推進に関する協力者会議「人の、地域の、日本の未来を育てる読書環境の実現のために」（2011年）。

7) 朝の読書ホームページ〈https://www.tohan.jp/csr/asadoku/〉
朝の読書（朝読）に対して、家読（うちどく）は家庭での読書活動。

8)『国際子ども図書館の窓』第1号　国立国会図書館（2001年）。
　2000（平成12）年5月　国立国会図書館新館講堂にて行われた国際子ども図書館会館記念国際シンポジウムにおいて、「子どもと本と読書―21世紀の子どもたちのために今何をなすべきか―」のテーマで報告があった。

9) 日本アニマシオン協会ホームページ参照〈http://www.animacion.jp/〉

10) ビブリオバトル公式ウェブサイト参照〈http://www.bibliobattle.jp/〉

11）5月1ヶ月間に読んだ本が0冊の生徒を「不読者」と呼ぶ。

12）小学校施設整備指針（平成28年3月版）。

■**参考文献**

坂田仰・河内祥子・黒川雅子編著『学校図書館の光と影―司書教諭を目指すあなたへ―』八千代出版（2007年）

天道佐津子編著『読書と豊かな人間性の育成』青弓社（2005年）

船橋学園読書教育研究会『朝の読書が奇跡を生んだ―毎朝10分、本を読んだ女子高生たち』高文研（1993年）

文部科学省子どもの読書サポーターズ会議『学校図書館のチカラを子どもたちのチカラに……ここに、未来の扉』（2009年）

沖原豊『新・心の教育』学陽書房（1997年）

実践報告3

パネルシアターや読み聞かせによる授業

佐伯まゆみ

福岡市立東光小学校では、教科学習や学校図書館等の行事において、パネルシアターや読み聞かせを活用するなど、子どもの発達段階に合わせた読書教育活動を展開している。

1　パネルシアターをしよう

パネルシアターとは、布を巻いた大きな板（パネルボード）上で不織布に描かれた絵を貼ったり動かしたりして、展開する人形劇のことである[1]。また、ブラックパネルシアターは、部屋を暗くし、黒パネルを背景として、蛍光ペンや蛍光ポスターカラーで色を付けた絵人形にブラックライトをあてて行うシアターで、演じ手は黒の衣装に黒の手袋を付けて行う。蛍光ペンなどで色をつけた絵人形が浮かび上がり幻想的な人形劇となる。

パネルシアターやブラックパネルシアターの題材は、行事関連のものとして、ひな祭り、七夕・クリスマス、十二支等がある。学習関連では、生活科や国語科等の教科学習の他、道徳や交通安全指導等の際に使用している。

パネルシアターは絵本の挿絵と違って動きがあるので最後まで集中力や興味関

図実 3-1　行事・ひな祭りでのパネルシアター

図実 3-2　十二支を題材にした紙コップシアター

心を持続させることができる。また、登場人物も整理しやすいという利点もある。

　司書教諭は、しばしば担任教員から、授業で利用する資料が学校図書館にないか尋ねられる。例えば、4年生の国語科において、新美南吉の「ごんぎつね」が教科書でとりあげられているが、担任教員から新美南吉の作品が児童数分あれば、授業で利用したい旨の申し出があった。その際、学校図書館にある新美南吉の作品リストを作ると同時に、新美南吉の作品である「花のき村と盗人たち」のブラックシアターがあることを紹介した。その結果、①担任教員によるブラックシアターの実演後、②児童らが学校図書館で新美南吉の作品を探し自分で読むという国語科の授業が展開された。

　他に、紙コップシアター等にも取り組んでいる。紙コップシアターでは、紙コップに描かれた絵を元に、お話に合わせて当てはまるコップを持ち上げていく。子どもたちのイメージが膨らみ、紙コップを持ち上げるたびに、うなずく様子が伝わってくる。

　パネルシアター等では、演じ手が、絵本を暗記し（ストーリーテーリング）、不織布等の動かし方・順番等も練習する必要があるため準備が必要となる。しかし、その分、児童らをお話に引き込むことができ、お話を通じて本に親しみをもたせ、読書に対する意欲と関心を大いに持たせることにつながると考える。

2　読み聞かせをしよう

　読み聞かせは、パネルシアター等に比べると準備に要する時間も少なく、しかも、子どもをお話の世界に没頭させることができ、子どもを読書へ導く手軽で強力な方法である。また、読み聞かせにより、子どもの聞く力が育ち、物語をイメージする力が培われ、未知の上質な世界に触れる楽しみを味わわせることができるとされる[2]。そこで、まず、読み聞かせを行う際の手順を紹介する。

「読み聞かせ」の手順

①選書
　・子どもが何度も読みたくなるような本を選ぶ。
　（長年読み継がれた評価の高い本や、読み手が感動し子どもに読み聞かせたい本）
②本の準備
　・本の真ん中のページを開け、手のひらで軽く中心部分を押しながら開きぐ
　　せをつけ、最初のページから同じように開きぐせをつける。
③場作り
　・静かな場所（子どもたちを集める）、集中できる環境であること。
　・全員が絵を観ることができる位置、声も届く位置であること。
④ページのめくり方
　・ストーリーのリズムやテンポに沿ってページをめくる。
　・ページのめくりやすい方法を自分なりに工夫する。
　・読む前にページだけめくる練習をする。
⑤絵本は地の文に合わせてめくっていく。
⑥ページをめくったら少し間をおく。
⑦本の良さが聞き手に最も伝わる読み方をする。
　・聞き手が本の世界をイメージできる「テンポ」「間」「リズム」。
　・淡々とメリハリをつけて読む。

1）担任教員が学級の子どもたちへ行う読み聞かせ

　幼稚園や保育園、家庭で保育士や保護者等からたくさん読み聞かせをしてもらっている子どもも少なくなく、子どもたちは読み聞かせが大好きである。

特に新1年生にとって、小学校での生活は不安がいっぱいである。また、学習規律も身についていないため落ち着かない状況である。担任教員が4月に学級開きをする際、読み聞かせを行うことは、子どもたちの不安を減少させ、担任との親

図実3-3　担任教員による読み聞かせ

近感を増やすことになる。もちろん、新1年生だけでなく、進級した子どもたちも落ち着かせることができ有効である。

　他にも教科指導においても学習導入時や発展において読み聞かせを行うことも有効である。ここでは、2年生の国語の授業における読み聞かせを紹介する。

2年国語科「スイミー」の学習より　発展読書　〜まっくろネリノ〜

　まず、「スイミー」の学習に入る前に導入として、お魚が主人公の「にじいろのさかな」（マーカス・フィスター作・絵、谷川俊太郎訳　講談社）の読み聞かせを行う。「スイミー」も主人公が魚であること、海の話であることを意識

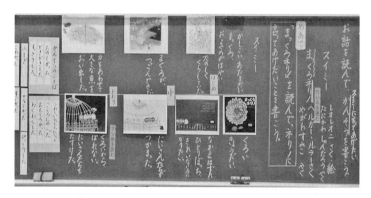

図実3-4　「スイミー」学習と「まっくろネリノ」の学習時の板書

表実 3-1　授業実践指導案（例）

		主な学習活動	指導上の留意点
発展学習	本時	1　絵本「まっくろネリノ」をスイミーと読み重ね、主人公がどんな活躍をするのかを読みとる。	
		「まっくろネリノ」の主人公は、どんなかつやくをするのかな。 ネリノにいってあげたいことを書こう。	
		(1)　読み聞かせを聞いて粗筋をとらえる。	○3枚の挿絵から、「はじめ」「中」「おわり」を意識してあらすじを確認する。
		はじめ　ネリノは、色が黒くてお兄さんたちに遊んでもらえない。 な　か　ネリノの兄さんたちがつかまった。 おわり　ネリノが黒いのをいかして、お兄さんたちを助ける。	
		(2)　「まっくろネリノ」と「スイミー」を比べて、似ているところを話し合う。	○「スイミー」と類似点を話し合い、ネリノの活躍を考えさせる。
		スイミーの特徴 ○色が黒い　　○泳ぐのが速い	ネリノの特徴 ○色が黒い　　○かしこい
		(3)　ネリノに言ってあげたいことを書く。	○感想の中にわけを入れた感想をまとめさせる。
		「まっくろネリノ」も「スイミー」と同じように、主人公が自分のとくちょうをいかしてかつやくするお話だった。	
		2　次の本へと読みつなぐ。 【題名が主人公の話】 「フレデリック」 「コーネリアス」	○「フレデリック」と「コーネリアス」も、題名と主人公の名前が同じ話であることを教え、「スイミー」や「まっくろネリノ」と同じように、他の登場人物とちょっと違う主人公が活躍するお話なのかを問うことで、子どもたちに興味を持たせる。

させる。その後、レオ＝レオニ作の絵本を教室に置き、いつでも自由に子どもたちが読めるようにする。

　次に、「スイミー」の学習を行う。学習中には、並行読書も行わせる。

　その上で、学習の発展として、「スイミー」の学習で読み取ったことを、「まっくろネリノ」と読み比べる学習をする。あらすじをとらえる学習をすることを意識させながら、「まっくろネリノ」（ヘルガ＝ガルラー作・絵　矢川澄子訳　偕成社）の読み聞かせを行う。

子どもたちは、「まっくろネリノ」の読み聞かせが始まると、「スイミーと似ているところがある」や「兄弟たちとネリノだけ色が違うところがスイミーと似ている」とつぶやきながら興味関心を示しながら読み聞かせを聞いていた。次に粗筋を捉える活動もスイミーの学習同様、「はじめ」「なか」「おわり」の3部構成で捉えることができた。

　このように、同じような内容のお話を学習することは、1冊目のお話で学習したことが2冊目のお話を学習することで確かなものになっていく。読み取ったことが確実になってくると考える。つまり読解力の育成に確実につながるものと考える。

　また、同じ作者で2冊目を発展読書として組み込む場合も考えられる。その際の留意点として、担当教員が子どもたちにつけたい力は何か、ねらいを明確にし、選書する必要がある。

2）図書委員やボランティアによる読み聞かせ

　図書委員会の常時活動の中に、「読み聞かせ」活動を位置付けると、図書館内や低学年対象で読み聞かせを行うことができる。

　選書は、対象学年を考慮しながら、図書委員が司書教諭や図書委員会担当教諭と相談しながら行う。おもしろい本・人気のある本・変化のある本（言葉遊びの本）などを選び、練習を行い実施する。

　始めは、上手く読み聞かせができるか心配していた図書委員も、何回も練

図実 3-5　図書委員による読み聞かせ、司書教諭による読み聞かせ

習を行ったり、読み聞かせを実施する回数が増えたりすることで、充実感と達成感を味わうことができた。学期末の反省には、「しっかり練習した成果が表せた。すらすらと読むことができるようになった。笑顔で読み聞かせを聞いてくれて、とても嬉しかった。『もっと読み聞かせをして』と言われてもっと読み聞かせをしたいと思った」等、反省に書いていた。

また、ボランティアによる読み聞かせは、年間学習指導計画を参考にして選書してもらえるよう司書教諭が調整する。担当学年に適した本が選ばれているため、子どもたちは食い入るようにお話を聞き、その世界に入り込むことができるようである。

■注
1) 古宇田亮順氏が考案した。古宇田亮順・家入脩共著『パネルシアターのうた 第1集』大東出版社（1974年）参照。
2) 笹倉剛著『完成を磨く「読み聞かせ」―子どもが変わり学級が変わる』北大路書房（1994年）参照。

■参考文献
押上武文・小川哲男編著『子どもと楽しむ読書活動アイデア40』学事出版（2004年）

第9章

情報メディアの特性と活用

藤 原 是 明

　情報メディアの活用とは、生きるための情報のつかいかたを学ぶことである。教える者にとっては、生きるための情報のつかいかたを教えることである。教える者は、なにを、どのように、教えるのか、考えなければならない。その「なにを」を、「情報資源を活用する学びの指導体系表」（表9-1）として、全国学校図書館協議会が、2019年1月1日に制定して、その内容を示した。

　ここでは、「情報資源を活用する学びの指導体系表」の「課題の設定」「メディアの利用」「情報の活用」「まとめと情報発信」の4つの指導段階の理解をより深めるために、情報メディアの特性と活用についての基本的な考えかたを紹介する。

　情報メディアの活用のしかたを「どのように」教えるのか。それは、教える者の「くふう」であり、教えることの「おもしろさ」である。ここで紹介する内容をふまえて、教える者は、「くふう」をする「おもしろさ」をあじわいながら、教えることを、より永く続けていただきたい。

表 9-1　情報資源を活用する学びの指導体系表

2019 年 1 月 1 日　公益社団法人全国学校図書館協議会

本体系表は、児童生徒の実態を踏まえて各学校や地域で独自の体系表を作成する際の参考とするため、標準的な指導項目と内容を示したものである。また、必要に応じて児童生徒の活動や情報資源・機器の種類等を例示している。

凡例　「◎」指導項目　「◇」内容　「＊」例示

	Ⅰ 課題の設定	Ⅱ メディアの利用	Ⅲ 情報の活用	Ⅳ まとめと情報発信
小学校低学年	◎課題をつかむ ◇教科学習の題材、日常生活の気づきから考える ◇見学や体験での気づきから考える ◎学習計画を立てる ◇学習の見通しをもつ ◇テーマが適切かどうか考える ◇テーマ設定の理由を書く	◎学校図書館の利用方法を知る ＊図書館のきまり ＊学級文庫のきまり ＊本の借り方・返し方 ＊図書の分類の概要 ＊目次や索引の使い方 ◎学校図書館メディアの利用方法を知る ＊絵本、簡単な読み物、自然科学の本、図鑑 ＊コンピュータ、タブレット	◎情報を集める ＊観察、見学、体験 ＊インタビュー ＊図書資料、図鑑 ＊コンピュータ、タブレット ◎記録の取り方を知る ◇カードやワークシートに書き抜く ◇タブレットやデジタルカメラで写真を撮る ◇日付や資料の題名・著者名を記録する	◎学習したことを相手や目的に応じた方法でまとめ、発表する ＊口頭、絵、文章 ＊絵カード、クイズ ＊紙芝居、ペープサート、絵本、劇 ＊コンピュータ、タブレット ◎学習の過程と結果を評価する（自己評価・相互評価） ◇調べ方を評価する ◇まとめ方を評価する
小学校中学年	◎課題をつかむ ◇学習の題材、日常生活の気づきから考える ◇見学や体験での気づきから考える ◇課題について話し合う ◇フラワーカードなどを利用する ◎学習計画を立てる ◇調べる方法を考える ◇学習の見通しをもつ ◇テーマが適切かどうか考える ◇テーマ設定の理由を書く	◎学校図書館の利用方法を知る ＊日本十進分類法（ＮＤＣ）のしくみと配架のしかた ＊レファレンスサービス ＊ファイル資料 ＊地域資料、自校資料 ◎公共図書館の利用方法を知る ＊検索のしかた、レファレンスサービス ◎学校図書館メディアの利用方法を知る ＊図書資料、百科事典、国語辞典、漢字辞典、地図 ＊新聞、雑誌 ＊コンピュータ、タブレット	◎情報を集める ＊観察、見学、体験 ＊ゲストティーチャー、インタビュー ＊図書資料、百科事典、国語辞典、地図、図表 ＊新聞、雑誌 ＊コンピュータ、タブレット ◎記録の取り方を知る ◇記録カードに記録する（抜き書き・要約） ◇タブレットやデジタルカメラで写真を撮る ◎集めた情報を目的に応じて分ける ◎情報の利用上の留意点を知る 　＊著作権、引用	◎学習したことを相手や目的に応じた方法でまとめ、発表する ＊文章、新聞、ポスター、リーフレット ＊クイズ ＊絵本、劇 ＊発表会、展示 ＊コンピュータ、タブレット ◎学習の過程と結果を評価する（自己評価・相互評価） ◇メディアの使い方を評価する ◇調べ方を評価する ◇まとめ方を評価する ◇発表のしかたを評価する ◇ポートフォリオなどを利用する

			のしかた、出典の書き方 ＊個人情報の保護	
小学校高学年	◎課題をつかむ 　◇学習の題材、日常生活での興味関心から考える 　◇ウェビングなどの発想法を利用する 　◇大テーマから中・小テーマを設定する ◎学習計画を立てる 　◇調べる方法を考える 　◇学習の見通しをもつ 　◇テーマ設定の理由を書く	◎学校図書館の利用方法を知る 　＊日本十進分類法（ＮＤＣ）のしくみと配架のしかた 　＊目録の利用のしかた 　＊レファレンスサービス ◎各種施設を使用する 　＊公共図書館 　＊博物館、資料館 　＊地域の施設 ◎メディアの種類や特性を知る 　＊図書資料、参考図書(事典、年鑑) 　＊地図 　＊新聞、雑誌 　＊ファイル資料、視聴覚メディア 　＊電子メディア 　＊人的情報源、見学、観察、実験、体験	◎情報を集める 　＊図書資料、参考図書(事典、年鑑) 　＊地図、図表 　＊新聞、雑誌 　＊ファイル資料、視聴覚メディア 　＊電子メディア 　＊人的情報源、見学、観察、実験、体験 ◎記録の取り方を知る 　◇記録カードに記録する（抜き書き・要約） 　◇タブレットやデジタルカメラで写真を撮る 　◇ファイル資料を作る 　◇ノートに記録する 　◇情報機器で記録する 　◇資料リストを作る ◎情報を比較して評価する 　◇複数の情報を比較、考察する 　◇必要な情報を選択する ◎情報の利用上の留意点を知る 　＊インターネット情報 　＊著作権、引用のしかた、出典の書き方 　＊情報モラル 　＊個人情報の保護	◎学習したことを相手や目的に応じた方法でまとめる 　◇集めた情報を整理する 　◇調べたことと自分の考えを区別する 　◇図表に表す 　◇写真や映像、音声を取り入れる 　◇資料リストを付ける ◎学習したことを相手や目的に応じた方法で発表する 　＊展示、掲示 　＊新聞、レポート 　＊発表会、実演 　＊コンピュータ、タブレット ◎学習の過程と結果を評価する（自己評価・相互評価） 　◇メディアの使い方を評価する 　◇調べ方を評価する 　◇まとめ方を評価する 　◇発表のしかたを評価する 　◇中間発表会をする 　◇ポートフォリオなどを利用する
中学校	◎課題を設定する 　◇課題設定の理由を文章で書く 　◇目的に合った発想ツールを使う ◎学習計画を立てる 　◇調べる方法を考	◎学校図書館を効果的に利用する 　＊分類、配架のしくみ 　＊コンピュータ目録 　＊レファレンス	◎情報を収集する 　＊図書資料、参考図書 　＊地図、図表 　＊新聞、雑誌 　＊ファイル資料 　＊電子メディア	◎学習の成果をまとめる 　◇相手や目的に応じた方法でまとめる 　◇事実と自分の意見を区別する

中学校	える ◇学習の見通しをもつ	サービス ◎目的に応じて各種施設を利用する 　＊公共図書館 　＊博物館、資料館、美術館 　＊行政機関 ◎メディアの種類や特性を生かして活用する 　＊図書資料、参考図書 　＊地図、年表 　＊新聞、雑誌 　＊ファイル資料 　＊電子メディア 　＊人的情報源、フィールドワーク	＊人的情報源、フィールドワーク ◎情報を記録する ◇ノートやカードに記録する ◇情報機器で記録する ◇情報源を記録する 　＊著者、ページ数、出版社、発行年 　＊発信者、URL、確認日 ◎情報を分析し、評価する ◇複数の情報を比較、考察する ◇目的に応じて評価する ◎情報の取り扱い方を知る 　＊インターネット情報 　＊著作権、引用のしかた、出典の書き方 　＊情報モラル 　＊個人情報の保護	◇課題解決までの経過を記録する ◇資料リストを作成する ◎学習の成果を発表する ◇相手や目的に応じた発表の方法を考える 　＊口頭、レポート、ポスター、実演 　＊タブレット、電子黒板、コンピュータ ◇わかりやすく伝えるための工夫をする 　＊色づかい、表やグラフ、エフェクト ◎学習の過程と結果を評価する（自己評価・相互評価） ◇課題設定や学習計画の妥当性を検証する ◇利用したメディア、情報を評価する ◇課題が解決できたかどうかを評価する ◇まとめた成果物を評価する ◇相手や目的に応じて適切に発表できたかどうかを評価する ◇中間発表会をする ◇ポートフォリオなどを利用する
高等学校	◎課題を設定する ◇課題設定の理由を文章で書く ◇達成目標を設定する ◎学習計画を立てる ◇課題解決の戦略・方策を検討する ◇まとめ方の構想	◎学校図書館の機能を理解し、効果的に活用する 　＊分類、配架のしくみ 　＊情報の検索 　＊レファレンスサービス ◎目的に応じて各種施設を利用する	◎情報を収集する 　＊図書資料、参考図書、白書 　＊地図、図表 　＊新聞、雑誌 　＊ファイル資料 　＊電子メディア 　＊人的情報源、フィールドワーク	◎学習の成果をまとめる ◇相手や目的に応じた方法でまとめる ◇事実と自分の意見を区別する ◇課題解決までの経過を記録する ◇資料リストを作

| 高等学校 | を立てる | ＊公共図書館
＊博物館、資料館、美術館
＊行政機関
＊大学等の研究機関
◎メディアの種類や特性を生かして活用する
　＊図書資料、参考図書
　＊地図、年表
　＊新聞、雑誌
　＊ファイル資料
　＊電子メディア
　＊人的情報源、フィールドワーク | ◎情報を記録する
◇記録の方法を考える
　＊ノート、カード、複写、切り抜き
　＊撮影、ICT機器
◇情報源を記録する
　＊著者、ページ数、出版社、発行年
　＊発信者、URL、確認日
◎情報を分析し、評価する
◇複数の情報を比較、考察する
◇情報源を評価する
◎情報の取り扱い方を知る
　＊インターネット情報
　＊著作権、知的所有権
　＊情報モラル
　＊個人情報の保護 | 成する
◎学習の成果を発表する
◇相手や目的に応じた発表の方法を考える
　＊口頭、レポート、ポスター、実演
　＊タブレット、電子黒板、コンピュータ
◇わかりやすく伝えるための工夫をする
　＊色づかい、表やグラフ、エフェクト
◎学習の過程と結果を評価する（自己評価・相互評価）
◇課題設定や学習計画の妥当性を検証する
◇利用したメディア、情報を評価する
◇課題が解決できたかどうかを評価する
◇まとめた成果物を評価する
◇相手や目的に応じて適切に発表できたかどうかを評価する
◇中間発表会をする
◇ポートフォリオなどを利用する |

出所）公益社団法人全国学校図書館協議会　http://www.j-sla.or.jp/（参照 2020-2-13）の「図書館に役立つ資料」より。

1　情報のとらえかた

1）情報とメディア

　情報には、かたちがない。むかしから、わたしたちは、かたちのない情報をつかうために、かたちのある「いれもの」にいれて、情報とともに生きて

きた。その「いれもの」が、「メディア」である。ふだん、わたしたちが手にしているものは、情報がはいっている「いれもの」、すなわち、「情報メディア」である。

　情報は、メディアという「いれもの」にはいったときから、永遠のものではなくなる。かたちのある「いれもの」は、いつかはこわれたり、なくなったりする。「いれもの」がこわれたり、なくなったりするということは、「いれもの」にはいっている情報もおなじ運命をたどることになる。

　「いれもの」は、こわれたり、なくなったりしても、中身の情報が生き残るように、むかしから、わたしたちは、「いれもの」をとりかえることをしてきた。書き写したり、レプリカをつくったり、印刷をしたり、コピーをとったりと、「メディアの交換」をして、世代をこえて、情報を受け継いできた。情報は、「いれもの」のメディアによって、時と場所をこえて、生き続けている。

2) ひとのチカラ

　情報メディアは、自ら動くことができない。ひとのほうから、情報メディアに近づかないと、いつまでたっても、ほしい情報を手にいれることはできない。さらに、情報メディアを手にいれても、メディアという「いれもの」から中身の情報をとりだすことができなければ、情報を手にいれたことにはならない。メディアという「いれもの」から、中身の情報をとりだすチカラが必要である。

　メディアという「いれもの」は、ひとの感覚を刺激する。記号や文字や画像や動画は視覚や触覚、音は聴覚、香りは嗅覚、味は味覚などである。ひとの感覚から、中身の情報のみが、神経をとおり、脳に到達する。脳のなかでは、想像するチカラがはたらいて、その情報をもとに思いや考えが生まれてくる。その思いや考えが、新たな情報を生み、新しい情報もまた、つかわれていく。情報は、メディアという「いれもの」にはいり、わたしたちのまわりで、絶えることなく、生まれているのである。

3）感じるチカラと想像するチカラ

　感じるチカラと想像するチカラが、メディアという「いれもの」から中身の情報をとりだすチカラになる。感じるチカラを育てることで、ひとの感覚はとぎすまされる。想像するチカラを育てることで、思いや考えは生まれてくる。学校教育のさまざまな機会に、子どもたちの感じるチカラと想像するチカラをじっくりと育てる必要がある。

2　情報のさがしかた

1）主題を知ること

　ほしい情報をさがすためには、その情報にかかわる主題についての知識が必要である。ある程度の知識がないと、さがす手がかりになることば、すなわち、「キーワード」でさえ、思いつかない。試行錯誤をくりかえしながら、ねばり強くさがしているうちに、少しずつ、主題についての知識が身についてくる。そして、ほしい情報に近づいていく。

2）情報をさがすための道具を知ること

　ほしい情報をさがすためには、道具が必要である。「参考図書」、「レファレンスブック」、「レファレンスツール」などと呼ばれている情報をさがすための道具もまた、メディアという「いれもの」にはいっている。本などの印刷メディアや CD-ROM や DVD-ROM などのパッケージ系電子メディアの道具は、内容が更新されることはない。インターネットなどのネットワーク系電子メディアは、内容が更新されるものが多い。

　道具には、種類がある。文字をしらべるための「字典（字引）」、ことばをしらべるための「辞典（辞書）」、ことがらをしらべるための「事典」、事典よりも専門的なことがらを短くまとめた「便覧（ハンドブック）」、ことがらを図や写真などで解説した「図鑑」、むかしのことを年代順に解説した「年表」、年間の出来事や世の中の動きを解説した「年鑑」、場所の位置をしらべるための「地図」、情報メディアを一覧できる「書誌」、どこに情報メディアがあ

るのかをしらべるための「目録（カタログ）」、情報メディアの内容からほしい情報をさがしだすための「索引」など、さまざまな道具を実際につかいながら、それぞれの道具の特性をとらえて、適切な道具をえらび、よりよい情報を手にいれるチカラを育てる必要がある。

3) 情報をさがす場所

　1953 年に制定された「学校図書館法」にて定められているとおり、学校での子どもたちの学習を支援することと、子どもたちの健全な教養を育てることが、学校図書館の役割である。1999 年 11 月にユネスコ総会にて批准された「ユネスコ学校図書館宣言」では、生きていくために必要な情報などを提供して、おとなになっても自ら学習できるようなチカラと想像するチカラをじっくり育てることが、学校図書館の役割とされている。学校のなかで、ほしい情報をさがす場所は、学校図書館である。

　学校図書館法にて定められているとおり、「図書館資料の分類排列を適切にし、及びその目録を整備すること」（学校図書館法第 4 条第 1 項第 2 号）をしておかないと、学校図書館は、ほしい情報をさがせる場所にはならない。

　情報メディアは、「日本十進分類法」などによる分類のしかたにより内容ごとにわけられて、書架（本棚）に規則的にならべられて、さがしやすくなる。「日本目録規則」にしたがい目録（カタログ）をつくることにより、さらにさがしやすくなる。また、分類のしくみ、目録（カタログ）のつかいかた、情報メディアのある場所のみつけかたなどを、子どもたちに紹介すること、すなわち、「利用指導」も必要である。

　学校図書館だけではなく、最寄りのまちの図書館である公共図書館、博物館、美術館、資料館なども、情報メディアに出会える場所であることを、子どもたちに紹介する必要がある。

3 情報のつくりかた

1）情報をあつめる

　情報をつくることは、情報をあつめることからはじまる。情報をさがすための道具をつかい、情報をあつめていく。印刷メディア、パッケージ系電子メディア、ネットワーク系電子メディアなど、道具のメディアはさまざまであるが、ともに最初にすることは、手がかりになることば、すなわち、キーワードをえらぶことである。

　キーワードは、「思いついたことば」からはじまる。試行錯誤をかさねて、情報をさがしているうちに、「世の中でつかわれていることば」を知り、そのことばをキーワードとして、質の良い情報をあつめるようになる。ときには、ほしい情報をもれなくあつめようと、「二酸化炭素」と「CO_2」のように、おなじような意味のことば、すなわち、同義語や類義語をキーワードとしてえらぶこともある。

　印刷メディアの道具をつかうときには、巻末または別巻の「索引」をつかい、ほしい情報をさがす。「索引」をつかうことは、手間がかかることではあるが、「索引」をつかうことによって、もれなく、ほしい情報をさがすことができる。日常の生活のなかでのいろいろな習慣とおなじように、印刷メディアの道具をつかうときには、「索引」をつかう習慣を身につける必要がある。

　電子メディアの道具をつかうときには、複数のキーワードをつかい、情報をしぼりこんでいったり、情報のもれをふせいだり、いらない情報をとりのぞいたりすることもできる。キーワードをくみあわせて、「検索式」をつくり、こまかく情報をさがすことができる。検索式のつくりかたは、電子メディアの道具によってさまざまである。検索式をつくるまえに、それぞれの道具のつかいかたを学ぶ必要がある。

　ネットワーク系電子メディアの道具をつかうときには、Google、Yahoo! などの「検索エンジン」をつかい、ほしい情報をさがす。公開されているウェ

ブ、最新の新聞記事、一部の司法・立法・行政の情報などの「表層ウェブ」
をさがしだすことができる。非公開のウェブ、過去の新聞記事やほとんどの
雑誌記事、ほとんどの司法・立法・行政の情報などの「深層ウェブ」は、「収
集禁止」の設定がされているため、検索エンジンではさがせない。検索エン
ジンだけで、世の中のすべてのウェブをさがしだすことはできない。

　印刷メディアや電子メディアの道具だけではなく、場合によっては、ひと
から情報をききだすことも必要である。「人的情報源」である。相手との関
係に気をくばり、インタビュー（ききとり）を慎重におこなうことが大切で
ある。なによりも、ひととのやりとりには、「勇気」が必要である。教える
者は、いつも、子どもたちのそばにいて、ささえながら、その「勇気」を、
子どもたちにつたえていただきたい。

2）情報をえらぶ

　新たに情報をつくるためには、あつめた情報から、つかえる情報だけをえ
らぶチカラが必要である。情報をさがすための道具を複数つかって情報をあ
つめて、複数の情報を、じっくりとくらべながら、ほしい情報だけをえらぶ。
このくりかえしが、情報をえらぶチカラを育んでいく。ほしい情報だけをえ
らびながら、自分の考えを整理して、個人情報や著作権や情報倫理などに気
をつけながら、新たな情報をつくっていく。さらに新たな情報をつくるため
の手がかりとして、つかった情報や気になる情報は、「資料リスト」、「引用
文献一覧」、「参考文献一覧」、「参照文献一覧」などの一覧表として、記録に
残すことも大切なことである。

4　情報のつたえかた

1）表現をする

　新たにつくられた情報は、表現によって、世の中につたわっていく。表現
のしかたもさまざまである。ことばや身ぶりなどの表現、たとえば、手書き
や印刷したレポート、絵や写真などの画像、録音した音源、ビデオ映像など

の動画、口頭による発表、紙芝居や劇などの実演、コンピュータによる発表などの表現のしかたをえらび、つたえる相手の反応を予測しながら、情報をつたえていく。

　表現は、つたえる相手に反応をおこさせる。そして、相手がその表現の意味を共有したときに、「共通の意味世界」が生まれる。相手がなにを思い、なにを考えているのか、相手の表現からしか読みとることができない。表現だけが、自分と相手をつないでくれる。相手の思いや考えを、自分の思いや考え、または、自分の経験におきかえて、相手がつたえる意味を理解しようとする。そして、相手からの意味のつたわりにより、自分の新しい思いや考えが生まれてくる。

2）評価をする

　表現された情報は、多くのひとに評価をされて、役に立つ情報だけが生き残っていく。情報のさがしかた、情報のつくりかた（しらべかた・まとめかた）、情報のつたえかた（発表のしかた）などを、みんなで評価しあうことが大切である。「相手は自分をうつす鏡」である。自分では気づかないことを、ほかのひとは気づいてくれる。ほかのひとが気づかないことを、自分が気づくこともある。情報をつくったひとも、情報を評価するひとも、つくった情報を評価するという過程のなかで、情報を共有していることを感じながら、おたがいに、「情報とともに生きるチカラ」を育んでいくことが大切である。

5　情報メディアの活用が学校図書館を育てる

　学校図書館の情報メディアが活用されることによって、学校図書館の現状がわかってくる。情報メディアの置き場所は適切なのか、分類や目録（カタログ）は役に立っているのか、情報をさがすための道具はそろっているのか、ほかの学校図書館や最寄りの公共図書館や国際子ども図書館などとの連携体制はととのっているのかなど、学校図書館が成長しているすがたは、学校図書館の情報メディアが活用されて、はじめてみえてくる。

学校図書館が未熟でも、未熟なりに学校図書館の情報メディアを活用してもらい、学校図書館を成長させていかなければならない。学校図書館も、世の中のさまざまな場所とおなじように、活用されて、成長する。

　情報メディアの特性を活かした、情報メディアをうまく活用できる学校図書館づくりを、少しずつでも、進めていくことが、学校教育にかかわる者の使命である。

◎**学習のヒント**

　つぎの5つのことに、自分のチカラでとりくむこと。

　1)「情報」の本来の意味について、辞書、事典、専門書などをつかい、しらべながら、自分なりにその意味をとらえること。

　2) 情報の「いれもの」としての「メディア」について、自分がよくつかっているメディアの構造をしらべて、その長所と短所をとらえること。

　3) おなじ種類の情報をさがすための道具を、複数えらんで、くらべて、それぞれの道具の長所と短所をとらえること。

　4) 類義語辞典などをつかい、複数のことばをくらべて、それぞれのことばの違いをとらえること。

　5) おなじキーワードをつかい、複数の検索エンジンの検索結果をくらべながら、それぞれの検索エンジンの長所と短所をとらえること。

■**参考文献**

吉井隆明ほか『情報検索の知識と技術　基礎編』情報科学技術協会（2015年）

船津衛『コミュニケーション・入門　改訂版』有斐閣（2010年）

第10章

学校図書館経営における PDCA サイクル

中山愛理

1　学校図書館における経営

1)　学校図書館における経営とは

　学校図書館は、「読書センター」「学習センター」「情報センター」の3つの機能を有していることが望まれる。学校図書館において、この3つの機能を十分に発揮していくためには、学校図書館の適切な経営が求められる。この「経営」ということばの概念には、「継続的・計画的に事業を遂行すること…」[1] が含まれている。

　学校図書館の経営において「学校図書館経営」ということばには、「学校図書館の目的や目標を実現するために、学校運営の方針を立て、必要な組織をつくり、諸資源（教職員、施設・設備、財源など）を効率的に統合しながら、教育事業を継続的に実行すること」[2] とある。ここでいう学校図書館の目的とは、学校図書館法2条で「教育課程の展開に寄与すること」、「児童又は生徒の健全な教養を育成すること」と規定されているものである。この目的を実現するために、学校図書館は具体的な目標・目的を定め、その目標・目的を達成するために効果的に様々な活動を実行していくこととなる。そのためには、経営を担う人の存在も重要である。学校図書館の経営には、校長をリーダーとして、司書教諭・学校司書が中心となって担うこととなる。しかしそれだけではなく、全職員が一丸となって児童生徒・教職員の読書や学びを支えるために取り組んでいくことが望ましい。つまり、学校図書館を経営するにあたり、司書教諭・学校司書は、マネジメントサイクルを確立することが

期待されている。

2）学校図書館におけるマネジメントサイクル

　マネジメントサイクルとは、PDCA サイクルに代表される経営管理機能

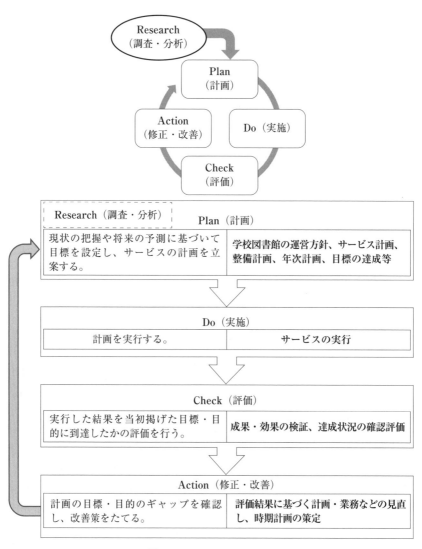

図 10-1　PDCA サイクル

のプロセスを指す。

　PDCA サイクルは、1950 年代アメリカのウォルター・シューハート（Walter Shewhart）、エドワード・デミング（Edwards Deming）といった統計学者によって品質管理モデルとして提唱され、広く認知されるようになったものである。後にデミングが提案した、PDCA サイクルのうち C の Check をより詳しく調査する意味合いを込めた Study に変えた Plan（計画）→ Do（実施）→ Study（評価）→ Action（次の課題検討）からなる PDSA サイクルもある。現在は、学校図書館などの経営においても広く導入されはじめている。

　この一連のマネジメントサイクルを継続し、繰り返すことによって、学校図書館の経営は確実なものとなっていく。次節から詳しくこの PDCA サイクルについて具体的に確認していく。

2　PDCA サイクルの各段階

1）Research（調査・分析）

　最初に PDCA サイクルを回そうとして、いきなり Plan（計画）を立てようとすれば、どのような計画を立てればよいか暗中模索しなければならない。そこで、初めて PDCA サイクルに着手する際には、まず学校の現状を正確に把握・分析しておく Research（調査・分析）が必要となる。学校図書館における Research（調査・分析）は、学校が置かれている地域の実情、学校規模、教職員の体制（校務分掌）、校内における学校図書館の位置付け、学校図書館の活用状況、児童生徒の様態などから、その現状を明らかにすることである。

2）Plan（計画）

　続いて、PDCA サイクルの Plan（計画）を確認しておく。「計画」とは、「組織がその使命・目的や目標を達成するための道筋を明示するためのもの」[3]とされる。PDCA サイクルの 2 巡目からは、Research はなくなり、Plan（計画）からサイクルが回っていくことになる。

　学校図書館においては「読書センター」「学習センター」「情報センター」

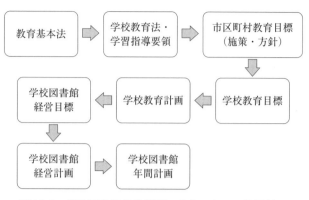

図 10-2　学校図書館経営計画の全体の中での位置付け

の 3 つの機能に着目した年間計画を立てることが大事である。学校図書館運営をスムーズに行うためには具体的な計画を立てていくことが必要となる。そのため、運営計画の立案とは学校図書館経営計画を立てることである。この経営計画は、学校全体の教育計画などと関連付けるか、教育計画に組み込むことが必要である。

　学校図書館経営計画とは、学校図書館が学校の教育目標を達成できるよう実践するものである。これは、学校図書館の経営についての指標のような役割を担うものである。

　経営計画を立てるとき、短期計画と中・長期計画とに分けて考える必要がある。短期計画は通常 1 年（学校図書館の場合は年度単位）を、中・長期計画は 2・3 年から 10 年を展望したものである。これらの計画に基づいて予算が組まれることになる。経営計画の主な柱となるものは 4 つある。

　経営的計画・技術的計画・奉仕的計画・教育的計画の 4 つの計画を各学校や学校図書館の実情を踏まえ、教職員数、予算などを考慮して上記の経営計画について中・長期的な経営計画を立てた後、より具体的な年間計画を策定し、実行することが望ましい。言い方を変えれば、学校図書館経営計画という大きな PDCA サイクルの P（鷹の目）と、その中に入れ子型になっている学校図書館年間計画という小さな PDCA サイクルの P（蟻の目）をバランスよく計画することが大切である。

経営的計画	学校図書館の総合的運営計画、予算とその執行計画、施設・設備計画
技術的計画	資料の選択収集計画、整理、点検、更新等の計画
奉仕的計画	資料提供計画、情報提供計画、広報活動計画、行事・集会活動計画、サービス計画等
教育的計画	学校図書館の利用計画、利用指導、読書指導、児童生徒図書委員会の指導、教育指導的活動の計画

図 10-3　経営計画の主な柱

3）Do（実施）

　具体的な計画を立てた後は、その計画を実行に移すこととなる。学校図書館の経営は、経営計画に基づいて学校図書館担当者が中心となって組織的に運営する。学校図書館経営計画の実行は、学校図書館サービスそのものである。具体的には、貸し出しのほか、お話し会、紙芝居、読み聞かせ、ブックトーク、講演会など学校図書館行事や集会を企画・実施することである。

　短期・中期・長期的経営計画が確定したら、次にこれをどうやって実施するのかその方法が検討される。まずは、各学校の置かれた状況を踏まえつつ、できるところから少しずつ、実行していくことが大切である。全体を見渡しつつ、今目の前にあることから実行していく力が司書教諭・学校司書には求められている。また司書教諭・学校司書、学校図書館を運営するすべての人たちで意見を出し合い、具体的な実行方法についても検討していくことが望ましい。さらに、実施にあたっては、どのように役割を分担するのか、すべての計画に実施責任者を決めておくことが大切である。誰かの仕事にしてしまうと、責任の所在があいまいになり、結局は誰の仕事でもなくなってしまう。少人数であっても実施責任者を明確にしておく必要がある。

　司書教諭・学校司書は、学校図書館を運営していく際に計画と照らし合わせて、計画に沿って進んでいるのかチェックする必要がある。もし、計画が

大幅に遅れているなどしている場合は、臨機応変に、そしてその都度対応していくことも必要である。計画は実施予定の案であり、実行に移してみるとうまくいかない場合もある。その場合は計画の実行途中であっても、計画を変更・修正することが重要である。

4) Check（評価）

　計画を実行した後は、必ず評価を行う。学校図書館の運営を評価する目的は、目標設定の妥当性を確認すること、目標の達成状況、到達状況、時には未達成状況の確認をすること、それらの要因分析をすることなどである。

　学校図書館経営の評価意義としては、学校図書館の運営にあたり、財源や人材、情報源等限られた資源をより効果的、効率的に活用することが求められる。評価により、サービスや業務の正当性・有用性を示すことが、財源や人材など必要な資源の確保に不可欠である。さらに評価は、改善のために必要な行為である。計画に基づいてサービスや業務を実施し、その結果を評価することにより、サービスや業務の改善、計画の修正見直しにつなげることができる。

　また、時折学校図書館の評価はなぜ必要なのかを再度考えてほしい。学校図書館マネジメントサイクルで確認したように学校図書館をよりよく改善する目的のための評価実施である。評価を活かすためには、目的に即した適切な評価を行わなければならない。評価基準の適当な運用を図るために、評価の意図は明確になっているか（自校の改善状況を評価したいのか、他校の状況と比較したいのか）、どれくらいの間隔で評価するのか（年度ごとか、学期ごとか）、評価の主体は誰なのか（司書教諭か、校長か、外部か）、評価結果をどのように活かしていくのか（現行計画の改訂か、新計画の策定か）などの観点から評価の在り方を見直していくことが重要である。

　評価するにあたり、いくつかの評価基準（客観化されたもの）を用いる必要がある。代表的なものが「学校図書館評価基準」[4] である。「学校図書館評価基準」は、2008 年に全国学校図書館協議会が小学校から高等学校までの学校図書館を対象に、その経営・活動・環境などの改善点を提示し、サービス

向上を目的とするために制定された。全国学校図書館協議会のウェブサイトから様式をダウンロードできるようになっている。様式は、「評価」、「グラフ」の2枚のシートから構成されている。「評価」のシートに入力すると「グラフ」に評価結果が示されるようになっている。

評価項目は、「1.　学校図書館の基本理念」、「2.　経営」、「3.　学校図書館担当者」、「4.　学校図書館メディア」、「5.　施設と環境」、「6.　運営」、「7.サービス」、「8.　教育指導・援助」、「9.　協力体制・コミュニケーション」、「10.　地域との連携」、「11.　学校図書館ボランティア」、「12.　他団体・機関との連携協力」、「13.　児童生徒図書（館）委員会」、「14.　研修」の14項目から構成されており、各項目に評価基準（表10-1）が設定されている。

学校図書館評価基準以外にも、学校図書館に関する様々な標準的な評価基準が作成されている。それらの基準を活用することは、他校の状況との比較が可能になる利点がある一方で、学校独自で設定したPlan（計画）を評価することが難しい場合も出てくる。そこで、計画の内容に応じた学校独自の評価基準を策定することが必要となってくる。学校独自で、計画に合わせた学校図書館の評価基準を策定したい場合には、既存の各種評価基準から、目的に即した評価項目を抜き出して基準を作ることが簡便な方法といえる。しかし、学校図書館が斬新な独自の取り組みを計画すればするほど、標準的な評価基準では対応しきれなくなる。

また、評価基準は数値で示されたもの、文章で示されたものに大別することができる。数値であれば、基準の数値を算出した手順や根拠を確認できるようにし、客観性を確保することが重要である。文章で示された基準は、文言により曖昧な評価に結び付きやすい。そのため、文言をできるだけ単純化

表 10-1　学校図書館評価基準の評価シートの項目例

6.　運　　営

	学校図書館の運営方針		
1	①　運営方針を明文化し、全教職員・児童生徒・保護者に周知している。	3	
	②　運営方針を明文化し、全教職員に周知している。	2	
	③　運営方針を定めていない。	1	

し、学習の達成度を判断する基準を示す教育評価法として用いられるルーブリック（Rublic）形式の評価基準を策定することもよい。ルーブリック形式の評価基準は、数値で測りにくい、学校図書館の運営体制や児童生徒に関わる司書教諭・学校司書の姿勢などを評価する際に有効となる。

5）Action（修正・改善）

　実行し、評価することで、経営計画、自館の運営・組織の問題や課題が可視化できる。この課題をできるだけ修正・改善していくことが、学校図書館のさらなる活性化へとつながっていくこととなる。評価の結果は、次年度の経営計画の修正・改善計画に際して必ずフィードバックされ、活かされないと意味をなさない。

3　評価を着実に進めていくために

　PDCA サイクルを繰り返していくことにより、諸課題は次第に改善していくはずであるが、現実にはうまくいかないこともある。それをふせぐために以下の点に気をつけたい。

　これまでの慣行や前年の計画をそのまま踏襲する学校図書館経営ではなく、常に状況の変化に即した計画をたてることが重要である。学校をとりまく社会も変化しているにもかかわらず、計画通り実行しようとすれば失敗することもある。計画や考え方については、柔軟性をもち、対応できるような余裕のある計画をたてることが重要である。また、主観による評価や客観性のない評価を避けるだけではなく、目的に沿わない評価内容にしないことも重要である。そのためにも記録に基づく客観的評価、外部評価を取り入れていくことである。

　さらに、学校図書館の評価に関する情報や他の学校全般に関わる評価情報を参考にし、どのような評価方法があるのか、どのような評価が望ましいのか見直していくことも重要である。

1）評価に向けた記録管理

　学校図書館の経営や運営の 1 年間の実態を記録してまとめ、保存しながら学校図書館の評価基準にのっとり、司書教諭・学校司書を含む学校図書館部、教職員、児童生徒で年度末に評価し、PDCA サイクルを好循環させることが求められる。各種記録・表簿・書類を整理し、一括管理して一定年度保存することで、学校図書館経営計画を中・長期的に評価していく基礎資料が蓄積されていく。

2）学校図書館評価に関する情報収集と活用

　学校図書館の評価に関する情報は、所管官庁である文部科学省をはじめとして、各都道府県、市区町村教育委員会、学校図書館団体である全国学校図書館協議会などから発信されると考えられる。

　例えば、文部科学省の発信する学校図書館評価についてみてみると、2016 年 10 月に公表された学校図書館の整備充実に関する調査研究協力者会議の「これからの学校図書館の整備充実について（報告）」[5] がある。この中で、学校図書館の評価について次のように示している。

○学校図書館の運営の改善のため、PDCA サイクルの中で校長は学校図書館の館長として、学校図書館の評価を学校評価の一環として組織的に行い、評価結果に基づき、運営の改善を図るよう努める。

○評価にあたっては、学校関係者評価の一環として外部の視点を取り入れるとともに、評価結果や評価結果を踏まえた改善の方向性等の公表に努める。また、コミュニティ・スクールにおいては、評価にあたって学校運営協議会を活用することも考えられる。

○評価は、図書館資料の状況（蔵書冊数、蔵書構成、更新状況等）、学校図書館の利活用の状況（授業での活用状況、開館状況等）、児童生徒の状況（利用状況、貸出冊数、読書に対する関心・意欲・態度、学力の状況等）等について行うよう努める。評価にあたっては、アウトプット（学校目線の成果）・アウトカム（児童生徒目線の成果）の観点から行うことが望ましいが、それらを支える学校図書館のインプット（施設・設備、予算、人員等）の観点にも十分配慮するよう努める。

こうした説明から、学校図書館における評価をしていく際に留意しなければならない点を確認することができる。

　また、学校全体に関する評価と学校図書館に関する評価との関わりを考える情報は、文部科学省の「学校評価ガイドライン」[6]が参考になる。

　「学校評価ガイドライン」は、各学校設置基準などにおいて、各学校は自己評価の実施とその結果の公表に努めることとされ、それに対応するための指針として、文部科学省が策定したものである。なお、国の学校評価ガイドラインに基づき、都道府県教育委員会や市区町村教育委員会が独自の学校評価ガイドラインを策定している場合もある。

　学校全体の評価を行うための指針であるが、「学校図書館の計画的利用や、読書活動の推進の取組状況」、「図書の整備」などの学校図書館活動に関わる評価項目・指標も例示されている。

　このことから、学校図書館の評価は、学校全体の評価と結びつけるか、組み入れるかしておく必要があると確認することができる。学校全体の総論的評価を学校評価で行い、各論的評価として学校図書館独自の評価を詳細に行ってもよい。詳細な学校図書館評価は、学校評価を行う際の材料を提供することにもつながる。

◉学習のヒント
　学校図書館の経営は、計画的・組織的に行われる。本章では、学校図書館が学校でどのような役割や機能を十分に果たすべきか、また学校図書館の経営はいかにあるべきかについて具体的に論じる。第１節では、学校図書館の経営とマネジメントサイクルについて取り上げる。第２節では、マネジメントサイクルである Plan（計画）→ Do（実施）→ Check（評価）→ Action（次の課題検討）からなる PDCA サイクルの各段階を取り上げ、何を留意しながら各段階に取り組んでいけばよいか確認する。第３節では、評価を着実に進めていくために、評価に向けた記録管理と学校図書館評価に関する情報収集とその活用について取り上げる。
　本章の学習のポイントは、まず学校図書館における経営がどういうものであるのかを理解することである。それを踏まえて、学校図書館を適切に経営するためのマネジメントサイクルの内容を理解すること、マネジメントサイクルの

代表例であるR＋PDCAサイクルの学校図書館の調査、計画、運営実施、評価、次の計画に向けた課題検討という各段階において、どのような点に留意しながら取り組んでいくべきかを理解することである。特に、「学校評価基準」などの事例を参考にしつつ、評価基準の在り方について考えたい。そして、学校図書館評価のための基礎的材料となる記録を管理していく必要性について理解する。また、学校図書館評価を適切に行っていくために、学校図書館評価に関する国の方針や他の学校の事例といった情報収集とその活用の必要性について理解する。

■注

1) 新村出編『広辞苑』（第6版）岩波書店（2008年）854頁。
2) 渡辺重夫『学校図書館の力』勉誠出版（2013年）81-82頁。
3) 高山正也編著『図書館経営論』樹村房（2002年）73頁。
4) 学校図書館評価基準　〈http://www.j-sla.or.jp/material/kijun/post-44.html〉
   （最終アクセス日：2016年12月11日。以下同じ）
5) 学校図書館の整備充実に関する調査研究協力者会議「これからの学校図書館の整備充実について（報告）」（2016年10月）〈http://www.mext.go.jp/component/b_menu/shingi/toushin/__icsFiles/afieldfile/2016/10/20/1378460_02_2.pdf〉
6) 文部科学省「学校評価ガイドライン〔平成28年改訂〕」（2016年3月22日）〈http://www.mext.go.jp/component/a_menu/education/detail/__icsFiles/afieldfile/2016/06/13/1323515_02.pdf〉

■参考文献

全国学校図書館協議会『司書教諭・学校司書のための学校図書館必携：理論の実践』悠光堂（2015年）
坂田仰・河内祥子編著『教育改革の動向と学校図書館』八千代出版（2012年）
中村百合子編著『学校経営と学校図書館』樹村房（2015年）
糸賀雅児・薬袋秀樹『図書館制度・経営論』樹村房（2013年）

第11章

教育行政からみる学校図書館

河内祥子

1 教育行政と学校図書館

　日本において、学校等の教育に関与する行政、すなわち「教育行政」は、国、都道府県、市町村がそれぞれ役割を分担・協力し実施している。

　そもそも、学校は、基本的に学校教育法2条にあげられている学校設置者のみ設置することができる[1]。学校設置者は、その設置する学校を管理し、法令に特別の定のある場合を除いては、その学校の経費を負担することとなっている（学校教育法5条）。そのため学校設置者は、「①学校の物的要素である校舎等の施設設備、教材教具等の維持、修繕、保管等の物的管理、②学校の人的要素である教職員の任免その他の身分取扱い、服務監督等の人的管理、③学校の組織編成、教育課程、学習指導、教科書その他の教材の取扱い等の運営管理の一切を行う」とされる[2]。大学以外の公立学校の学校設置者は、それを設置している地方公共団体（例えば市立学校であれば市、県立学校は県）であり、その地方公共団体の機関である教育委員会がこれらの管理に当たることとなっている（地方教育行政の組織及び運営に関する法律23条）。学校図書館にもこのことは該当する。

　学校図書館法にも、国と学校設置者のそれぞれに関する規定が存在する。国は、①学校図書館の整備及び充実並びに司書教諭の養成に関する総合的計画の樹立、②学校図書館の設置及び運営に関し、専門的、技術的な指導及び勧告、③①②のほか、学校図書館の整備及び充実のため必要と認められる措置の実施、に努めなければならない（学校図書館法8条）。一方、学校設置者は、

学校図書館法の目的が十分に達成されるよう「その設置する学校の学校図書館を整備し、及び充実を図ることに努めなければならない」ことが明記されている（学校図書館法7条）。

上記からも分かるように、教育行政と学校図書館の間には強い関係がある。つまり、教育行政上、学校図書館をどのように位置付けるかで、学校図書館の将来が大きく変わる可能性がある。そのため、司書教諭をはじめとする学校図書館関係者は教育行政の動向を把握した上で学校図書館運営を行っていく必要があろう。この点、「読書センター」としての機能を有する学校図書館にとって、地方公共団体に対し子どもの読書活動に関する推進計画の策定を求めた「子どもの読書活動の推進に関する法律」のもたらす影響は小さくない。

2　子どもの読書活動の推進に関する法律と学校図書館への影響

1）子どもの読書活動の推進に関する法律の成立

2001（平成13）年に「子どもの読書活動の推進に関する法律」が公布・施行された。本法律は「子どもの読書活動の推進に関し、基本理念を定め、並びに国及び地方公共団体の責務等を明らかにするとともに、子どもの読書活動の推進に関する必要な事項を定めることにより、子どもの読書活動の推進に関する施策を総合的かつ計画的に推進し、もって子どもの健やかな成長に資すること」を目的としている。

その一つとして、政府は、子どもの読書活動の推進に関する施策の総合的かつ計画的な推進を図るため、子どもの読書活動の推進に関する基本的な計画（以下「子ども読書活動推進基本計画」）を策定しなければならないことが明記された（8条）。都道府県や市町村においても、子どもの読書活動の推進の状況等を踏まえ、「都道府県子ども読書活動推進計画」及び「市町村子ども読書活動推進計画」を策定するよう努めなければならないとされている（9条）。

2) 子ども読書活動推進基本計画

　子どもの読書活動の推進に関する法律8条の規定に基づき、2002（平成14）年8月2日に、「子どもの読書活動の推進に関する基本的な計画」（「子ども読書活動推進基本計画」）が閣議決定された（第一次計画）。

　具体的な方策としては、「家庭、地域、学校を通じた、子どもが読書に親しむ機会の提供」、「図書資料の整備などの諸条件の整備・充実」、「学校、図書館などの関係機関、民間団体等が連携・協力した取組の推進」、「社会的気運醸成のための普及・啓発」等があげられている。

　2008（平成20）年3月には、第二次計画が閣議決定され、国会に報告された。第一次計画期間における取り組み・成果や課題、その後の情勢の変化等を踏まえ、多様な情報提供を通じた家庭における読書活動への理解の促進、地域における読書環境の格差の改善、「学校図書館図書整備計画」を踏まえ、学校図書館図書標準の達成を目指した図書の整備、司書教諭の発令の促進など、家庭、地域、学校それぞれにおける具体的な取り組みについて整理された。

　2013（平成25）年5月に策定された第三次「子ども読書活動推進基本計画」では、基本的方針として、①家庭、地域、学校を通じた社会全体における取り組み、②子どもの読書活動を支える環境の整備、③子どもの読書活動に関する意義の普及を掲げた。

　2018（平成30）年4月には、第四次「子供の読書活動の推進に関する基本的な計画」が出された。取り組みの方向性として「子供の読書活動の重要性が高まっていることや、学校段階により子供の読書活動の状況に差があることに留意しながら、本計画期間においては、乳幼児期から、子供の実態に応じて、子供が読書に親しむ活動を推進」することの必要性を指摘している。特に学校においては、学習指導要領を踏まえた読書活動の推進、子供の読書への関心を高める取り組み、学校図書館の整備や人的体制の充実に関することがあげられている。

3) 都道府県及び市町村子供読書活動推進計画

　文部科学省「都道府県及び市町村における子供読書活動推進計画の策定状

況について」（2019〔令和元〕年5月22日）によると、「都道府県における子供読書活動推進計画」は法令上努力義務ではあるが、2006（平成18）年度末までにすべての都道府県において策定されている。

一方、「市町村における子供読書活動推進計画」の策定状況をみると、2018年度末の時点で、策定済みである市町村は1398市町村（80%）、策定作業を進めている市町村が84市町村（5%）である（図11-1）。努力義務であるため、策定済みの市町村が増加したとはいえ、策定予定がない市町村が148市町村（8.5%）も存在している点に注意する必要があろう[3]。

「都道府県及び市町村子供読書活動推進計画」は、各地方公共団体において子どもの読書活動の推進の状況等を踏まえて定められるものである。基本計画中の数値目標は、子どもの読書活動の推進に必要と考えられる施策を行う上での取り組みの目安として掲げるものであり、その達成を義務付けるものではないとされている。

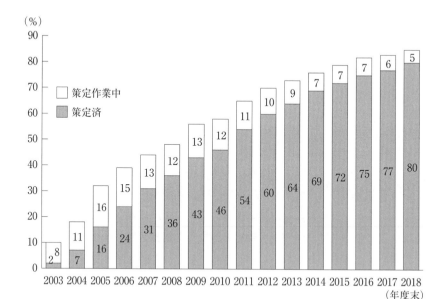

図11-1　市町村における子供読書活動推進計画の策定状況

出所）文部科学省「都道府県及び市町村における子供読書活動推進計画の策定状況について」（2019年5月22日）に基づき作成。

しかし、数値目標など具体的な目標を掲げることによって、具体的な施策が実行される可能性が高くなり、結果的に読書活動を推進することにつながるであろう。計画内容はもちろんのこと、策定の過程において行われる調査や議論自体にも意味がある。この点、司書教諭をはじめとする学校図書館関係者も学校における読書活動の推進の視点から、計画作成に積極的に協力することが、地方公共団体の計画に学校図書館充実のための具体的施策を位置付けることにつながると考えられる。

　また、市町村において策定される子ども読書活動推進計画は、計画の形は様々である。法令に規定されている「子ども読書活動推進計画」等のタイトルで子どもの読書活動に着目した計画もあれば、「読書活動推進計画」等として、子どもに限らず読書活動の推進のための計画を策定することもありうるであろう。

4）「子ども読書活動推進計画」と進捗状況管理の事例：福岡県宗像市

　後者の例として、「宗像市子ども読書活動推進計画」がある。この計画は、「子どもの読書活動の推進に関する法律」に基づき、2004（平成16）年12月に策定され、5年にわたって、市内の子どもの読書活動を推進するため活動の基本となった。第1次計画での取り組みの成果と課題を整理した上で、2010（平成22）年3月、今後5年間（2010〔平成22〕年度〜2014〔平成26〕年度）の方向を示す「第2次宗像市子ども読書活動推進計画」を策定した。本計画の目標は、「家庭・地域・学校等における子どもの読書活動の推進」と「子どもの読書活動の推進体制の整備と普及啓発の推進」であった。

　また宗像市では「宗像市民図書館運営計画」（計画期間：2007〔平成19〕年度〜2016〔平成28〕年度）が立てられていた。そこで、2016（平成28）年に、これらを一体化し、「宗像市読書のまちづくり推進計画」（2016〔平成28〕年度〜2024年度）を策定した。本計画では、「生涯にわたる読書活動を推進するためには乳幼児期からの取組みが重要であることから、子どもの読書活動に重点を置くとともに、その活動を支える人を育て支援し、読書を通した地域づくり」をめざしている（図11-3）。

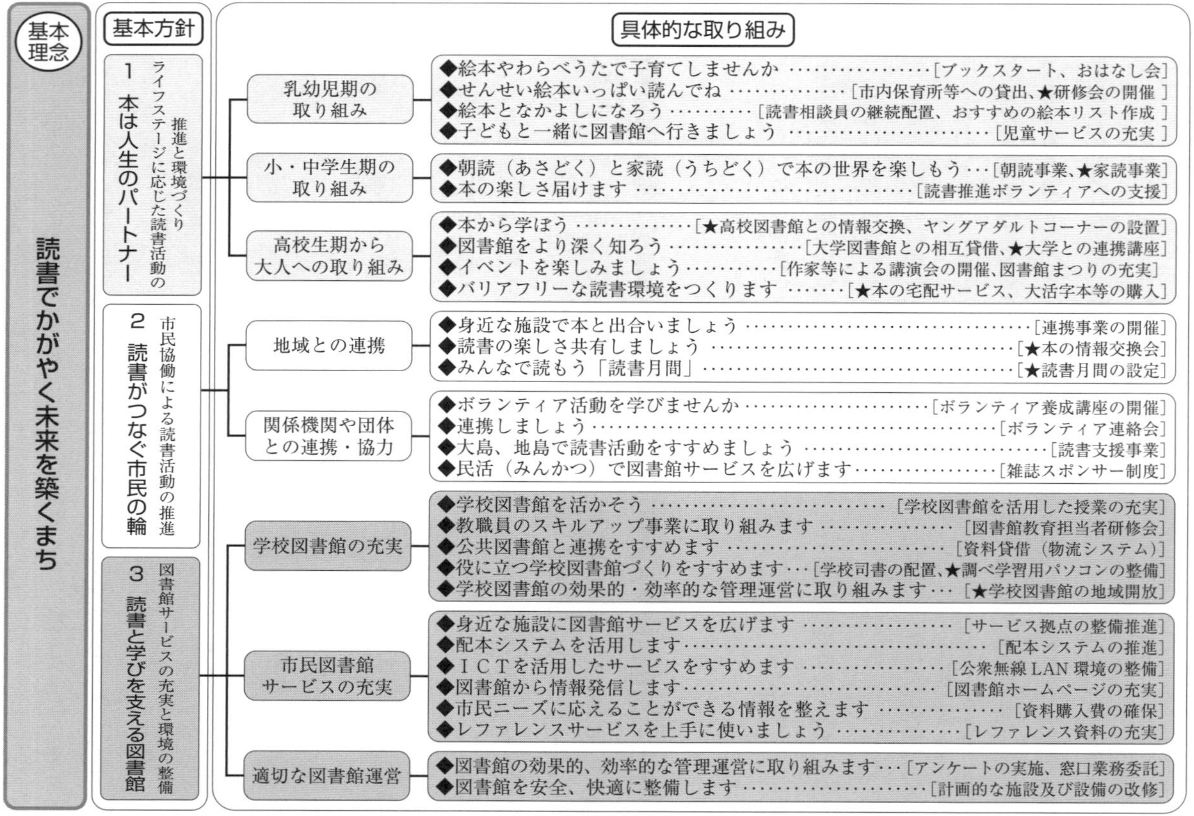

図11-2 宗像市読書のまちづくり推進計画体系表

基本理念

読書でかがやく未来を築くまち

基本方針

1　本は人生のパートナー
ライフステージに応じた読書推進と読書環境づくり

2　読書がつなぐ市民の輪
市民協働による読書活動の推進

3　読書と学びを支える図書館
図書館サービスの充実と読書環境の整備

具体的な取り組み

乳幼児期の取り組み
◆絵本やわらべうたで子育てしてみませんか ……[ブックスタート、おはなし会]
◆せんせい絵本いっぱい読んでね ……[市内保育所等への貸出、研修会の開催]
◆絵本となかよしになろう ……[読書相談員の継続配置、おすすめの絵本リスト作成]
◆子どもと一緒に図書館に行きましょう ……[児童サービスの充実]

小・中学生期の取り組み
◆朝読（あさどく）と家読（うちどく）で本の世界を楽しもう ……[家読事業、★読書推進ボランティアへの支援]
◆本の楽しさを届けます ……[読書推進ボランティアへの支援]

高校生期から大人への取り組み
◆本から学ぼう ……[★高校図書館との情報交換、ヤングアダルトコーナーの設置]
◆図書館をもっと深く知ろう ……[大学図書館との相互貸借、大学との連携講座]
◆イベントを楽しみましょう ……[作家等による講演会の開催、図書館まつりの開催]
◆バリアフリーな読書環境をつくります ……[★本の宅配サービス、大活字本等の購入]

地域との連携
◆身近な施設で本と出合いましょう ……[連携事業の開催]
◆読書の楽しさを共有しましょう ……[本の情報交換会]
◆みんなで読もう「読書月間」 ……[読書月間の設定]

関係機関や団体との連携・協力
◆ボランティア活動を学びませんか ……[ボランティア養成講座の開催]
◆連携しましょう ……[ボランティア連絡会]
◆大島、地島で読書活動をすすめましょう ……[読書支援事業]
◆民活（みんかつ）で図書館サービスを広げます ……[雑誌スポンサー制度]

学校図書館の充実
◆学校図書館を活用した授業に取り組みます ……[学校図書館活用の充実]
◆教職員のスキルアップ事業に取り組みます ……[図書館教育担当者研修会]
◆公共図書館と連携をすすめます ……[資料貸借、配送図書の配置（物流システム）]
◆役に立つ学校図書館づくりをすすめます ……[調べ学習用パソコンの設置、★学校司書の配置]
◆学校図書館の地域開放に取り組みます ……[学校図書館の地域開放]

市民図書館サービスの充実
◆身近な施設に図書館サービスを広げます ……[サービス拠点の整備推進]
◆ICTを活用したサービスをすすめます ……[配送システムの推進]
◆図書館から情報発信します ……[公衆無線LAN環境の整備]
◆市民ニーズに応える情報を整えます ……[図書館ホームページの充実]
◆レファレンスサービスを上手に整えましょう ……[資料購入費の確保]

適切な図書館運営
◆図書館の効果的、効率的な管理運営に取り組みます ……[レファレンス資料の充実]
◆図書館を安全、快適な施設の整備 ……[アンケートの実施、窓口業務委託、計画的な施設及び設備の改修]

出所）宗像市「宗像市読書のまちづくり推進計画概要版」に基づき作成〈http://www.city.munakata.lg.jp/w043/gaiyouban.pdf〉。

そもそも、宗像市においては、「読書活動の推進に関すること」はもちろんのこと、「学校図書館の管理運営に関すること」、「学校図書館の資料の選定、受入、整理及び利用に関すること」、「学校長及び司書教諭との連絡調整に関すること」、「学校図書館の連絡調整に関すること」、「その他学校図書館に関すること」等は、図書課図書館係の分掌事務となっている[4]。市内の公立学校図書館や公立図書館の状況等を把握した上で、図書館係が具体的な計画を策定し、各学校において実施していくため、公立学校図書館の全体的な充実を図る意味で、有効な組織編成といえる。

　例えば、公立学校図書館に蔵書管理システムを導入し、蔵書点検においても工夫をこらす等、限られた予算の中で教職員の労力を最小限に抑えることを可能としている。また、市では「子どもたちが自ら考え、課題を解決する力や生きる力を養うこと」を目的に、「調べる学習コンクール」を実施している。2016（平成28）年度は、小学校の部では1620点、中学校の部では681点の応募があり、子どもたちの関心も高い。教職員の学校図書館における指導はもちろんのこと、夏休みには学校司書が市民図書館で待機し、子どもの指導にあたるなどの地道な取り組みが行われており、その一つの成果ともいえよう。

　だが、その一方で、学校図書館担当の職員が学校教育の特殊性についての理解が不十分であると、校長のリーダシップのもと、運営を行っている学校図書館の足かせとなり、かえって学校図書館を学校から孤立させる可能性もなくはない。宗像市では、現在、司書教諭を学校図書館係に配置転換するなどの職員配置の工夫や、宗像市民図書館協議会での議論の充実を図ることでこれらのマイナス面をカバーし、そのプラス面を全面に押し出すことに成功している。今後の学校図書館を考える上で一つの参考になる事例である。

3　学校図書館の未来を握る教育行政

　学校図書館は、今なお様々な問題を抱えているが、教育委員会等の教育行政による支援がなければ解決することが困難な問題が多い。

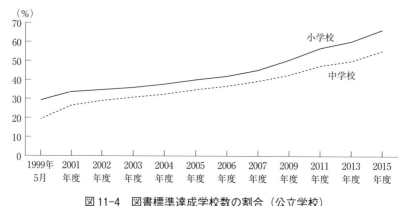

図 11-4　図書標準達成学校数の割合（公立学校）

出所）文部科学省「『学校図書館の現状に関する調査』結果について」に基づき作成。

　第一に物的側面についてである。十分な図書購入費が確保されている公立学校は少なく、文部科学省が定める学校図書館図書標準すら満たせていない学校も一定数存在している[5]（図 11-4）。

　学校図書館において授業に必要な最低限の資料すら準備できない状況にあるため[6]、総合的な学習の時間等においても、苦肉の策からテーマの決め方や発表の方法を中心に授業が組み立てられたり、子どもたちが「調べ学習」を行う際にも、図書等の資料を利用する方法は極力避け、インタビュー等に重点を置いたものにならざるを得ないという現状がある。

　「第 5 次学校図書館図書整備等 5 か年計画」（2017〔平成 29〕年度〜2021〔平成33〕年度）が確定し、図書館資料の整備等について地方財政措置がされることとなった。しかし、これらは各地方公共団体が予算化しなければ、本来予定されていた図書整備費や新聞配備費、学校司書配置費などとして学校に配分されることはないのである。そればかりか、学校図書館の図書を廃棄しないよう指導する教育委員会の存在も漏れ聞こえる。更新が必要な本も廃棄させずに図書標準を満たすための「工作」をし、予算化を怠っているとするならば、計画の意図に反する。このようなことを避けるためにも学校図書館関係者と教育行政組織の職員との連携が求められることになる[7]。

　第二に、人的側面に着目すると学校図書館の運営の中心的な役割を果たす

はずの司書教諭が、本来期待されている職務を果たすことができない環境にある。すなわち、多くの公立学校では、司書教諭の発令がなされた教員に対して一般教員とほぼ同様にクラス担任や教科担任としての業務が割り振られており、まったく軽減措置がとられていない。軽減措置がとられている学校においても、校務分掌の軽減や授業時間を数時間削減する等の若干の配慮がなされているにすぎない。教育改革の流れの中で、理論上は学校図書館に大きな期待がかけられているが、学校図書館を利用した授業を展開しようとする教員が存在しても、兼任司書教諭では十分な協力を行うことができない。また、2014（平成26）年に学校図書館法が改正され、学校図書館には、司書教諭のほか、学校司書を置くよう努めなければならないとされたが、あくまで努力義務である。近年、学校における校長の裁量は広がったとはいえ、司書教諭の専任化に伴う教員の増員や学校司書の配置を校長の判断一つで実施できるほどの強い権限を与えられているとは言いがたい。

　人も物もすべて地方公共団体内での予算確保からスタートしなければならず、地方公共団体レベルでの施策とならなければ抜本的な解決にはつながらないであろう。学校図書館が機能していなければ、学校図書館など不要であると社会からみなされかねない。学校から学校図書館が抹消される事態を避けるためには、あらゆる方法を用いて学校図書館の進化を支えるほかないのではないだろうか。

◎**学習のヒント**
　日本の教育行政は、国、都道府県、市町村がそれぞれ役割を分担・協力し実施されている。学校はもちろん、そこに位置する学校図書館も、教育行政の一つといえるため、その中で、学校図書館関係者はどのような対応を行うべきかについて考えてほしい。
　2001（平成13）年に「子どもの読書活動の推進に関する法律」が公布・施行された。同法は、政府は、子どもの読書活動の推進に関する施策の総合的かつ計画的な推進を図るため、子どもの読書活動の推進に関する基本的な計画（以下「子ども読書活動推進基本計画」）を策定しなければならないことを明記した（8条）。都道府県や市町村においても、子どもの読書活動の推進の状況等を踏まえ、「都道府県子ども読書活動推進計画」及び「市町村子ども読書活動

推進計画」を策定するよう努めなければならないとされた（9条）。「都道府県及び市町村における子ども読書活動推進計画の策定状況について」（平成28年4月8日）をみると、都道府県においては、2006（平成18）年度末までにすべて策定されている。市町村では、策定済みである市町村は1261市町村（72%）、策定作業を進めている市町村が117市町村（7%）と、策定される地方公共団体は増加傾向にある。

　これらの計画は、社会の変化に合わせて見直す必要があるため、地方公共団体においても一度作成したら終わりということはあり得ない。計画の作成・見直しの際には、有識者や教育関係者、市民代表等、地域の多様な意見を反映させることで、効率的な施策を実現する可能性を秘めているという点に留意したい。

■注

1) ただし、構造改革特別区においては、株式会社やNPO法人も学校設置者となることが認められている。

2) 学校管理運営法令研究会『第五次全訂版新学校管理読本』第一法規（2009年）23-24頁参照。

3) なお、策定に向けた検討に着手していない市町村に対しては、地域の実情を踏まえた上で、検討に着手するよう依頼している。詳しくは、「『子どもの読書活動の推進に関する基本的な計画』の変更について（通知）」（平成20年3月11日文科ス第596号）参照。

4) 宗像市教育委員会事務局組織規則（平成15年4月1日教育委員会規則第5号）別表（第2条関係）。

5) 文部科学省の調査によれば、2015（平成27）年度末の図書標準達成学校数の割合は、小学校66.4%、中学校55.3%となっている。詳しくは文部科学省「『学校図書館の現状に関する調査』結果について（平成28年度）」参照。

6) 文部科学省が1993（平成5）年3月に公立義務教育諸学校の学校図書館に整備すべき蔵書の標準として定めた「学校図書館図書標準」と全国学校図書館協議会が2000（平成12）年に制定した「学校図書館メディア基準」には大きな開きが存在しており、たとえ「学校図書館図書標準」を満たしていたとしても、「学習・情報センター」として十分な量の資料が提供できているかにはそもそも疑問があるといえる。

7) 「学校図書館図書整備費」は地方交付税措置であり一般財源に紛れてしまうため、それを『流用』していた地方公共団体も少なくない。詳しくは、黒川雅子「地方交付税による『学校図書館図書整備費』の動向―措置状況と問題点―」『教育制度学研究』日本教育制度学会、12号（2005年）。

■**参考文献**
渡辺信一・天道佐津子編著『学校経営と学校図書館［改訂版］』放送大学（2004年）
山本順一・二村健監修『学校経営と学校図書館［第二版］』学文社（2008年）
文部省『学制百二十年史』

付記
本章は、河内祥子「教育行政の中の学校図書館─読書活動推進計画に着目して─」坂田仰他編著『教育改革の動向と学校図書館』八千代出版（2012年）189-200頁を改訂したものである。

第12章

チーム学校と表現の自由
—学校図書館と図書館の自由の"距離"—

坂田　仰

1　問題関心

　本章の目的は、中央教育審議会が打ち出した「チーム学校」という考え方の下、学校図書館並びにそのスタッフに期待される役割とその実現に向けた課題について、表現の自由、図書館の自由を巡る学校図書館と公共図書館の差異という視点から概観することにある。

　周知のように、公共図書館においては、表現の自由と表裏一体の関係にある「図書館の自由」という考え方が一定の地歩を築いている[1]。しかし、学校図書館は、学校教育を前提とした組織であり、公共図書館一般の理論がどこまで貫徹できるかは争いがある。ただ、学校図書館が教育課程に寄与し、児童・生徒の健全な発達と不即不離の関係にあることを考えると、利用者の自由な意思を前提とする公共図書館の論理をそのまま当て嵌めることに無理があることは、あらためて指摘するまでもないであろう。

　そこで、本章では、学校図書館法に新たに規定され、チーム学校の一翼を担う存在として期待を集めている「学校司書」に求められる意識について、若干の検討を行う。その際、学校図書館を「公共図書館」と同一平面上に捉えるのではなく、「学校教育」の一翼を担う施設であるという側面をより重視し、公共図書館で勤務する「司書」との原理的差異を強調する立場を探ることにしたい。

2　チーム学校と学校司書

　現在、「チーム学校」というフレーズが学校現場を席巻している。その牽引役となっているのは、中央教育審議会が、2015（平成 27）年 12 月に出した答申、「チームとしての学校の在り方と今後の改善方策について」である。

　中央教育審議会によれば、「社会や経済の変化に伴い、子供や家庭、地域社会も変容し、生徒指導や特別支援教育等に関わる課題が複雑化・多様化しており、学校や教員だけでは、十分に解決することができない課題」が増加し、「また、我が国の学校や教員は、欧米諸国の学校と比較すると、多くの役割を担うことを求められているが、これには子供に対して総合的に指導を行うという利点がある反面、役割や業務を際限なく担うことにもつながりかねないという側面がある」という。

　これら課題を克服するためには、「個々の教員が個別に教育活動に取り組むのではなく、校長のリーダーシップの下、学校のマネジメントを強化し、組織として教育活動に取り組む体制を創り上げるとともに、必要な指導体制を整備する」ことが求められる。そして、「生徒指導や特別支援教育等を充実していくために、学校や教員が心理や福祉等の専門家（専門スタッフ）や専門機関と連携・分担する体制を整備し、学校の機能を強化していく」ことが重要となる。これが「チーム学校」の基本的な考え方である。

　周知のように、答申においては、「教員以外の専門スタッフの参画」として「学校司書」への言及がなされている。「授業等において教員を支援する専門スタッフ」という位置付けである。

　中央教育審議会は、学校図書館の役割について、「読書活動の推進のために利活用されることに加え、例えば、国語や社会、美術等様々な授業等における調べ学習や新聞を活用した学習活動等で活用されることにより、学校における言語活動や探究活動の場となり、「アクティブ・ラーニングの視点からの不断の授業改善」を支援していく」ことを強調する。そして、この文脈において、「学校図書館の運営の改善及び向上を図り、児童生徒及び教職員

による学校図書館の利用の一層の促進に資するため、学校司書の配置の充実を進める必要がある」と指摘している。

だが、学校司書をメンバーとするチーム学校の実現に向けて、解決すべき課題が存在しているのではないのか。例えば、学校司書の役割について教職員の間に共通理解を創出することもその一つである。

学校司書は、2014（平成26）年の学校図書館法の改正によって、初めて明確な法的根拠を獲得した、新しい「専門スタッフ」である。法文上は、「学校図書館の運営の改善及び向上を図り、児童又は生徒及び教員による学校図書館の利用の一層の促進に資するため、専ら学校図書館の職務に従事する職員」と位置付けられている（6条1項）。しかし、司書教諭[2]とは異なり、資格要件等については明確な規定が置かれていない。そのため、学校設置者によって任用要件は区々であり、必ずしも「専門スタッフ」とは言い難い状況が散見される。

その中にあって、一つの目安となりつつあるのが、公共図書館と同様の資格、すなわち司書資格を有する者を任用しようとする動きである。一部自治体においては、公立図書館の司書と共通の括りで募集し、人事異動を行っているところも存在している。図書館運営、図書館業務に関する専門性という点からは頼もしい限りである。

ただ、教育の専門性という視点からはどうであろうか。公共図書館において特に重視されている、表現の自由、図書館の自由に対する理解や実務上の取り扱いについては、教員との間でその理解に大きな溝が存在しているのではないか。教員サイドから見た懸念である。

3　図書館と表現の自由、"図書館の自由に関する宣言"

1）表現の自由の意義

日本国憲法は、基本的人権の一つとして「表現の自由」を保障している。「集会、結社及び言論、出版その他一切の表現の自由は、これを保障する」という規定がその象徴である（21条1項）。

表現の自由が基本的人権として重要と考えられている理由には、「自己実現（self-fulfillment）」と「自己統治（self-government）」という二つの"価値"が存在している。

　自己実現の価値とは、人が、言論活動を通じて、他者と対話したり、自らの夢を追いかけたりしながら、人格を発展させていくことに着目したものである。表現の自由を個人的な側面に焦点化した考え方と言えるであろう。

　これに対し、自己統治の価値とは、表現の自由が民主主義社会の基礎を構成している点に着目したものである。民主主義社会とは、今日の少数派が明日の多数派になる可能性が確保された社会を意味している。少数派は、パンフレットの配布、辻立ち等の表現活動を通じて、自分の信条や政策に対する支持者の獲得を図っていく。言い換えるならば、多様な考え方を有する個人が、対話と説得のプロセスを通じてコンセンサス（合意）を作り出していく。その意味において、表現の自由は民主主義社会の維持・存続に不可欠なものと言える。したがって、自己統治の価値は、表現の自由を社会との関係において重視しようとする考え方と理解することができる。

　では、表現の自由は、図書館においてどのような意味を有しているのだろうか。この点、日本図書館協会は、図書館が占める自己統治の価値を強調する傾向にある。日本図書館協会の理論的支柱の一つとなっている"図書館の自由に関する宣言"は、その冒頭で、「図書館は、基本的人権のひとつとして知る自由をもつ国民に、資料と施設を提供することをもっとも重要な任務とする」と宣言している。

　続いて、「日本国憲法は主権が国民に存するとの原理にもとづいており、この国民主権の原理を維持し発展させるためには、国民ひとりひとりが思想・意見を自由に発表し交換すること、すなわち表現の自由の保障が不可欠である」とした上で、「知る自由は、表現の送り手に対して保障されるべき自由と表裏一体をなすものであり、知る自由の保障があってこそ表現の自由は成立する」としている。図書館は、国民が政治過程に参加する際の判断材料を提供するというロジックであり、その意味において、図書館は、"国民の知る権利"に奉仕する存在として位置付けられることになる。

2）図書館の自由に関する宣言

　知る権利という考え方の下では、個人は、表現活動の前提として、国家に対し、情報の開示を求める権利を有している（「情報公開請求権」、知る権利の積極的側面）。同時に、国家の妨害を受けずに情報や思想を受け取る権利が保障されるべきとされる（「知る自由」、知る権利の消極的側面）。そして、図書館は、特に知る自由において大きな役割を担うべき存在と考えられている。

　しかし、戦前の図書館は、理念とは裏腹に「思想の善導機関」として国家主義的な国策の遂行に協力した歴史を有している。この反省に立ち、図書館は資料の価値を考慮せず、徹底的に利用者の自律と選択に委ねるべきとする考え方が、現代の図書館経営の主流を形成しているといってよい。

　この点に関わって、現在の図書館の運営を支える「公理」として機能しているのが、先に触れた"図書館の自由に関する宣言"である [3]。

　"図書館の自由に関する宣言"は、「図書館は、国民の知る自由を保障する機関として、国民のあらゆる資料要求にこたえなければならない」とする（第1：図書館は資料収集の自由を有する）。そして、「国民の知る自由を保障するため、すべての図書館資料は、原則として国民の自由な利用に供されるべきであ」り、「図書館は、正当な理由がないかぎり、ある種の資料を特別扱いしたり、資料の内容に手を加えたり、書架から撤去したり、廃棄したりはしない」と宣言している（第2：図書館は資料提供の自由を有する）。

　国家主義的な国策の遂行、権力的統制への抵抗という視点から見ると、反「検閲」という点に収束する。"図書館の自由に関する宣言"が指摘するように、「検閲は、権力が国民の思想・言論の自由を抑圧する手段として常用してきたものであって、国民の知る自由を基盤とする民主主義とは相容れ」ず、「図書館における資料収集を事前に制約し、さらに、収集した資料の書架からの撤去、廃棄に及ぶことは、内外の苦渋にみちた歴史と経験により明らかである」。その意味において、図書館は、すべての干渉、抑圧から自律的であらねばならない（第4：図書館はすべての検閲に反対する）。また、それゆえに、図書館職員は、「専門的知識と的確な判断とに基づいて資料を収集し、組織し、保存し、積極的に提供する」べきであり、「資料の収集・提供の自由を侵す

いかなる圧力・検閲をも受け入れてはならないし、個人的な関心や好みによる資料の収集・提供をしてはならない」とされている（日本図書館協会「図書館員の倫理綱領」）。

　さらに、図書館の自由という視点は、「利用者の自由」にも及ぶ。「図書館は、利用者の読書事実を外部に漏らさ」ず、「利用者の読書事実、利用事実は、図書館が業務上知り得た秘密であって、図書館活動に従事するすべての人びとは、この秘密を守らなければならない」とする論理である（第3：図書館は利用者の秘密を守る）。この背後には、プライバシー権を尊重するという大原則があり、図書館の利用者が何を読むか、あるいはそもそも図書館を利用したという事実それ自体が、保護の対象となると考えられている。

　"図書館の自由に関する宣言"によれば、これら原則は「すべての図書館に基本的に妥当する」とされており、学校図書館もその範囲に含まれると考える向きも少なくない。だが、教員の中では、"図書館の自由に関する宣言"の学校図書館への適用に違和感を感じる者が圧倒的であろう。司書職の専門性、言い換えるならば日本図書館協会を中心とする公共図書館の論理と、学校教育の中心に位置する教員の間に存在する埋めがたい"溝"と言っても過言ではない。

4　学校図書館と教育的配慮

　では、なぜ、教員は、表現の自由、"図書館の自由に関する宣言"に強いこだわりを持つ司書職に懸念を覚えるのだろうか。最大の理由は、学校図書館が、子どもの健全な成長・発達を支える、学校教育に組み込まれた施設だからである。

　学校図書館法は、自らの目的を、「学校図書館が、学校教育において欠くことのできない基礎的な設備であることにかんがみ、その健全な発達を図り、もつて学校教育を充実すること」に求めている（1条）。その上で、同法は、学校図書館を、「図書、視覚聴覚教育の資料その他学校教育に必要な資料（以下「図書館資料」という。）を収集し、整理し、及び保存し、これを児童又は生

徒及び教員の利用に供することによつて、学校の教育課程の展開に寄与するとともに、児童又は生徒の健全な教養を育成することを目的として設けられる学校の設備」と位置付けている（2条）。

　意識的か無意識かは別として、教員の多くは、「児童又は生徒の健全な教養を育成すること」と、表現の自由、"図書館の自由に関する宣言"の徹底した尊重の衝突可能性を感じ取っている。児童・生徒の「健全」な発達のためには、成長段階に応じて読むべきではない書籍が存在する。児童・生徒の安全を確保するためには、プライバシー権の尊重よりも優先すべきことがある。学校、教職員は、多様な場面でこの種の判断を下さなければならない。学校現場は、教職員によるこの視点からの介入を「教育的配慮」と呼び、子どもの成長・発達のために必要な行為、ある種当然のことと受け止めている。

　だが、公共図書館においてはそうはいかない。先に触れたように、表現の自由、"図書館の自由に関する宣言"という観点から、司書等による利用者に対する干渉を可能な限り排除しようとするのが一般的である。その背景には、利用者による自律、自由に委ねることこそが、図書館一般の使命に資するという発想が存在している。

　この基本姿勢の相違は、学校図書館を社会教育施設に引き寄せて考えるのか、それとも学校教育に特化して位置付けるのかの対立として捉えることが可能である。

　表現の自由、"図書館の自由に関する宣言"強調派は、学校図書館を社会教育施設である公共図書館に引き寄せて考え、利用者の主体性を可能な限り尊重しようとする。これに対し、教員の多くは、学校図書館を、学校生活の中心となる教室と同種の場所として位置付け、学校教育に資するという点を最優先しようと日々傾注している（図12-1）。

　学校図書館は、学校教育の遂行を助けるために設置された施設であり、それ以上でもそれ以下でもない。学校教育に必要な範囲において社会教育施設としての公共図書館と異なった取り扱いがなされることはやむを得ない。この制約は、学校教育の存在意義、換言するならば学校という組織の特殊性から派生する内在的制約の一つであり、これが「教育的配慮」という形で顕在

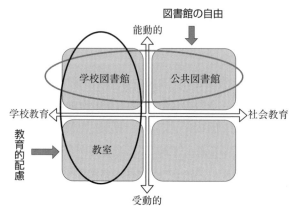

図 12-1　学校図書館の性格

化すると見るべきであろう。

　ただ、利用者の主体性を尊重しようとする考え方、学校図書館を公共図書館と同一平面上で捉えようとする立場にも理由が存在しない訳ではない。図書選択、蔵書管理等、学校図書館の運営を巡って「教育的配慮」という言葉が使用されるとき、その時々の社会の動きに流されているだけではないかという疑問が浮かぶ場面が存在するからである。

　1980 年代末、ちびくろサンボの学校図書館への配架を巡って生じた激しい論議はまさにその典型であろう[4]。論争が起きるまで、ちびくろサンボは、学校現場、特に小学校において子どもが読むべき書籍の一つ、名著として位置付けられてきた。それが「人種差別的」との批判を受け、教育的配慮に基づき、瞬く間に学校図書館から姿を消していく。名著という評価から人種差別的という評価へ、この一瞬の転換は何を意味するのだろうか。

　ジョージ・オーウェルによれば、いつの時代にも、正当な思想、すなわち、正しい考え方をする人ならば、当然、すんなりと受け入れるはずだと考えられている思想が存在しているという（動物農場序文―出版の自由）。ちびくろサンボを巡る評価の転換は、オーウェルの指摘する、「正当な思想」の転換と考えることができる。だとするならば、教育的配慮は、"図書館の自由に関する宣言"が批判して止まない「思想の善導」、「検閲」と著しく接近するこ

とになる。

5　モチベーションテスト

　学校現場における「教育的配慮」と「検閲」の接近という難題は、すでに
アメリカ合衆国において訴訟にまで発展している。そのリーディングケース
となっているのが、アメリカ合衆国最高裁判所が 1982 年に下したピコ判決
である [5]。

　ピコ事件は、ある教育委員会が、「反アメリカ的、反キリスト教的、反ユ
ダヤ的、そして極めて下品」であるとしていくつかの書籍を学校図書館から
排除したことを巡る訴訟である。排除を不服とする一部生徒は、当該書籍が
教育的意義を有していないという理由からではなく、書籍の中に含まれてい
る内容が教育委員会のメンバーが有している社会的、政治的、道徳的信条と
相容れないことを理由としたものであり、連邦憲法修正第 1 条が規定する表
現の自由の範疇に含まれるアクセス権を侵害するものであるとして憲法訴訟
を提起した。一方、教育委員会側は、不適切な書籍を排除することは、生徒
を「肉体的危険や薬物的危険から保護することと同様に、教育委員会の任務
であり、道徳的義務」であると主張し、自らの行為を正当化しようとしてい
る。

　連邦地方裁判所は教育委員会の判断を支持した。しかし、連邦高等裁判所
は、地方裁判所の判決を覆し、再審理を求めて事件を差し戻している。上訴
を受理した連邦最高裁判所は、5 対 4 という 1 票差で辛うじて連邦高等裁判
所の判断を支持することになった。

　ただ、その理由付けについては裁判官の間で意見が一致していない。相対
的に多数の支持を集めることになった見解（以下「相対的多数意見」とする）[6] は、
連邦憲法修正第 1 条が規定する表現の自由に情報や思想を受け取る権利（ア
クセス権）を読み込む。その上で、生徒が「多元的で、しばしば論争好きで
あるとさえいえるアメリカ社会」へ、一人の市民として参加していくための
準備に不可欠であるとしている。

周知のように、民主主義社会においては、主権者である国民が国家の進む
べき方向性を決定していく。意思決定の基礎となる様々な情報を十分に獲得
することが不可欠であり、アメリカ社会において表現の自由が重要視される
理由の一つとなっている。

　この前提に立つ限り、相対的多数意見は、公共図書館か学校図書館かに関
係なく、図書館すべて、利用者が様々な考え方に触れるための施設とみなし
ていることになる。すなわち、学校教育を、義務的な学習部分と、生徒の主
体的活動が重視される任意的な学習部分に二分し、生徒が図書館で行う活動
を後者として位置付ける[7]。カリキュラムに関して教育委員会の広範な裁量
を認めながらも、任意の調査・研究を通じて思考実験を繰り返す場として学
校図書館を位置付け、教育委員会の検閲に対して一定の制約を導きだしたと
言えるであろう。

　ただ、ここで注意を要するのは、相対的多数意見が「教育的配慮」に基づ
く図書の排除を全く認めていない訳ではないという点である。すなわち、図
書の排除が、子どもの成長・発達を考慮した専門的判断に基づくものであれ
ば許容されることになる。だが、書籍の内容を自らの価値観と「相容れない」
という理由によるものであれば許されないとする考え方である。言い換える
ならば、排除の判断が、書籍の内容を「嫌っている」ことに基づいた判断な
のか、それとも教育の専門家として子どもの成長・発達に好ましくないとい
う判断に基づくものなのか、その動機の違いによって、適法性を判断しよう
とする考え方である。判断する者の「モチベーション（動機）」に着目すると
ころから、モチベーションテスト、動機テストと称される判断基準である。

　モチベーションテストに対しては、「判断する者の心の動きをどのように
して確定するのか」という疑問が繰り返し提起されている。しかし、教育活
動は、不可避的に"価値"の伝達を含んでいると言える[8]。学校が教育活動
を展開する以上、そこには必ず"価値"の取捨選択が存在する。モチベーショ
ンテストは、その判断を教職員が有している個人的な価値観ではなく、その
専門的判断、専門性に基づいた自律に委ねようとするものなのである。

　ともあれ、学校図書館が、学校教育の一部を構成している以上、"価値"

伝達機能の一部を担うことは避けられない。子どもの成長・発達を支える専門家としての判断、自律に基づく取捨選択は当然生じる。その意味において、公共図書館と同様の表現の自由、"図書館の自由に関する宣言"を持ち込むことは妥当ではない。だが、ちびくろサンボの議論を持ち出すまでもなく、この専門的裁量、自律が機能しているか否かについては疑問の余地が存在している。チーム学校を考えるにあたって、学校図書館関係者は、この点に関する反省から出発する必要があると言えそうである。

◎学習のヒント
・表現の自由との関わりにおいて、学校図書館の役割、司書教諭、学校司書の職務を考える。
・学校図書館が公共図書館と区別されなければならない理由について、子どもの健全な成長・発達、教育課程に寄与する施設という観点から、その特殊性を理解する。

■注
1) 図書館の自由という考え方、そして"図書館の自由に関する宣言"は、ベストセラーとなった有川浩の小説『図書館戦争』シリーズによって、すでに社会的認知を獲得したと言えるであろう。
2) 司書教諭は、主幹教諭（養護又は栄養の指導及び管理をつかさどる主幹教諭を除く。）、指導教諭又は教諭（以下この項において「主幹教諭等」という。）をもつて充てる。この場合において、当該主幹教諭等は、司書教諭の講習を修了した者でなければならない（学校図書館法5条2項）。
3) 1954（昭和29）年に採択された後、1979（昭和54）年に改訂されて現在に至っている。
4) 「ちびくろサンボ」問題の経緯については、とりあえず、径書房編集部『『ちびくろサンボ』絶版を考える』径書房（1990年）を参照。
5) Bord of Educ., Island Trees Union Free School Dist. No. 26 v. Pico, 457 U. S. 853（1982).
6) 相対的多数意見（plurality opinion）とは、複数の裁判官による合議判決において、判決に加わった裁判官の過半数の支持を獲得することはできなかったものの、最も多くの裁判官の支持を集めた判決意見（結論および理由付け）を指す。
7) ただし、ブラックマン裁判官は、相対的多数意見の結論に賛成しながらも、

教室と学校図書館の間に教育方法論的差異が存在することを認めない。逆に、教室についても学校図書館と同様の空間であることを示唆している。

8) Freire, P., *Pedagogy of Freedom*, Rowman & Littlefild Publishers, 1998, at 113.

■参考文献

松井茂紀『図書館と表現の自由』岩波書店（2013 年）

日本図書館協会図書館の自由に関する調査委員会『表現の自由と「図書館の自由」』図書館と自由（第 16 集）、日本図書館協会（2000 年）

坂田仰「学校図書館における"図書館の自由"」坂田仰・河内祥子編著『教育改革の動向と学校図書館』八千代出版（2012 年）

坂田仰編著『改訂版　学校と法―「権利」と「公共性」の衝突―』放送大学教育振興会（2016 年）

資 料 編

21世紀を展望した我が国の教育の在り方について
―子供に［生きる力］と［ゆとり］を―（第一次答申）（抄）

（平成8年7月19日）
中央教育審議会

第1部　今後における教育の在り方

(3) 今後における教育の在り方の基本的な方向（抄）

　我々はこれからの子供たちに必要となるのは、いかに社会が変化しようと、自分で課題を見つけ、自ら学び、自ら考え、主体的に判断し、行動し、よりよく問題を解決する資質や能力であり、また、自らを律しつつ、他人とともに協調し、他人を思いやる心や感動する心など、豊かな人間性であると考えた。たくましく生きるための健康や体力が不可欠であることは言うまでもない。我々は、こうした資質や能力を、変化の激しいこれからの社会を［生きる力］と称することとし、これらをバランスよくはぐくんでいくことが重要であると考えた。

　［生きる力］は、全人的な力であり、幅広く様々な観点から敷衍することができる。

　まず、［生きる力］は、これからの変化の激しい社会において、いかなる場面でも他人と協調しつつ自律的に社会生活を送っていくために必要となる、人間としての実践的な力である。それは、紙の上だけの知識でなく、生きていくための「知恵」とも言うべきものであり、我々の文化や社会についての知識を基礎にしつつ、社会生活において実際に生かされるものでなければならない。

　［生きる力］は、単に過去の知識を記憶しているということではなく、初めて遭遇するような場面でも、自分で課題を見つけ、自ら考え、自ら問題を解決していく資質や能力である。これからの情報化の進展に伴ってますます必要になる、あふれる情報の中から、自分に本当に必要な情報を選択し、主体的に自らの考えを築き上げていく力などは、この［生きる力］の重要な要素である。

　また、[生きる力]は、理性的な判断力や合理的な精神だけでなく、美しいものや自然に感動する心といった柔らかな感性を含むものである。さらに、よい行いに感銘し、間違った行いを憎むといった正義感や公正さを重んじる心、生命を大切にし、人権を尊重する心などの基本的な倫理観や、他人を思いやる心や優しさ、相手の立場になって考えたり、共感することのできる温かい心、ボランティアなど社会貢献の精神も、[生きる力]を形作る大切な柱である。

第2部　学校・家庭・地域社会の役割と連携の在り方

第1章　これからの学校教育の在り方

(1) これからの学校教育の目指す方向（抄）

[5] 横断的・総合的な学習の推進

　子供たちに[生きる力]をはぐくんでいくためには、言うまでもなく、各教科、道徳、特別活動などのそれぞれの指導に当たって様々な工夫をこらした活動を展開したり、各教科等の間の連携を図った指導を行うなど様々な試みを進めることが重要であるが、[生きる力]が全人的な力であるということを踏まえると、横断的・総合的な指導を一層推進し得るような新たな手だてを講じて、豊かに学習活動を展開していくことが極めて有効であると考えられる。

(2) 新しい学校教育の実現のための条件整備等（抄）

[4] 学校施設など教育環境の整備

　子供たちの学習の場であり、生活の場である学校施設などの教育環境を豊かに整えることは、子供たちの健やかな成長・発達を促し、豊かな人間性をはぐくむ上で、また、子供たちの学習をより充実したものとする上で、極めて大切なことである。…高

度情報通信社会の進展を踏まえ、学校教育の質的改善や情報教育に資するため、情報のネットワーク環境の整備や学校図書館の充実などに積極的に取り組んでいく必要がある。

第3部　国際化、情報化、科学技術の発展等社会の変化に対応する教育の在り方

第3章　情報化と教育

[1]　情報化と教育（抄）

　情報化の進展は子供たちの教育にも様々な影響を与えている。

　まず挙げられるのは、子供たちが様々な情報手段から入手する情報量の膨大さと内容の多様さである。もちろん個人差や学校段階によって違いはあろうが、量的には学校教育を通して提供される情報を凌駕し、またその内容は学校の授業で学ぶものよりも子供たちの興味や関心を大いに引きつけるものが少なくない。

　情報の豊富さは、プラスに生かせば子供たちの発想を膨らませ、日常生活の幅を広げ、豊かにするものであることは間違いない。しかし、情報は常に正しいものとは限らないし、また意義のあるものとも限らない。興味本位のものも相当に含まれている

と考えた方がよい。そうした懸念をよそに、子供たちが手にする情報は、パソコンや情報通信ネットワークの普及などによって今後増加の一途をたどるものと考えられる。このような溢れる情報の中で、子供たちが誤った情報や不要な情報に惑わされることなく、真に必要な情報を取捨選択し、自らの情報を発信し得る能力を身に付けることは、子供たちにとってこれからますます重要なこととなっていくと言わなければならない。

[4]　高度情報通信社会に対応する「新しい学校」の構築（抄）

　学校の施設の中で、特に学校図書館については、学校教育に欠くことのできない役割を果たしているとの認識に立って、図書資料の充実のほか、様々なソフトウェアや情報機器の整備を進め、高度情報通信社会における学習情報センターとしての機能の充実を図っていく必要があることを指摘しておきたい。また、学校図書館の運営の中心となることが期待される司書教諭の役割はますます重要になると考えられ、その養成について、情報化等の社会の変化に対応した改善・充実を図るとともに、司書教諭の設置を進めていくことが望まれる。

【資料2】

新中学校学習指導要領（抜粋）

（平成29年3月）

第1章　総　　則

第3　教育課程の実施と学習評価

1　主体的・対話的で深い学びの実現に向けた授業改善

　各教科等の指導に当たっては、次の事項に配慮するものとする。

　(1)　第1の3の(1)から(3)までに示すことが偏りなく実現されるよう、単元や題材など内容や時間のまとまりを見通しながら、生徒の主体的・対話的で深い学びの実現に向けた授業改善を行うこと。

　　特に、各教科等において身に付けた知識及び技能を活用したり、思考力、判断力、表現力等や学びに向かう力、人間性等を発揮させたりして、学習の対象となる物事を捉え思考することにより、各教科等の特質に応じた物事を捉える視点や考え方（以下「見方・考え方」という。）が鍛えられていくことに留意し、生徒が各教科等の特質に応じた見方・考え方を働かせながら、知識を相互に関連付けてより深く理解したり、情報を精査して考えを形成したり、問題を見いだして解決策を考えたり、思いや考えを基に

創造したりすることに向かう過程を重視した学習の充実を図ること。

(2) 第2の2の(1)に示す言語能力の育成を図るため、各学校において、必要な言語環境を整えるとともに、国語科を要としつつ各教科等の特質に応じて、生徒の言語活動を充実すること。あわせて、(7)に示すとおり読書活動を充実すること。

(3) 第2の2の(1)に示す情報活用能力の育成を図るため、各学校において、コンピュータや情報通信ネットワークなどの情報手段を活用するために必要な環境を整え、これらを適切に活用した学習活動の充実を図ること。また、各種の統計資料や新聞、視聴覚教材や教育機器などの教材・教具の適切な活用を図ること。

(4) 生徒が学習の見通しを立てたり学習したことを振り返ったりする活動を、計画的に取り入れるように工夫すること。

(5) 生徒が生命の有限性や自然の大切さ、主体的に挑戦してみることや多様な他者と協働することの重要性などを実感しながら理解することができるよう、各教科等の特質に応じた体験活動を重視し、家庭や地域社会と連携しつつ体系的・継続的に実施できるよう工夫すること。

(6) 生徒が自ら学習課題や学習活動を選択する機会を設けるなど、生徒の興味・関心を生かした自主的、自発的な学習が促されるよう工夫すること。

(7) 学校図書館を計画的に利用しその機能の活用を図り、生徒の主体的・対話的で深い学びの実現に向けた授業改善に生かすとともに、生徒の自主的、自発的な学習活動や読書活動を充実すること。また、地域の図書館や博物館、美術館、劇場、音楽堂等の施設の活用を積極的に図り、資料を活用した情報の収集や鑑賞等の学習活動を充実すること。

第2章 各 教 科
第1節 国語
第2 各学年の目標及び内容
〔第1学年〕

2 内容
〔思考力、判断力、表現力等〕
　C 読むこと
(2) (1)に示す事項については、例えば、次のような言語活動を通して指導するものとする。
　ア 説明や記録などの文章を読み、理解したことや考えたことを報告したり文章にまとめたりする活動。
　イ 小説や随筆などを読み、考えたことなどを記録したり伝え合ったりする活動。
　ウ 学校図書館などを利用し、多様な情報を得て、考えたことなどを報告したり資料にまとめたりする活動。

第3 指導計画の作成と内容の取扱い
1 指導計画の作成に当たっては、次の事項に配慮するものとする。
(1) 単元など内容や時間のまとまりを見通して、その中で育む資質・能力の育成に向けて、生徒の主体的・対話的で深い学びの実現を図るようにすること。その際、言葉による見方・考え方を働かせ、言語活動を通して、言葉の特徴や使い方などを理解して、自分の思いや考えを深める学習が充実するようにすること。
(略)
(6) 第2の第1学年及び第3学年の内容の〔知識及び技能〕の(3)のオ、第2学年の内容の〔知識及び技能〕の(3)のエ、各学年の内容の〔思考力、判断力、表現力等〕の「C 読むこと」に関する指導については、様々な文章を読んで、自分の表現に役立てられるようにするとともに、他教科等における読書の指導や学校図書館における指導との関連を考えて行うこと。
(略)
2 第2の内容の取扱いについては、次の事項に配慮するものとする。
(2) 第2の内容の指導に当たっては、生徒がコンピュータや情報通信ネットワークを積極的に活用する機会を設けるなどして、指導の効果を高めるよう工夫する

こと。

（3）　第2の内容の指導に当たっては、学校図書館などを目的をもって計画的に利用しその機能の活用を図るようにすること。

第2節　社会

第3　指導計画の作成と内容の取扱い

2　第2の内容の取扱いについては、次の事項に配慮するものとする。

（1）　社会的な見方・考え方を働かせることをより一層重視する観点に立って、社会的事象の意味や意義、事象の特色や事象間の関連、社会に見られる課題などについて、考察したことや選択・判断したことを論理的に説明したり、立場や根拠を明確にして議論したりするなどの言語活動に関わる学習を一層重視すること。

（2）　情報の収集、処理や発表などに当たっては、学校図書館や地域の公共施設などを活用するとともに、コンピュータや情報通信ネットワークなどの情報手段を積極的に活用し、指導に生かすことで、生徒が主体的に調べ分かろうとして学習に取り組めるようにすること。その際、課題の追究や解決の見通しをもって生徒が主体的に情報手段を活用できるようにするとともに、情報モラルの指導にも留意すること。

（3）　調査や諸資料から、社会的事象に関する様々な情報を効果的に収集し、読み取り、まとめる技能を身に付ける学習活動を重視するとともに、作業的で具体的な体験を伴う学習の充実を図るようにすること。その際、地図や年表を読んだり作成したり、現代社会の諸課題を捉え、多面的・多角的に考察、構想するに当たっては、関連する新聞、読み物、統計その他の資料に平素から親しみ適切に活用したり、観察や調査などの過程と結果を整理し報告書にまとめ、発表したりするなどの活動を取り入れるようにすること。

第6節　美術

第3　指導計画の作成と内容の取扱い

4　学校における鑑賞のための環境づくりをするに当たっては、次の事項に配慮するものとする。

（1）　生徒が造形的な視点を豊かにもつことができるよう、生徒や学校の実態に応じて、学校図書館等における鑑賞用図書、映像資料などの活用を図ること。

（2）　生徒が鑑賞に親しむことができるよう、校内の適切な場所に鑑賞作品などを展示するとともに、学校や地域の実態に応じて、校外においても生徒作品などの展示の機会を設けるなどすること。

第4章　総合的な学習の時間

第3　指導計画の作成と内容の取扱い

2　第2の内容の取扱いについては、次の事項に配慮するものとする。

（略）

（7）　学校図書館の活用、他の学校との連携、公民館、図書館、博物館等の社会教育施設や社会教育関係団体等の各種団体との連携、地域の教材や学習環境の積極的な活用などの工夫を行うこと。

第5章　特別活動

第2　各活動・学校行事の目標及び内容

2　内容

（3）　一人一人のキャリア形成と自己実現
ア　社会生活、職業生活との接続を踏まえた主体的な学習態度の形成と学校図書館等の活用

現在及び将来の学習と自己実現とのつながりを考えたり、自主的に学習する場としての学校図書館等を活用したりしながら、学ぶことと働くことの意義を意識して学習の見通しを立て、振り返ること。
イ　社会参画意識の醸成や勤労観・職業観の形成

社会の一員としての自覚や責任を持ち、社会生活を営む上で必要なマナーやルール、働くことや社会に貢献することについて考えて行動すること。
ウ　主体的な進路の選択と将来設計

目標をもって、生き方や進路に関する

適切な情報を収集・整理し、自己の個性　　　　や興味・関心と照らして考えること。

【資料3】

教育基本法（平成 18 年 12 月 22 日法律第 120 号）

　教育基本法（昭和 22 年法律第 25 号）の全部を改正する。我々日本国民は、たゆまぬ努力によって築いてきた民主的で文化的な国家を更に発展させるとともに、世界の平和と人類の福祉の向上に貢献することを願うものである。我々は、この理想を実現するため、個人の尊厳を重んじ、真理と正義を希求し、公共の精神を尊び、豊かな人間性と創造性を備えた人間の育成を期するとともに、伝統を継承し、新しい文化の創造を目指す教育を推進する。ここに、我々は、日本国憲法の精神にのっとり、我が国の未来を切り拓く教育の基本を確立し、その振興を図るため、この法律を制定する。

第1章　教育の目的及び理念

第1条（教育の目的）　教育は、人格の完成を目指し、平和で民主的な国家及び社会の形成者として必要な資質を備えた心身ともに健康な国民の育成を期して行われなければならない。

第2条（教育の目標）　教育は、その目的を実現するため、学問の自由を尊重しつつ、次に掲げる目標を達成するよう行われるものとする。

一　幅広い知識と教養を身に付け、真理を求める態度を養い、豊かな情操と道徳心を培うとともに、健やかな身体を養うこと。

二　個人の価値を尊重して、その能力を伸ばし、創造性を培い、自主及び自律の精神を養うとともに、職業及び生活との関連を重視し、勤労を重んずる態度を養うこと。

三　正義と責任、男女の平等、自他の敬愛と協力を重んずるとともに、公共の精神に基づき、主体的に社会の形成に参画し、その発展に寄与する態度を養うこと。

四　生命を尊び、自然を大切にし、環境の

保全に寄与する態度を養うこと。

五　伝統と文化を尊重し、それらをはぐくんできた我が国と郷土を愛するとともに、他国を尊重し、国際社会の平和と発展に寄与する態度を養うこと。

第3条（生涯学習の理念）　国民一人一人が、自己の人格を磨き、豊かな人生を送ることができるよう、その生涯にわたって、あらゆる機会に、あらゆる場所において学習することができ、その成果を適切に生かすことのできる社会の実現が図られなければならない。

第4条（教育の機会均等）　すべて国民は、ひとしく、その能力に応じた教育を受ける機会を与えられなければならず、人種、信条、性別、社会的身分、経済的地位又は門地によって、教育上差別されない。

2　国及び地方公共団体は、障害のある者が、その障害の状態に応じ、十分な教育を受けられるよう、教育上必要な支援を講じなければならない。

3　国及び地方公共団体は、能力があるにもかかわらず、経済的理由によって修学が困難な者に対して、奨学の措置を講じなければならない。

第2章　教育の実施に関する基本

第5条（義務教育）　国民は、その保護する子に、別に法律で定めるところにより、普通教育を受けさせる義務を負う。

2　義務教育として行われる普通教育は、各個人の有する能力を伸ばしつつ社会において自立的に生きる基礎を培い、また、国家及び社会の形成者として必要とされる基本的な資質を養うことを目的として行われるものとする。

3　国及び地方公共団体は、義務教育の機会を保障し、その水準を確保するため、適切な役割分担及び相互の協力の下、その実

施に責任を負う。

4　国又は地方公共団体の設置する学校における義務教育については、授業料を徴収しない。

第6条（学校教育）　法律に定める学校は、公の性質を有するものであって、国、地方公共団体及び法律に定める法人のみが、これを設置することができる。

2　前項の学校においては、教育の目標が達成されるよう、教育を受ける者の心身の発達に応じて、体系的な教育が組織的に行われなければならない。この場合において、教育を受ける者が、学校生活を営む上で必要な規律を重んずるとともに、自ら進んで学習に取り組む意欲を高めることを重視して行われなければならない。

第7条（大学）　大学は、学術の中心として、高い教養と専門的能力を培うとともに、深く真理を探究して新たな知見を創造し、これらの成果を広く社会に提供することにより、社会の発展に寄与するものとする。

2　大学については、自主性、自律性その他の大学における教育及び研究の特性が尊重されなければならない。

第8条（私立学校）　私立学校の有する公の性質及び学校教育において果たす重要な役割にかんがみ、国及び地方公共団体は、その自主性を尊重しつつ、助成その他の適当な方法によって私立学校教育の振興に努めなければならない。

第9条（教員）　法律に定める学校の教員は、自己の崇高な使命を深く自覚し、絶えず研究と修養に励み、その職責の遂行に努めなければならない。

2　前項の教員については、その使命と職責の重要性にかんがみ、その身分は尊重され、待遇の適正が期せられるとともに、養成と研修の充実が図られなければならない。

第10条（家庭教育）　父母その他の保護者は、子の教育について第一義的責任を有するものであって、生活のために必要な習慣を身に付けさせるとともに、自立心を育成し、心身の調和のとれた発達を図るよう努

めるものとする。

2　国及び地方公共団体は、家庭教育の自主性を尊重しつつ、保護者に対する学習の機会及び情報の提供その他の家庭教育を支援するために必要な施策を講ずるよう努めなければならない。

第11条（幼児期の教育）　幼児期の教育は、生涯にわたる人格形成の基礎を培う重要なものであることにかんがみ、国及び地方公共団体は、幼児の健やかな成長に資する良好な環境の整備その他適当な方法によって、その振興に努めなければならない。

第12条（社会教育）　個人の要望や社会の要請にこたえ、社会において行われる教育は、国及び地方公共団体によって奨励されなければならない。

2　国及び地方公共団体は、図書館、博物館、公民館その他の社会教育施設の設置、学校の施設の利用、学習の機会及び情報の提供その他の適当な方法によって社会教育の振興に努めなければならない。

第13条（学校、家庭及び地域住民等の相互の連携協力）　学校、家庭及び地域住民その他の関係者は、教育におけるそれぞれの役割と責任を自覚するとともに、相互の連携及び協力に努めるものとする。

第14条（政治教育）　良識ある公民として必要な政治的教養は、教育上尊重されなければならない。

2　法律に定める学校は、特定の政党を支持し、又はこれに反対するための政治教育その他政治的活動をしてはならない。

第15条（宗教教育）　宗教に関する寛容の態度、宗教に関する一般的な教養及び宗教の社会生活における地位は、教育上尊重されなければならない。

2　国及び地方公共団体が設置する学校は、特定の宗教のための宗教教育その他宗教的活動をしてはならない。

第3章　教育行政

第16条（教育行政）　教育は、不当な支配に服することなく、この法律及び他の法律の定めるところにより行われるべきもので

あり、教育行政は、国と地方公共団体との適切な役割分担及び相互の協力の下、公正かつ適正に行われなければならない。

2　国は、全国的な教育の機会均等と教育水準の維持向上を図るため、教育に関する施策を総合的に策定し、実施しなければならない。

3　地方公共団体は、その地域における教育の振興を図るため、その実情に応じた教育に関する施策を策定し、実施しなければならない。

4　国及び地方公共団体は、教育が円滑かつ継続的に実施されるよう、必要な財政上の措置を講じなければならない。

第17条（教育振興基本計画）　政府は、教育の振興に関する施策の総合的かつ計画的な推進を図るため、教育の振興に関する施策についての基本的な方針及び講ずべき施策その他必要な事項について、基本的な計画を定め、これを国会に報告するとともに、公表しなければならない。

2　地方公共団体は、前項の計画を参酌し、その地域の実情に応じ、当該地方公共団体における教育の振興のための施策に関する基本的な計画を定めるよう努めなければならない。

第4章　法令の制定

第18条　この法律に規定する諸条項を実施するため、必要な法令が制定されなければならない。

【資料4】

学校教育法（昭和22年3月31日法律第26号）（抄）

第1章　総　則

第1条　この法律で、学校とは、幼稚園、小学校、中学校、義務教育学校、高等学校、中等教育学校、特別支援学校、大学及び高等専門学校とする。

第3条　学校を設置しようとする者は、学校の種類に応じ、文部科学大臣の定める設備、編制その他に関する設置基準に従い、これを設置しなければならない。

第6条　学校においては、授業料を徴収することができる。ただし、国立又は公立の小学校及び中学校、義務教育学校、中等教育学校の前期課程又は特別支援学校の小学部及び中学部における義務教育については、これを徴収することができない。

第2章　義務教育

第21条　義務教育として行われる普通教育は、教育基本法（平成18年法律第120号）第5条第2項に規定する目的を実現するため、次に掲げる目標を達成するよう行われるものとする。

一　学校内外における社会的活動を促進し、自主、自律及び協同の精神、規範意識、公正な判断力並びに公共の精神に基づき主体的に社会の形成に参画し、その発展に寄与する態度を養うこと。

二　学校内外における自然体験活動を促進し、生命及び自然を尊重する精神並びに環境の保全に寄与する態度を養うこと。

三　我が国と郷土の現状と歴史について、正しい理解に導き、伝統と文化を尊重し、それらをはぐくんできた我が国と郷土を愛する態度を養うとともに、進んで外国の文化の理解を通じて、他国を尊重し、国際社会の平和と発展に寄与する態度を養うこと。

四　家族と家庭の役割、生活に必要な衣、食、住、情報、産業その他の事項について基礎的な理解と技能を養うこと。

五　読書に親しませ、生活に必要な国語を正しく理解し、使用する基礎的な能力を養うこと。

六　生活に必要な数量的な関係を正しく理解し、処理する基礎的な能力を養うこと。

七　生活にかかわる自然現象について、観察及び実験を通じて、科学的に理解し、処理する基礎的な能力を養うこと。

八　健康、安全で幸福な生活のために必要

な習慣を養うとともに、運動を通じて体力を養い、心身の調和的発達を図ること。

九　生活を明るく豊かにする音楽、美術、文芸その他の芸術について基礎的な理解と技能を養うこと。

十　職業についての基礎的な知識と技能、勤労を重んずる態度及び個性に応じて将来の進路を選択する能力を養うこと。

第4章　小　学　校

第29条　小学校は、心身の発達に応じて、義務教育として行われる普通教育のうち基礎的なものを施すことを目的とする。

第30条　小学校における教育は、前条に規定する目的を実現するために必要な程度において第21条各号に掲げる目標を達成するよう行われるものとする。

2　前項の場合においては、生涯にわたり学習する基盤が培われるよう、基礎的な知識及び技能を習得させるとともに、これらを活用して課題を解決するために必要な思考力、判断力、表現力その他の能力をはぐくみ、主体的に学習に取り組む態度を養うことに、特に意を用いなければならない。

第31条　小学校においては、前条第1項の規定による目標の達成に資するよう、教育指導を行うに当たり、児童の体験的な学習活動、特にボランティア活動など社会奉仕体験活動、自然体験活動その他の体験活動の充実に努めるものとする。この場合において、社会教育関係団体その他の関係団体及び関係機関との連携に十分配慮しなければならない。

第5章　中　学　校

第45条　中学校は、小学校における教育の基礎の上に、心身の発達に応じて、義務教育として行われる普通教育を施すことを目的とする。

第46条　中学校における教育は、前条に規定する目的を実現するため、第21条各号に掲げる目標を達成するよう行われるものとする。

第49条　第30条第2項、第31条、第34条、第35条及び第37条から第44条までの規定は、中学校に準用する。この場合において、第30条第2項中「前項」とあるのは「第46条」と、第31条中「前条第1項」とあるのは「第46条」と読み替えるものとする。

第6章　高等学校

第50条　高等学校は、中学校における教育の基礎の上に、心身の発達及び進路に応じて、高度な普通教育及び専門教育を施すことを目的とする。

第51条　高等学校における教育、前条に規定する目的を実現するため、次に掲げる目標を達成するよう行われるものとする。

一　義務教育として行われる普通教育の成果を更に発展拡充させて、豊かな人間性、創造性及び健やかな身体を養い、国家及び社会の形成者として必要な資質を養うこと。

二　社会において果たさなければならない使命の自覚に基づき、個性に応じて将来の進路を決定させ、一般的な教養を高め、専門的な知識、技術及び技能を習得させること。

三　個性の確立に努めるとともに、社会について、広く深い理解と健全な批判力を養い、社会の発展に寄与する態度を養うこと。

第62条　第30条第2項、第31条、第34条、第37条第4項から第17項まで及び第19項並びに第42条から第44条までの規定は、高等学校に準用する。この場合において、第30条第2項中「前項」とあるのは「第51条」と、第31条中「前条第1項」とあるのは「第51条」と読み替えるものとする。

第7章　中等教育学校

第63条　中等教育学校は、小学校における教育の基礎の上に、心身の発達及び進路に応じて、義務教育として行われる普通教育並びに高度な普通教育及び専門教育を一貫して施すことを目的とする。

第64条　中等教育学校における教育は、前条に規定する目的を実現するため、次に掲げる目標を達成するよう行われるものと

する。

一　豊かな人間性、創造性及び健やかな身体を養い、国家及び社会の形成者として必要な資質を養うこと。

二　社会において果たさなければならない使命の自覚に基づき、個性に応じて将来の進路を決定させ、一般的な教養を高め、専門的な知識、技術及び技能を習得させること。

三　個性の確立に努めるとともに、社会について、広く深い理解と健全な批判力を養い、社会の発展に寄与する態度を養うこと。

第8章　特別支援教育

第72条　特別支援学校は、視覚障害者、聴覚障害者、知的障害者、肢体不自由者又は病弱者（身体虚弱者を含む。以下同じ。）に対して、幼稚園、小学校、中学校又は高等学校に準ずる教育を施すとともに、障害による学習上又は生活上の困難を克服し自立を図るために必要な知識技能を授けることを目的とする。

【資料5】

学校図書館法（昭和28年8月8日法律第185号）

第1条（法律の目的）　この法律は、学校図書館が、学校教育において欠くことのできない基礎的な設備であることにかんがみ、その健全な発達を図り、もつて学校教育を充実することを目的とする。

第2条（定義）　この法律において「学校図書館」とは、小学校（義務教育学校の前期課程及び特別支援学校の小学部を含む。）、中学校（義務教育学校の後期課程、中等教育学校の前期課程及び特別支援学校の中学部を含む。）及び高等学校（中等教育学校の後期課程及び特別支援学校の高等部を含む。）（以下「学校」という。）において、図書、視覚聴覚教育の資料その他学校教育に必要な資料（以下「図書館資料」という。）を収集し、整理し、及び保存し、これを児童又は生徒及び教員の利用に供することによって、学校の教育課程の展開に寄与するとともに、児童又は生徒の健全な教養を育成することを目的として設けられる学校の設備をいう。

第3条（設置義務）　学校には、学校図書館を設けなければならない。

第4条（学校図書館の運営）　学校は、おおむね左の各号に掲げるような方法によつて、学校図書館を児童又は生徒及び教員の利用に供するものとする。

一　図書館資料を収集し、児童又は生徒及び教員の利用に供すること。

二　図書館資料の分類排列を適切にし、及びその目録を整備すること。

三　読書会、研究会、鑑賞会、映写会、資料展示会等を行うこと。

四　図書館資料の利用その他学校図書館の利用に関し、児童又は生徒に対し指導を行うこと。

五　他の学校の学校図書館、図書館、博物館、公民館等と緊密に連絡し、及び協力すること。

2　学校図書館は、その目的を達成するのに支障のない限度において、一般公衆に利用させることができる。

第5条（司書教諭）　学校には、学校図書館の専門的職務を掌らせるため、司書教諭を置かなければならない。

2　前項の司書教諭は、主幹教諭（養護又は栄養の指導及び管理をつかさどる主幹教諭を除く。）、指導教諭又は教諭（以下この項において「主幹教諭等」という。）をもつて充てる。この場合において、当該主幹教諭等は、司書教諭の講習を修了した者でなければならない。

3　前項に規定する司書教諭の講習は、大学その他の教育機関が文部科学大臣の委嘱を受けて行う。

4　前項に規定するものを除くほか、司書

教諭の講習に関し、履修すべき科目及び単位その他必要な事項は、文部科学省令で定める。

第6条（学校司書）　学校には、前条第一項の司書教諭のほか、学校図書館の運営の改善及び向上を図り、児童又は生徒及び教員による学校図書館の利用の一層の促進に資するため、専ら学校図書館の職務に従事する職員（次項において「学校司書」という。）を置くよう努めなければならない。

2　国及び地方公共団体は、学校司書の資質の向上を図るため、研修の実施その他の必要な措置を講ずるよう努めなければならない。

第7条（設置者の任務）　学校の設置者は、この法律の目的が十分に達成されるようその設置する学校の学校図書館を整備し、及び充実を図ることに努めなければならない。

第8条（国の任務）　国は、第6条第2項に規定するもののほか、学校図書館を整備し、及びその充実を図るため、左の各号に掲げる事項の実施に努めなければならない。

一　学校図書館の整備及び充実並びに司書教諭の養成に関する総合的計画を樹立すること。

二　学校図書館の設置及び運営に関し、専門的、技術的な指導及び勧告を与えること。

三　前2号に掲げるもののほか、学校図書館の整備及び充実のため必要と認められる措置を講ずること。

附則（抄）

1（施行期日）　この法律は、昭和29年4月1日から施行する。

2（司書教諭の設置の特例）　学校には、平成15年3月31日までの間（政令で定める規模以下の学校にあつては、当分の間）、第5条第1項の規定にかかわらず、司書教諭を置かないことができる。

附則（平成26年6月27日法律第93号）

1（施行期日）　この法律は、平成27年4月1日から施行する。

2（検討）　国は、学校司書（この法律による改正後の学校図書館法（以下この項において「新法」という。）第6条第1項に規定する学校司書をいう。以下この項において同じ。）の職務の内容が専門的知識及び技能を必要とするものであることに鑑み、この法律の施行後速やかに、新法の施行の状況等を勘案し、学校司書としての資格の在り方、その養成の在り方等について検討を行い、その結果に基づいて必要な措置を講ずるものとする。

附則（平成27年6月24日法律第46号）
抄

第1条（施行期日）　この法律は、平成28年4月1日から施行する。

学校図書館法附則第2項の学校の規模を定める政令（平成9年6月11日政令第189号）

学校図書館法附則第2項の政令で定める規模以下の学校は、学級の数（通信制の課程を置く高等学校にあっては、学級の数と通信制の課程の生徒の数を300で除して得た数（1未満の端数を生じたときは、1に切り上げる。）とを合計した数）が11以下の学校とする。

附則

この政令は、公布の日（平成9年6月11日）から施行する。

学校図書館法の一部を改正する法律案に対する附帯決議（平成26年6月11日　衆議院文部科学委員会）

政府及び地方公共団体は、次の事項について特段の配慮をすべきである。

一　政府及び地方公共団体は、本法の施行に当たっては、学校司書の重要性に鑑み、必要な学校司書の配置を進めることとし、その際、現在の配置水準が下がることのないよう留意すること。

二　政府は、学校司書の配置の促進のために現在講じられている措置の充実に努めるとともに、地方公共団体に対し、その趣旨を周知するよう努めること。

三　政府及び地方公共団体は、学校司書の

職務の重要性を踏まえ、学校司書が継続的・安定的に職務に従事できる環境の整備に努めること。

四　政府は、学校司書の職の在り方や、配置の促進や資質の向上のために必要な措置等について、地方公共団体が自主的に推進している取組に十分配慮しつつ、検討を行うこと。

五　政府及び地方公共団体は、司書教諭の職務の重要性を踏まえ、11学級以下の学校における司書教諭の配置の促進を図ること。

六　平成9年の学校図書館法の一部改正時の衆参両院における附帯決議等を踏まえ、司書教諭及び学校司書の職務の在り方について、その実態を踏まえ引き続き検討を行うこと。

学校図書館法の一部を改正する法律案に対する附帯決議（平成26年6月19日　参議院文教科学委員会）

政府及び関係者は、本法の施行に当たり、学校図書館が子供の育ちを支える重要な拠点であることに鑑み、次の事項について特段の配慮をすべきである。

一　政府及び地方公共団体は、専門的な知識や技能を必要とする学校司書の職務の重要性に鑑み、学校司書の配置を進めること。その際、現在の配置水準が下がることのないよう留意するとともに、その配置の在り方について、将来的な学校司書の定数化や全校配置を含め、検討を行うこと。

二　政府は、地方財政措置など学校司書の配置の促進のために現在講じられている

取組の充実に努めるとともに、地方公共団体に対し、その趣旨を丁寧に周知すること。

三　政府及び地方公共団体は、学校司書の職務が、継続的な勤務に基づく知識・経験の蓄積が求められるものであること等に鑑み、学校司書が継続的・安定的に職務に従事できる任用・勤務条件の整備に努めること。

四　政府は、司書資格の保有状況など学校司書に係る実態調査を速やかに実施すること。また、その結果を踏まえ、学校司書の教育的役割を十分に考慮した位置付け、職務の在り方、配置の促進、資質の向上のために必要な措置等について、検討を行うこと。

五　政府及び地方公共団体は、司書教諭の職務の重要性を踏まえ、11学級以下の学校における司書教諭の配置の促進を図ること。

六　政府及び地方公共団体は、多くの司書教諭が学級担任等を兼務しており、学校図書館に係る業務に時間を費やすことが困難である現状に鑑み、担当授業時間数の軽減等の校務分掌上の工夫など司書教諭がその役割を十分果たすことができるよう、検討を行うこと。

七　政府は、司書教諭及び学校司書について、平成9年の学校図書館法の一部改正時の衆参両院における附帯決議のほか、今後の実態調査等を踏まえ、職務の在り方について検討を行い、その結果に基づいて所要の措置を講ずること。
　右決議する。

【資料6】
学校図書館司書教諭講習規程（昭和29年8月6日文部省令第21号）

学校図書館法（昭和28年法律第185号）第5条第4項の規定に基き、学校図書館司書教諭講習規程を次のように定める。
第1条（省令の趣旨）　学校図書館法第5

条に規定する司書教諭の講習（以下「講習」という。）については、この省令の定めるところによる。
第2条（受講資格）　講習を受けることが

できる者は、教育職員免許法（昭和24年法律第147号）に定める小学校、中学校、高等学校若しくは特別支援学校の教諭の免許状を有する者又は大学に2年以上在学する学生で62単位以上を修得した者とする。

第3条（履修すべき科目及び単位）　司書教諭の資格を得ようとする者は、講習において、次の表の上欄に掲げる科目について、それぞれ、同表の下欄に掲げる数の単位を修得しなければならない。

科　目	単位数
学校経営と学校図書館	2
学校図書館メディアの構成	2
学習指導と学校図書館	2
読書と豊かな人間性	2
情報メディアの活用	2

2　講習を受ける者が大学において修得した科目の単位又は図書館法（昭和25年法律第118号）第6条に規定する司書の講習において修得した科目の単位であつて、前項に規定する科目の単位に相当するものと

して文部科学大臣が認めたものは、これをもつて前項の規定により修得した科目の単位とみなす。

第4条（単位計算の基準）　前条に規定する単位の計算方法は、大学設置基準（昭和31年文部省令第28号）第21条第2項に定める基準によるものとする。

第5条（単位修得の認定）　単位修得の認定は、講習を行う大学その他の教育機関が、試験、論文、報告書その他による成績審査に合格した受講者に対して行う。

第6条（修了証書の授与）　文部科学大臣は、第3条の定めるところにより10単位を修得した者に対して、講習の修了証書を与えるものとする。

第7条（雑則）　受講者の人数、選定の方法並びに講習を行う大学その他の教育機関、講習の期間その他講習実施の細目については、毎年官報で公告する。但し、特別の事情がある場合には、適宜な方法によつて公示するものとする。

【資料7】
子どもの読書活動の推進に関する法律（平成13年12月12日法律第154号）

第1条（目的）　この法律は、子どもの読書活動の推進に関し、基本理念を定め、並びに国及び地方公共団体の責務等を明らかにするとともに、子どもの読書活動の推進に関する必要な事項を定めることにより、子どもの読書活動の推進に関する施策を総合的かつ計画的に推進し、もって子どもの健やかな成長に資することを目的とする。

第2条（基本理念）　子ども（おおむね18歳以下の者をいう。以下同じ。）の読書活動は、子どもが、言葉を学び、感性を磨き、表現力を高め、創造力を豊かなものにし、人生をより深く生きる力を身に付けていく上で欠くことのできないものであることにかんがみ、すべての子どもがあらゆる機会とあらゆる場所において自主的に読書活動を行うことができるよう、積極的にそのた

めの環境の整備が推進されなければならない。

第3条（国の責務）　国は、前条の基本理念（以下「基本理念」という。）にのっとり、子どもの読書活動の推進に関する施策を総合的に策定し、及び実施する責務を有する。

第4条（地方公共団体の責務）　地方公共団体は、基本理念にのっとり、国との連携を図りつつ、その地域の実情を踏まえ、子どもの読書活動の推進に関する施策を策定し、及び実施する責務を有する。

第5条（事業者の努力）　事業者は、その事業活動を行うに当たっては、基本理念にのっとり、子どもの読書活動が推進されるよう、子どもの健やかな成長に資する書籍等の提供に努めるものとする。

第6条（保護者の役割）　父母その他の保護者は、子どもの読書活動の機会の充実及び読書活動の習慣化に積極的な役割を果たすものとする。

第7条（関係機関等との連携強化）　国及び地方公共団体は、子どもの読書活動の推進に関する施策が円滑に実施されるよう、学校、図書館その他の関係機関及び民間団体との連携の強化その他必要な体制の整備に努めるものとする。

第8条（子ども読書活動推進基本計画）政府は、子どもの読書活動の推進に関する施策の総合的かつ計画的な推進を図るため、子どもの読書活動の推進に関する基本的な計画（以下「子ども読書活動推進基本計画」という。）を策定しなければならない。

2　政府は、子ども読書活動推進基本計画を策定したときは、遅滞なく、これを国会に報告するとともに、公表しなければならない。

3　前項の規定は、子ども読書活動推進基本計画の変更について準用する。

第9条（都道府県子ども読書活動推進計画等）　都道府県は、子ども読書活動推進基本計画を基本とするとともに、当該都道府県における子どもの読書活動の推進の状況等を踏まえ、当該都道府県における子どもの読書活動の推進に関する施策についての計画（以下「都道府県子ども読書活動推進計画」という。）を策定するよう努めなければならない。

2　市町村は、子ども読書活動推進基本計画（都道府県子ども読書活動推進計画が策定されているときは、子ども読書活動推進基本計画及び都道府県子ども読書活動推進計画）を基本とするとともに、当該市町村における子どもの読書活動の推進の状況等を踏まえ、当該市町村における子どもの読書活動の推進に関する施策についての計画（以下「市町村子ども読書活動推進計画」という。）を策定するよう努めなければならない。

3　都道府県又は市町村は、都道府県子ども読書活動推進計画又は市町村子ども読書活動推進計画を策定したときは、これを公表しなければならない。

4　前項の規定は、都道府県子ども読書活動推進計画又は市町村子ども読書活動推進計画の変更について準用する。

第10条（子ども読書の日）　国民の間に広く子どもの読書活動についての関心と理解を深めるとともに、子どもが積極的に読書活動を行う意欲を高めるため、子ども読書の日を設ける。

2　子ども読書の日は、4月23日とする。

3　国及び地方公共団体は、子ども読書の日の趣旨にふさわしい事業を実施するよう努めなければならない。

第11条（財政上の措置等）　国及び地方公共団体は、子どもの読書活動の推進に関する施策を実施するため必要な財政上の措置その他の措置を講ずるよう努めるものとする。

衆議院文部科学委員会における附帯決議

政府は、本法施行に当たり、次の事項について配慮すべきである。

一　本法は、子どもの自主的な読書活動が推進されるよう必要な施策を講じて環境を整備していくものであり、行政が不当に干渉することのないようにすること。

二　民意を反映し、子ども読書活動推進基本計画を速やかに策定し、子どもの読書活動の推進に関する施策の確立とその具体化に努めること。

三　子どもがあらゆる機会とあらゆる場所において、本と親しみ、本を楽しむことができる環境づくりのため、学校図書館、公共図書館等の整備充実に努めること。

四　学校図書館、公共図書館等が図書を購入するに当たっては、その自主性を尊重すること。

五　子どもの健やかな成長に資する書籍等については、事業者がそれぞれの自主的判断に基づき提供に努めるようにすること。

六　国及び地方公共団体が実施する子ども読書の日の趣旨にふさわしい事業への子どもの参加については、その自主性を尊重すること。

【資料8】

著作権法（昭和45年5月6日法律第48号）（抄）

第1章　総　　則
第1節　通則

第1条（目的）　この法律は、著作物並びに実演、レコード、放送及び有線放送に関し著作者の権利及びこれに隣接する権利を定め、これらの文化的所産の公正な利用に留意しつつ、著作者等の権利の保護を図り、もつて文化の発展に寄与することを目的とする。

第2条（定義）　この法律において、次の各号に掲げる用語の意義は、当該各号に定めるところによる。

一　著作物　思想又は感情を創作的に表現したものであつて、文芸、学術、美術又は音楽の範囲に属するものをいう。

二　著作者　著作物を創作する者をいう。
　（略）

7　この法律において、「上演」、「演奏」又は「口述」には、著作物の上演、演奏又は口述で録音され、又は録画されたものを再生すること（公衆送信又は上映に該当するものを除く。）及び著作物の上演、演奏又は口述を電気通信設備を用いて伝達すること（公衆送信に該当するものを除く。）を含むものとする。
　（以下略）

第31条（図書館等における複製等）　国立国会図書館及び図書、記録その他の資料を公衆の利用に供することを目的とする図書館その他の施設で政令で定めるもの（以下この項及び第3項において「図書館等」という。）においては、次に掲げる場合には、その営利を目的としない事業として、図書館等の図書、記録その他の資料（以下この条において「図書館資料」という。）を用いて著作物を複製することができる。

一　図書館等の利用者の求めに応じ、その調査研究の用に供するために、公表された著作物の一部分（発行後相当期間を経過した定期刊行物に掲載された個々の著作物にあつては、その全部。第3項において同じ。）の複製物を1人につき1部提供する場合

二　図書館資料の保存のため必要がある場合

三　他の図書館等の求めに応じ、絶版その他これに準ずる理由により一般に入手することが困難な図書館資料（以下この条において「絶版等資料」という。）の複製物を提供する場合

2　前項各号に掲げる場合のほか、国立国会図書館においては、図書館資料の原本を公衆の利用に供することによるその滅失、損傷若しくは汚損を避けるために当該原本に代えて公衆の利用に供するため、又は絶版等資料に係る著作物を次項の規定により自動公衆送信（送信可能化を含む。同項において同じ。）に用いるため、電磁的記録（電子的方式、磁気的方式その他人の知覚によつては認識することができない方式で作られる記録であつて、電子計算機による情報処理の用に供されるものをいう。以下同じ。）を作成する場合には、必要と認められる限度において、当該図書館資料に係る著作物を記録媒体に記録することができる。

3　国立国会図書館は、絶版等資料に係る著作物について、図書館等において公衆に提示することを目的とする場合には、前項の規定により記録媒体に記録された当該著作物の複製物を用いて自動公衆送信を行うことができる。この場合において、当該図書館等においては、その営利を目的としない事業として、当該図書館等の利用者の求

めに応じ、その調査研究の用に供するために、自動公衆送信される当該著作物の一部分の複製物を作成し、当該複製物を1人につき1部提供することができる。

第32条（引用）　公表された著作物は、引用して利用することができる。この場合において、その引用は、公正な慣行に合致するものであり、かつ、報道、批評、研究その他の引用の目的上正当な範囲内で行なわれるものでなければならない。

2　国若しくは地方公共団体の機関、独立行政法人又は地方独立行政法人が一般に周知させることを目的として作成し、その著作の名義の下に公表する広報資料、調査統計資料、報告書その他これらに類する著作物は、説明の材料として新聞紙、雑誌その他の刊行物に転載することができる。ただし、これを禁止する旨の表示がある場合は、この限りでない。

第33条（教科用図書等への掲載）　公表された著作物は、学校教育の目的上必要と認められる限度において、教科用図書（学校教育法（略）第34条第1項（同法第49条、第49条の8、第62条、第70条第1項及び第82条において準用する場合を含む。）に規定する教科用図書をいう。以下同じ。）に掲載することができる。

2　前項の規定により著作物を教科用図書に掲載する者は、その旨を著作者に通知するとともに、同項の規定の趣旨、著作物の種類及び用途、通常の使用料の額その他の事情を考慮して文化庁長官が定める算出方法により算出した額の補償金を著作権者に支払わなければならない。

3　文化庁長官は、前項の算出方法を定めたときは、これを官報で告示する。

4　前3項の規定は、高等学校（中等教育学校の後期課程を含む。）の通信教育用学習図書及び教科用図書に係る教師用指導書（当該教科用図書を発行する者の発行に係るものに限る。）への著作物の掲載について準用する。

第33条の2（教科用図書代替教材への掲載等）　教科用図書に掲載された著作物は、学校教育の目的上必要と認められる限度において、教科用図書代替教材（学校教育法第34条第2項又は第3項（これらの規定を同法第49条、第49条の8、第62条、第70条第1項及び第82条において準用する場合を含む。以下この項において同じ。）の規定により教科用図書に代えて使用することができる同法第34条第2項に規定する教材をいう。以下この項及び次項において同じ。）に掲載し、及び教科用図書代替教材の当該使用に伴っていずれの方法によるかを問わず利用することができる。

2　前項の規定により教科用図書に掲載された著作物を教科用図書代替教材に掲載しようとする者は、あらかじめ当該教科用図書を発行する者にその旨を通知するとともに、同項の規定の趣旨、同項の規定による著作物の利用の態様及び利用状況、前条第2項に規定する補償金の額その他の事情を考慮して文化庁長官が定める算出方法により算出した額の補償金を著作権者に支払わなければならない。

3　文化庁長官は、前項の算出方法を定めたときは、これを官報で告示する。

第33条の3（教科用拡大図書等の作成のための複製等）　教科用図書に掲載された著作物は、視覚障害、発達障害その他の障害により教科用図書に掲載された著作物を使用することが困難な児童又は生徒の学習の用に供するため、当該教科用図書に用いられている文字、図形等の拡大その他の当該児童又は生徒が当該著作物を使用するために必要な方式により複製することができる。

2　前項の規定により複製する教科用の図書その他の複製物（点字により複製するものを除き、当該教科用図書に掲載された著作物の全部又は相当部分を複製するものに限る。以下この項において「教科用拡大図書」という。）を作成しようとする者は、あらかじめ当該教科用図書を発行する者にその旨を通知するとともに、営利を目的と

して当該教科用拡大図書を頒布する場合に
あつては、第33条第2項に規定する補償
金の額に準じて文化庁長官が定める算出方
法により算出した額の補償金を当該著作物
の著作権者に支払わなければならない。

3　文化庁長官は、前項の算出方法を定め
たときは、これを官報で告示する。

4　障害のある児童及び生徒のための教科
用特定図書等の普及の促進等に関する法律
（略）第5条第1項又は第2項の規定によ
り教科用図書に掲載された著作物に係る電
磁的記録の提供を行う者は、その提供のた
めに必要と認められる限度において、当該
著作物を利用することができる。

第34条（学校教育番組の放送等）　公表さ
れた著作物は、学校教育の目的上必要と認
められる限度において、学校教育に関する
法令の定める教育課程の基準に準拠した学
校向けの放送番組又は有線放送番組におい
て放送し、若しくは有線放送し、又は当該
放送を受信して同時に専ら当該放送に係る
放送対象地域（略）において受信されるこ
とを目的として自動公衆送信（略）を行い、
及び当該放送番組用又は有線放送番組用の
教材に掲載することができる。

2　前項の規定により著作物を利用する者は、
その旨を著作者に通知するとともに、相当
な額の補償金を著作権者に支払わなければ
ならない。

第35条（学校その他の教育機関における
複製等）　学校その他の教育機関（営利を
目的として設置されているものを除く。）
において教育を担任する者及び授業を受け
る者は、その授業の過程における使用に供
することを目的とする場合には、必要と認
められる限度において、公表された著作物
を複製することができる。ただし、当該著
作物の種類及び用途並びにその複製の部数
及び態様に照らし著作権者の利益を不当に
害することとなる場合は、この限りでない。

2　公表された著作物については、前項の
教育機関における授業の過程において、当
該授業を直接受ける者に対して当該著作物

をその原作品若しくは複製物を提供し、若
しくは提示して利用する場合又は当該著作
物を第38条第1項の規定により上演し、
演奏し、上映し、若しくは口述して利用す
る場合には、当該授業が行われる場所以外
の場所において当該授業を同時に受ける者
に対して公衆送信（自動公衆送信の場合に
あつては、送信可能化を含む。）を行うこ
とができる。ただし、当該著作物の種類及
び用途並びに当該公衆送信の態様に照らし
著作権者の利益を不当に害することとなる
場合は、この限りでない。

第36条（試験問題としての複製等）　公表
された著作物については、入学試験その他
人の学識技能に関する試験又は検定の目的
上必要と認められる限度において、当該試
験又は検定の問題として複製し、又は公衆
送信（放送又は有線放送を除き、自動公衆
送信の場合にあつては送信可能化を含む。
次項において同じ。）を行うことができる。
ただし、当該著作物の種類及び用途並びに
当該公衆送信の態様に照らし著作権者の利
益を不当に害することとなる場合は、この
限りでない。

2　営利を目的として前項の複製又は公衆
送信を行う者は、通常の使用料の額に相当
する額の補償金を著作権者に支払わなけれ
ばならない。

第37条（視覚障害者等のための複製等）
公表された著作物は、点字により複製する
ことができる。

2　公表された著作物については、電子計
算機を用いて点字を処理する方式により、
記録媒体に記録し、又は公衆送信（放送又
は有線放送を除き、自動公衆送信の場合に
あつては送信可能化を含む。）を行うこと
ができる。

3　視覚障害者その他視覚による表現の認
識に障害のある者（以下この項及び第102
条第4項において「視覚障害者等」とい
う。）の福祉に関する事業を行う者で政令
で定めるものは、公表された著作物であつ
て、視覚によりその表現が認識される方式

（視覚及び他の知覚により認識される方式を含む。）により公衆に提供され、又は提示されているもの（当該著作物以外の著作物で、当該著作物において複製されているものその他当該著作物と一体として公衆に提供され、又は提示されているものを含む。以下この項及び同条第4項において「視覚著作物」という。）について、専ら視覚障害者等で当該方式によつては当該視覚著作物を利用することが困難な者の用に供するために必要と認められる限度において、当該視覚著作物に係る文字を音声にすることその他当該視覚障害者等が利用するために必要な方式により、複製し、又は公衆送信を行うことができる。ただし、当該視覚著作物について、著作権者又はその許諾を得た者若しくは第79条の出版権の設定を受けた者若しくはその複製許諾若しくは公衆送信許諾を得た者により、当該方式による公衆への提供又は提示が行われている場合は、この限りでない。

第37条の2（聴覚障害者等のための複製等）　聴覚障害者その他聴覚による表現の認識に障害のある者（以下この条及び次条第5項において「聴覚障害者等」という。）の福祉に関する事業を行う者で次の各号に掲げる利用の区分に応じて政令で定めるものは、公表された著作物であつて、聴覚によりその表現が認識される方式（聴覚及び他の知覚により認識される方式を含む。）により公衆に提供され、又は提示されているもの（当該著作物以外の著作物で、当該著作物において複製されているものその他当該著作物と一体として公衆に提供され、又は提示されているものを含む。以下この条において「聴覚著作物」という。）について、専ら聴覚障害者等で当該方式によつては当該聴覚著作物を利用することが困難な者の用に供するために必要と認められる限度において、それぞれ当該各号に掲げる利用を行うことができる。ただし、当該聴覚著作物について、著作権者又はその許諾を得た者若しくは第79条の出版権の設定

を受けた者若しくはその複製許諾若しくは公衆送信許諾を得た者により、当該聴覚障害者等が利用するために必要な方式による公衆への提供又は提示が行われている場合は、この限りでない。

一　当該聴覚著作物に係る音声について、これを文字にすることその他当該聴覚障害者等が利用するために必要な方式により、複製し、又は自動公衆送信（送信可能化を含む。）を行うこと。

二　専ら当該聴覚障害者等向けの貸出しの用に供するため、複製すること（当該聴覚著作物に係る音声を文字にすることその他当該聴覚障害者等が利用するために必要な方式による当該音声の複製と併せて行うものに限る。）。

第38条（営利を目的としない上演等）　公表された著作物は、営利を目的とせず、かつ、聴衆又は観衆から料金（いずれの名義をもつてするかを問わず、著作物の提供又は提示につき受ける対価をいう。以下この条において同じ。）を受けない場合には、公に上演し、演奏し、上映し、又は口述することができる。ただし、当該上演、演奏、上映又は口述について実演家又は口述を行う者に対し報酬が支払われる場合は、この限りでない。

2　放送される著作物は、営利を目的とせず、かつ、聴衆又は観衆から料金を受けない場合には、有線放送し、又は専ら当該放送に係る放送対象地域において受信されることを目的として自動公衆送信（送信可能化のうち、公衆の用に供されている電気通信回線に接続している自動公衆送信装置に情報を入力することによるものを含む。）を行うことができる。

3　放送され、又は有線放送される著作物（放送される著作物が自動公衆送信される場合の当該著作物を含む。）は、営利を目的とせず、かつ、聴衆又は観衆から料金を受けない場合には、受信装置を用いて公に伝達することができる。通常の家庭用受信装置を用いてする場合も、同様とする。

4　公表された著作物（映画の著作物を除く。）は、営利を目的とせず、かつ、その複製物の貸与を受ける者から料金を受けない場合には、その複製物（映画の著作物において複製されている著作物にあつては、当該映画の著作物の複製物を除く。）の貸与により公衆に提供することができる。

5　映画フィルムその他の視聴覚資料を公衆の利用に供することを目的とする視聴覚教育施設その他の施設（営利を目的として設置されているものを除く。）で政令で定めるもの及び聴覚障害者等の福祉に関する事業を行う者で前条の政令で定めるもの

（同条第2号に係るものに限り、営利を目的として当該事業を行うものを除く。）は、公表された映画の著作物を、その複製物の貸与を受ける者から料金を受けない場合には、その複製物の貸与により頒布することができる。この場合において、当該頒布を行う者は、当該映画の著作物又は当該映画の著作物において複製されている著作物につき第26条に規定する権利を有する者（第28条の規定により第26条に規定する権利と同一の権利を有する者を含む。）に相当な額の補償金を支払わなければならない。

【資料9】
生涯学習の振興のための施策の推進体制等の整備に関する法律（抄）

（平成2年6月29日法律第71号）

第1条（目的）　この法律は、国民が生涯にわたって学習する機会があまねく求められている状況にかんがみ、生涯学習の振興に資するための都道府県の事業に関しその推進体制の整備その他の必要な事項を定め、及び特定の地区において生涯学習に係る機会の総合的な提供を促進するための措置について定めるとともに、都道府県生涯学習審議会の事務について定める等の措置を講ずることにより、生涯学習の振興のための施策の推進体制及び地域における生涯学習に係る機会の整備を図り、もって生涯学習の振興に寄与することを目的とする。

第2条（施策における配慮等）　国及び地方公共団体は、この法律に規定する生涯学習の振興のための施策を実施するに当たっては、学習に関する国民の自発的意思を尊重するよう配慮するとともに、職業能力の開発及び向上、社会福祉等に関し生涯学習に資するための別に講じられる施策と相まって、効果的にこれを行うよう努めるものとする。

第3条（生涯学習の振興に資するための都道府県の事業）　都道府県の教育委員会は、生涯学習の振興に資するため、おおむね次

の各号に掲げる事業について、これらを相互に連携させつつ推進するために必要な体制の整備を図りつつ、これらを一体的かつ効果的に実施するよう努めるものとする。

一　学校教育及び社会教育に係る学習（体育に係るものを含む。以下この項において「学習」という。）並びに文化活動の機会に関する情報を収集し、整理し、及び提供すること。

二　住民の学習に対する需要及び学習の成果の評価に関し、調査研究を行うこと。

三　地域の実情に即した学習の方法の開発を行うこと。

四　住民の学習に関する指導者及び助言者に対する研修を行うこと。

五　地域における学校教育、社会教育及び文化に関する機関及び団体に対し、これらの機関及び団体相互の連携に関し、照会及び相談に応じ、並びに助言その他の援助を行うこと。

六　前各号に掲げるもののほか、社会教育のための講座の開設その他の住民の学習の機会の提供に関し必要な事業を行うこと。

2　都道府県の教育委員会は、前項に規定

する事業を行うに当たっては、社会教育関係団体その他の地域において生涯学習に資する事業を行う機関及び団体との連携に努めるものとする。

第4条（都道府県の事業の推進体制の整備に関する基準）　文部科学大臣は、生涯学習の振興に資するため、都道府県の教育委員会が行う前条第1項に規定する体制の整備に関し望ましい基準を定めるものとする。

2　文部科学大臣は、前項の基準を定めようとするときは、あらかじめ、審議会等（国家行政組織法（昭和23年法律第120号）第8条に規定する機関をいう。以下同じ。）で政令で定めるものの意見を聴かなければならない。これを変更しようとするときも、同様とする。

第5条（地域生涯学習振興基本構想）　都道府県は、当該都道府県内の特定の地区において、当該地区及びその周辺の相当程度広範囲の地域における住民の生涯学習の振興に資するため、社会教育に係る学習（体育に係るものを含む。）及び文化活動その他の生涯学習に資する諸活動の多様な機会の総合的な提供を民間事業者の能力を活用しつつ行うことに関する基本的な構想（以下「基本構想」という。）を作成することができる。

2　基本構想においては、次に掲げる事項について定めるものとする。

一　前項に規定する多様な機会（以下「生涯学習に係る機会」という。）の総合的な提供の方針に関する事項

二　前項に規定する地区の区域に関する事項

三　総合的な提供を行うべき生涯学習に係る機会（民間事業者により提供されるものを含む。）の種類及び内容に関する基本的な事項

四　前号に規定する民間事業者に対する資金の融通の円滑化その他の前項に規定する地区において行われる生涯学習に係る機会の総合的な提供に必要な業務であって政令で定めるものを行う者及び当該業

務の運営に関する事項

五　その他生涯学習に係る機会の総合的な提供に関する重要事項

3　都道府県は、基本構想を作成しようとするときは、あらかじめ、関係市町村に協議しなければならない。

4　都道府県は、基本構想を作成しようとするときは、前項の規定による協議を経た後、文部科学大臣及び経済産業大臣に協議することができる。

5　文部科学大臣及び経済産業大臣は、前項の規定による協議を受けたときは、都道府県が作成しようとする基本構想が次の各号に該当するものであるかどうかについて判断するものとする。

一　当該基本構想に係る地区が、生涯学習に係る機会の提供の程度が著しく高い地域であって政令で定めるもの以外の地域のうち、交通条件及び社会的自然的条件からみて生涯学習に係る機会の総合的な提供を行うことが相当と認められる地区であること。

二　当該基本構想に係る生涯学習に係る機会の総合的な提供が当該基本構想に係る地区及びその周辺の相当程度広範囲の地域における住民の生涯学習に係る機会に対する要請に適切にこたえるものであること。

三　その他文部科学大臣及び経済産業大臣が判断に当たっての基準として次条の規定により定める事項（以下「判断基準」という。）に適合するものであること。

6　文部科学大臣及び経済産業大臣は、基本構想につき前項の判断をするに当たっては、あらかじめ、関係行政機関の長に協議するとともに、文部科学大臣にあっては前条第2項の政令で定める審議会等の意見を、経済産業大臣にあっては産業構造審議会の意見をそれぞれ聴くものとし、前項各号に該当するものであると判断するに至ったときは、速やかにその旨を当該都道府県に通知するものとする。

7　都道府県は、基本構想を作成したとき

は、遅滞なく、これを公表しなければならない。

8　第3項から前項までの規定は、基本構想の変更（文部科学省令、経済産業省令で定める軽微な変更を除く。）について準用する。

【資料10】
社会教育法（昭和24年6月10日法律第207号）（抄）

第1章　総　則

第1条（この法律の目的）　この法律は、教育基本法（平成18年法律第120号）の精神に則り、社会教育に関する国及び地方公共団体の任務を明らかにすることを目的とする。

第2条（社会教育の定義）　この法律で「社会教育」とは、学校教育法（昭和22年法律第26号）又は就学前の子どもに関する教育、保育等の総合的な提供の推進に関する法律（平成18年法律第77号）に基づき、学校の教育課程として行われる教育活動を除き、主として青少年及び成人に対して行われる組織的な教育活動（体育及びレクリエーションの活動を含む。）をいう。

第3条（国及び地方公共団体の任務）国及び地方公共団体は、この法律及び他の法令の定めるところにより、社会教育の奨励に必要な施設の設置及び運営、集会の開催、資料の作製、頒布その他の方法により、すべての国民があらゆる機会、あらゆる場所を利用して、自ら実際生活に即する文化的教養を高め得るような環境を醸成するように努めなければならない。

2　国及び地方公共団体は、前項の任務を行うに当たつては、国民の学習に対する多様な需要を踏まえ、これに適切に対応するために必要な学習の機会の提供及びその奨励を行うことにより、生涯学習の振興に寄与することとなるよう努めるものとする。

3　国及び地方公共団体は、第1項の任務を行うに当たつては、社会教育が学校教育及び家庭教育との密接な関連性を有することにかんがみ、学校教育との連携の確保に努め、及び家庭教育の向上に資することとなるよう必要な配慮をするとともに、学校、家庭及び地域住民その他の関係者相互間の連携及び協力の促進に資することとなるよう努めるものとする。

第5条（市町村の教育委員会の事務）　市（特別区を含む。以下同じ。）町村の教育委員会は、社会教育に関し、当該地方の必要に応じ、予算の範囲内において、次の事務を行う。

一　社会教育に必要な援助を行うこと。

二　社会教育委員の委嘱に関すること。

三　公民館の設置及び管理に関すること。

四　所管に属する図書館、博物館、青年の家その他の社会教育施設の設置及び管理に関すること。

五　所管に属する学校の行う社会教育のための講座の開設及びその奨励に関すること。

（以下略）

第9条（図書館及び博物館）　図書館及び博物館は、社会教育のための機関とする。

2　図書館及び博物館に関し必要な事項は、別に法律をもつて定める。

第6章　学校施設の利用

第43条（適用範囲）　社会教育のためにする国立学校（学校教育法第1条に規定する学校（以下この条において「第一条学校」という。）及び就学前の子どもに関する教育、保育等の総合的な提供の推進に関する法律第2条第7項に規定する幼保連携型認定こども園（以下「幼保連携型認定こども園」という。）であつて国（国立大学法人法（平成15年法律第112号）第2条第1項に規定する国立大学法人（次条第2項において「国立大学法人」という。）及び独立行政法人国立高等専門学校機構を含む。）が設置するものをいう。以下同じ。）又は公

立学校（第一条学校及び幼保連携型認定こども園であつて地方公共団体（地方独立行政法人法（平成15年法律第118号）第68条第1項に規定する公立大学法人（次条第2項及び第48条第1項において「公立大学法人」という。）を含む。）が設置するものをいう。以下同じ。）の施設の利用に関しては、この章の定めるところによる。

第44条（学校施設の利用） 学校（国立学校又は公立学校をいう。以下この章において同じ。）の管理機関は、学校教育上支障がないと認める限り、その管理する学校の施設を社会教育のために利用に供するように努めなければならない。

2 前項において「学校の管理機関」とは、国立学校にあつては設置者である国立大学法人の学長又は独立行政法人国立高等専門学校機構の理事長、公立学校のうち、大学及び幼保連携型認定こども園にあつては設置者である地方公共団体の長又は公立大学法人の理事長、大学及び幼保連携型認定こども園以外の公立学校にあつては設置者である地方公共団体に設置されている教育委員会又は公立学校法人の理事長をいう。

【資料11】

図書館法（昭和25年4月30日法律第118号）（抄）

第1章 総 則

第1条（この法律の目的） この法律は、社会教育法（昭和24年法律第207号）の精神に基き、図書館の設置及び運営に関して必要な事項を定め、その健全な発達を図り、もつて国民の教育と文化の発展に寄与することを目的とする。

第2条（定義） この法律において「図書館」とは、図書、記録その他必要な資料を収集し、整理し、保存して、一般公衆の利用に供し、その教養、調査研究、レクリエーション等に資することを目的とする施設で、地方公共団体、日本赤十字社又は一般社団法人若しくは一般財団法人が設置するもの（学校に附属する図書館又は図書室を除く。）をいう。

2 前項の図書館のうち、地方公共団体の設置する図書館を公立図書館といい、日本赤十字社又は一般社団法人若しくは一般財団法人の設置する図書館を私立図書館という。

第3条（図書館奉仕） 図書館は、図書館奉仕のため、土地の事情及び一般公衆の希望に沿い、更に学校教育を援助し、及び家庭教育の向上に資することとなるように留意し、おおむね次に掲げる事項の実施に努めなければならない。

一 郷土資料、地方行政資料、美術品、レコード及びフィルムの収集にも十分留意して、図書、記録、視聴覚教育の資料その他必要な資料（電磁的記録（電子的方式、磁気的方式その他人の知覚によつては認識することができない方式で作られた記録をいう。）を含む。以下「図書館資料」という。）を収集し、一般公衆の利用に供すること。

二 図書館資料の分類排列を適切にし、及びその目録を整備すること。

三 図書館の職員が図書館資料について十分な知識を持ち、その利用のための相談に応ずるようにすること。

四 他の図書館、国立国会図書館、地方公共団体の議会に附置する図書室及び学校に附属する図書館又は図書室と緊密に連絡し、協力し、図書館資料の相互貸借を行うこと。

五 分館、閲覧所、配本所等を設置し、及び自動車文庫、貸出文庫の巡回を行うこと。

六 読書会、研究会、鑑賞会、映写会、資料展示会等を主催し、及びこれらの開催を奨励すること。

七 時事に関する情報及び参考資料を紹介し、及び提供すること。

八　社会教育における学習の機会を利用して行つた学習の成果を活用して行う教育活動その他の活動の機会を提供し、及びその提供を奨励すること。

九　学校、博物館、公民館、研究所等と緊密に連絡し、協力すること。

第4条（司書及び司書補）　図書館に置かれる専門的職員を司書及び司書補と称する。

2　司書は、図書館の専門的事務に従事する。

3　司書補は、司書の職務を助ける。

第5条（司書及び司書補の資格）　次の各号のいずれかに該当する者は、司書となる資格を有する。

一　大学を卒業した者（専門職大学の前期課程を修了した者を含む。次号において同じ。）で大学において文部科学省令で定める図書館に関する科目を履修したもの

二　大学又は高等専門学校を卒業した者で次条の規定による司書の講習を修了したもの

三　次に掲げる職にあつた期間が通算して3年以上になる者で次条の規定による司書の講習を修了したもの

イ　司書補の職

ロ　国立国会図書館又は大学若しくは高等専門学校の附属図書館における職で司書補の職に相当するもの

ハ　ロに掲げるもののほか、官公署、学校又は社会教育施設における職で社会教育主事、学芸員その他の司書補の職と同等以上の職として文部科学大臣が指定するもの

2　次の各号のいずれかに該当する者は、司書補となる資格を有する。

一　司書の資格を有する者

二　学校教育法（昭和22年法律第26号）第90条第1項の規定により大学に入学することのできる者で次条の規定による司書補の講習を修了したもの

第6条（司書及び司書補の講習）　司書及び司書補の講習は、大学が、文部科学大臣の委嘱を受けて行う。

2　司書及び司書補の講習に関し、履修すべき科目、単位その他必要な事項は、文部科学省令で定める。ただし、その履修すべき単位数は、15単位を下ることができない。

第8条（協力の依頼）　都道府県の教育委員会は、当該都道府県内の図書館奉仕を促進するために、市（特別区を含む。以下同じ。）町村の教育委員会（略）に対し、総合目録の作製、貸出文庫の巡回、図書館資料の相互貸借等に関して協力を求めることができる。

第9条（公の出版物の収集）　政府は、都道府県の設置する図書館に対し、官報その他一般公衆に対する広報の用に供せられる独立行政法人国立印刷局の刊行物を2部提供するものとする。

2　国及び地方公共団体の機関は、公立図書館の求めに応じ、これに対して、それぞれの発行する刊行物その他の資料を無償で提供することができる。

第2章　公立図書館

第10条（設置）　公立図書館の設置に関する事項は、当該図書館を設置する地方公共団体の条例で定めなければならない。

第13条（職員）　公立図書館に館長並びに当該図書館を設置する地方公共団体の教育委員会（略）が必要と認める専門的職員、事務職員及び技術職員を置く。

2　館長は、館務を掌理し、所属職員を監督して、図書館奉仕の機能の達成に努めなければならない。

第14条（図書館協議会）　公立図書館に図書館協議会を置くことができる。

2　図書館協議会は、図書館の運営に関し館長の諮問に応ずるとともに、図書館の行う図書館奉仕につき、館長に対して意見を述べる機関とする。

第15条　図書館協議会の委員は、当該図書館を設置する地方公共団体の教育委員会（略）が任命する。

第16条　図書館協議会の設置、その委員の任命の基準、定数及び任期その他図書館

協議会に関し必要な事項については、当該図書館を設置する地方公共団体の条例で定めなければならない。この場合において、委員の任命の基準については、文部科学省令で定める基準を参酌するものとする。

第17条（入館料等）　公立図書館は、入館料その他図書館資料の利用に対するいかなる対価をも徴収してはならない。

第20条（図書館の補助）　国は、図書館を設置する地方公共団体に対し、予算の範囲内において、図書館の施設、設備に要する経費その他必要な経費の一部を補助することができる。

2　前項の補助金の交付に関し必要な事項は、政令で定める。

第23条　国は、第20条の規定による補助金の交付をした場合において、左の各号の一に該当するときは、当該年度におけるその後の補助金の交付をやめるとともに、既に交付した当該年度の補助金を返還させなければならない。

一　図書館がこの法律の規定に違反したとき。

二　地方公共団体が補助金の交付の条件に違反したとき。

三　地方公共団体が虚偽の方法で補助金の交付を受けたとき。

第3章　私立図書館

第25条（都道府県の教育委員会との関係）　都道府県の教育委員会は、私立図書館に対し、指導資料の作製及び調査研究のために必要な報告を求めることができる。

2　都道府県の教育委員会は、私立図書館に対し、その求めに応じて、私立図書館の設置及び運営に関して、専門的、技術的の指導又は助言を与えることができる。

第26条（国及び地方公共団体との関係）　国及び地方公共団体は、私立図書館の事業に干渉を加え、又は図書館を設置する法人に対し、補助金を交付してはならない。

第27条　国及び地方公共団体は、私立図書館に対し、その求めに応じて、必要な物資の確保につき、援助を与えることができる。

第28条（入館料等）　私立図書館は、入館料その他図書館資料の利用に対する対価を徴収することができる。

第29条（図書館同種施設）　図書館と同種の施設は、何人もこれを設置することができる。

2　第25条第2項の規定は、前項の施設について準用する。

【資料12】

公立義務教育諸学校の学校図書館の図書の購入に要する経費の地方財源措置について（通知）

（平成14年4月15日14初児生第2号）

児童生徒の主体的な学習活動を支えるとともに、読書活動を通じて子どもの人間形成や情操を育む場として学校図書館の役割は極めて重要であり、そのような役割を果たしていくために学校図書館の図書の整備を図っていくことが必要です。

公立の義務教育諸学校については、「学校図書館図書標準」（平成5年3月）を踏まえ、学校図書館の図書の整備を進めてきたところでありますが、先の臨時国会において「子どもの読書活動の推進に関する法律」（平成13年法律第154号）が成立したこと及び平成14年度からの新学習指導要領のもと、総合的な学習の時間において多様な教育活動を展開していくために学校図書館を充実していくことが必要であることを踏まえ、平成14年度から5年間で学校図書館の蔵書の充実を図るために、総額約650億円、平成14年度にあっては約130億円の地方交付税措置が講じられることとされています。

ついては、今後、学校図書館の図書の計

画的な整備を一層進め、義務教育諸学校において学校図書館図書標準の早期達成に努められるよう、貴域内の市（区）町村教育委員会に対し、このことを周知するとともに、義務教育諸学校における学校図書館の図書の整備について遺漏のないよう適切な指導・助言等よろしくお願いします。

なお、地方交付税法等の一部を改正する法律が平成14年3月31日法律第18号をもって公布、施行されましたが、学校図書館の図書の購入に要する経費については、下記のとおり措置されることとなりましたのでお知らせします。

記

学校種別	測定単位	積算内容	経費
小学校	学級数	学校図書館図書（18学級）	418千円
中学校	学級数	学校図書館図書（15学級）	670千円
特殊教育諸学校（養護学校）	学級数	学校図書館図書（義務制）（23学級）	101千円

【資料13】

初中教育ニュース第47号（抜粋）　　（平成19年1月15日）

□　新たな「学校図書館図書整備5か年計画」を策定しました

〔児童生徒課〕

　学校図書館図書の整備のため、平成19年度から平成23年度までの「学校図書館図書整備5か年計画」を新たに策定しました。

　この計画では、従来の増加冊数分（注1）の措置に加えて、更新冊数分（注2）を措置することで、平成19年度からの5年間で学校図書館図書標準（注3）を達成することを目指しています。（本年度までの学校図書整備5か年計画では、学校図書館図書標準の達成に向け、平成14年度から平成18年度の間、増加冊数分を整備するための経費として、総額約650億円、毎年約130億円の地方財政措置が講じられてきました。）

　平成19年度～23年度…総額約1,000億円（増加冊数分：約400億円、更新冊数

分：約600億円）

　単年度…約200億円（増加冊数分：約80億円、更新冊数分：約120億円）

　今後、各市（区）町村教育委員会で、学校図書館図書標準を達成するための図書整備計画が策定されるなどにより計画的な整備が進み、この図書標準が早期に達成されることが期待されます。

（注1）　増加冊数分
学校図書館図書標準達成のために増やすべき冊数

（注2）　更新冊数分
記載された情報が古くなったこと等により廃棄される図書を更新するための冊数

（注3）　学校図書館図書標準
公立義務教育諸学校において、学校の規模に応じて整備すべき蔵書数の目標を定めたもの（平成5年3月策定）

出所：文部科学省初等中等教育局メールマガジン「初中教育ニュース」第47号

米国教育使節団報告書（要旨）　　（昭和 21 年 3 月 31 日）

日本の教育の目的および内容　高度に中央集権化された教育制度は、かりにそれが極端な国家主義と軍国主義の網の中に捕えられていないにしても、強固な官僚政治にともなう害悪を受けるおそれがある。教師各自が画一化されることなく適当な指導の下に、それぞれの職務を自由に発展させるためには、地方分権化が必要である。かくするとき教師は初めて、自由な日本国民を作りあげる上に、その役割をはたしうるであろう。この目的のためには、ただ 1 冊の認定教科書や参考書では得られぬ広い知識と、型通りの試験では試され得ぬ深い知識が、得られなくてはならない。カリキュラムは単に認容された一体の知識だけではなく、学習者の肉体的および精神的活動をも加えて構成されているものである。それには個々の生徒の異なる学習体験および能力の相違が考慮されるのである。それ故にそれは教師をふくめた協力活動によつて作成され、生徒の経験を活用しその独創力を発揮させなくてはならないのである。

教授法と教師養成教育　新しい教育の目的を達成するためには、つめこみ主義、画一主義および忠孝のような上長への服従に重点を置く教授法は改められ、各自に思考の独立・個性の発展および民主的公民としての権利と責任とを、助長するようにすべきである。例えば、修身の教授は、口頭の教訓によるよりも、むしろ学校および社会の実際の場合における経験から得られる教訓によって行われるべきである。教師の再教育計画は、過渡期における民主主義的教育方法の採用をうながすために、樹立せらるべきである。それがやがて教師の現職教育の一つに発展するよう計画を立てるよう提案する。師範学校は、必要とせられる種類の教師を養成するように、改革されるべきである。

成人教育　日本国民の直面する現下の危機において、成人教育は極めて重大な意義を有する。民主主義国家は個々の国民に大いなる責任を持たせるからである。学校は成人教育の単なる一機関にすぎないものであるが、両親と教師が一体となった活動により、また成人のための夜学や講座公開により、さらに種々の社会活動に校舎を開放すること等によって、成人教育は助長されるのである。一つの重要な成人教育機関は公立図書館である。大都市には中央公立図書館が多くのその分館とともに設置されるべきで、あらゆる都道府県においても適当な図書館施設の準備をなすべきである。この計画を進めるには文部省内に公立図書館局長を任命するのがよい。科学・芸術および産業博物館も図書館と相まって教育目的に役立つであろう。これに加うるに、社会団体・専門団体・労働組合・政治団体等をふくむあらゆる種類の団体組織が、座談会および討論会の方式を有効に利用するよう、援助しなくてはならない。これらの目的の達成を助長するために、文部省の現在の「成人教育」事務に活を入れ、かつその民主化を計らなくてはならぬ。

高等教育　図書館・研究施設および研究所の拡充をわれわれは勧告する。かかる機関は国家再建期およびその後においても、国民の福利に計り知れぬ重要な寄与をなしうるのである。医療・学校行政・ジャーナリズム・労務関係および一般国家行政の如き分野に対する専門教育の改善に対し特に注意を向ける必要がある。

出所：文部省編『学制百年史』帝国地方行政学会（1972 年）

【資料 15】

第2次訪日アメリカ教育使節団報告書（要旨）（昭和25年9月22日）

適当な校舎の供給　日本は戦争の被害さらに颱風その他の天災によって校舎不足の危機に立っている。教育施設の為の経費は極めて少なく、戦後公共事業計画費の僅か6.9パーセントにしか過ぎない。講堂や廊下その他間に合わせの教室が使用され数百万に及ぶ児童は標準以下の教室で学んでいる。そこでこの問題に関してわれわれは次のことを勧告する。

二　建築の様式に対する研究。

　a　独立的思考力・創意・および創造的経験を奨励する如き教育課程の必要を充たすこと。

教材センター　各校には図書館用図書其の他の教授資料が適当に備えつけられていなければならない。学校図書館は本だけでなく、教師と生徒で作製した教材をも持っているべきである。また幻燈や映画も経費さえできればつけ加えられてよいであろう。教材センターとしての学校図書館には生徒を助け指導する司書を置き、学校の中心となるべきである。

図書館　成人教育の広範な計画は、強力な図書館資源なくしては、実施することはできない。図書館は、現在殆んど無料であるが、それが大して発達しておらない。日本図書館協会は、図書館人の緊密な団結による専門的団体として発展しており、その事業は努めて奨励されるべきである。また近い将来、アメリカ図書館協会の主宰で、図書館職員養成機関が開かれると報ぜられている。日本の図書館施設は、資金が得られ次第、すみやかに拡張されるべきである。同様な措置は学校図書館に対してもとられるべきである。

出所：文部省編『学制百年史』帝国地方行政
　　　学会（1972年）

【資料 16】

学校図書館の整備充実について（通知）
（平成28年11月29日　28文科初第1172号）

　学校図書館は、学校図書館法において、学校教育において欠くことのできない基礎的な設備であり、学校の教育課程の展開に寄与するとともに、児童又は生徒の健全な教養を育成することを目的として設けられる学校の設備であるとされています。

　文部科学省では、学校図書館の運営に係る基本的な視点や学校司書の資格・養成等の在り方等について検討するため、「学校図書館の整備充実に関する調査研究協力者会議」を設置し、本年10月に「これからの学校図書館の整備充実について（報告）」（以下「本報告」という。）（別添参考資料）を取りまとめていただいたところです。

　このたび、本報告を踏まえ、文部科学省として、別添のとおり「学校図書館ガイドライン」（別添1）及び「学校司書のモデルカリキュラム」（別添2）を定めましたので、お知らせします。

　貴職におかれては、下記の事項に御留意いただくとともに、都道府県・指定都市教育委員会教育長にあっては所管の学校及び域内の市区町村教育委員会に対して、都道府県知事にあっては所轄の私立学校に対して、国立大学法人学長にあっては設置する附属学校に対して、株式会社立学校を認定した地方公共団体の長にあっては認可した学校に対して、本通知について周知を図るようお願いします。

記

1　「学校図書館ガイドライン」について

「学校図書館ガイドライン」は、教育委員会や学校等にとって参考となるよう、学校図書館の運営上の重要な事項についてその望ましい在り方を示したものであること。本ガイドラインを参考に、学校図書館の整備充実を図ることが重要であること。

2　教育委員会等における取組

(1)　学校が学校図書館の機能を十分に利活用できるよう支援し、学校図書館の充実に向けた施策を推進することが重要であること。特に、図書館資料の面では、学校図書館図書標準を達成していない学校への達成に向けた支援や、廃棄・更新についての支援等が重要であること。

(2)　司書教諭については、学校図書館法における司書教諭の配置に関する規定に基づき、12学級以上の学校に必ず司書教諭を配置することを徹底する必要があること。加えて、司書教諭が学校図書館に関する業務により専念できるよう、校務分掌上の工夫に取り組むとともに、11学級以下の学校における配置の推進にも積極的に取り組むことが重要であること。

(3)　学校司書の配置については、職務が十分に果たせるよう、その充実に向けた取組とともに、学校司書の職務の内容が専門的知識及び技能を必要とするものであることから、継続的な勤務に基づく知識や経験の蓄積が求められることを踏まえ、一定の資質を備えた学校司書の配置やその支援を継続して行うことが重要であること。

また、「学校司書のモデルカリキュラ

ム」は、学校司書が職務を遂行するに当たって、履修していることが望ましいものであり、教育委員会等においては、大学等における開講状況や学生等の履修状況等も踏まえつつ、将来的にモデルカリキュラムの履修者である学校司書を配置することが期待されること。

(4)　司書教諭や学校司書を対象とした研修を実施するなど、その資質能力の向上を図ることが重要であること。研修内容等については、職務経験や能力に応じて研修内容の構成及び研修方法を工夫して設定することが重要であること。

3　学校における取組

(1)　学校においては、校長のリーダーシップの下、学校図書館の適切な運営や利活用など学校図書館の充実に向けた取組を推進することが重要であること。特に、学習指導要領等を踏まえ、学校図書館の機能を計画的に利活用し、児童生徒の主体的・意欲的な学習活動や読書活動を充実することが重要であること。

(2)　学校図書館を利活用した授業に関する校内研修を計画的に実施することが重要であること。その際、研修内容や研修方法の工夫を図ることが有効であること。

(3)　学校図書館の運営の改善のため、PDCAサイクルの中で、読書活動など児童生徒の状況等を含め、学校図書館の評価を学校評価の一環として組織的に行い、評価結果に基づき、運営の改善を図ることが重要であること。

【資料17】

『学校図書館の手引』（抜粋）

第一章　新教育における学校図書館の意義と役割
一　学校図書館の意義とその教育的役割

　学校図書館は、生徒と教師に対して、調査・レクリエーションおよび研究のための手段を提供する目的をもって、学校に設けられた読書施設である。この施設は独立の図書館として建てられている場合もあれば、資金や経営上の問題から、教室の一部分として設けられている場合もある。学校図書館は学校の施設や計画の中で重要な位置を占めるべきものであるが、過去の日本にお

いては、教科書の学習に全力が注がれ、したがって、課外の読書や個人的な調査が軽んぜられ、そのための時間もほとんど与えられなかったため、図書館あるいは読書室は、多くの場合、教科書を勉強したり、暗記したりする場所にすぎなかった。

今日、学校図書館は、新しい教育の計画の中では、必要欠くべからざる重要な位置を占めている。新教育における学校図書館の役割は、次の諸点で重要である。

（一）学校図書館は、生徒の個性を伸張して行く上に役立つ。——新教育は、個性の発展に重点を置いている。学校において、生徒の学習と思想とを一定のわくにはめこもうとすることは、個性の発達を促すものではない。

学校図書館は、生徒のいろいろ異なった能力を考えに入れて、かれらの能力を発展させるための手段を提供する。それは、すぐれた生徒には、学習に対する希望を満足させる機会を与え、劣った生徒には、その力に応じて学習を補って行く機会を与える。

（二）学校図書館は、多くの方面や活動において生徒の興味を刺激し、豊かにする。——一つの方面における興味が、他の方面に対する興味を刺激し、自発性と積極的活動とを発展させることがしばしばある。

生徒を直接助けて、よい読書の習慣を発展させ、また、かれらの社会性と情操との発達を指導するためには、図書が多方面にわたっており、また注意深く選択されていることが必要であるが、同時に教師の周到な指導もまたこれに加えられなければならない。

（三）学校図書館の利用によって、人間関係や、他の人々の社会的、文化的生活を観察させ、さらに批判的判断や理解の態度を養って行くことができる。

（四）学校図書館は、自由な活動の手段を与える。——学校図書館は、しばしば、生徒たちが、校内で、自由に読み、学び、そして自身の興味を発展させて行く唯一の場所である。

（五）学校図書館は、専門的な研究への意欲を刺激する。——学校図書館は、生徒のレクリエーションへの欲求を満たすだけではない。学校図書館の第1の目的は、かれらの研究を補い発展させて行くところになければならない。

（六）学校図書館の蔵書は、生徒の持つ問題に対していろいろの考え方や答えを提供する。——かりに、教室の学習において、教師から一つの問題に対してただ一つの解決しか与えられないとするならば、生徒は自分自身でものごとを考えることを学ばないであろう。生徒たちにとってたいせつなことは、問題を理解するに役立つ材料を学校図書館で見いだし、これを最も有効に使い、自分で解決を考え出して行くことである。このようにして、かれらは、批判的にものを解決する態度を養うであろう。

（七）学校図書館は、生徒に望ましい社会的態度を身につけさせる機会を与えることによって、共同生活の訓練の場所として役立つ。——新教育は自分の住んでいる社会の指導者としての役割を果たしうるような個人として、生徒を教育する目的を持っている。生徒に、図書館内で、ある行動に対して責任を持たせることによって、生徒は協力の意味を学び、民主的なものの運び方をよりよく理解するであろう。このようにして学校図書館は、また生徒たちが公共の物をたいせつにすることを学ぶ最も有効な道の一つでもある。

（八）学校図書館を利用することによって、生徒たちに、読書を終生の楽しみと考えさせるようにすることができる。——日本人は今日まで、教育は学校教育で終ると考えるのが普通であったが、人間の文化的な成長は一生を通じて発展して行くというふうに考えるようになることが望ましい。もし生徒が、学校図書館を利用して、読書の習慣を発展させることができるならば、卒業後の社会生活において、読書を終生の友とすることができ、ことに公共図書館によって与えられるいろいろの機会を十分に利用

することができるようになるであろう。

（九）学校図書館は、少ない図書を公共的に活用させ、現在を通して、未来の文化的建設を助けることができる。——現在、読み物に対する要求はいちじるしく高い。しかしながら、図書の出版には制限があり、価格は普通の市民には手が出ない状態である。そこで、わずかな書物をお互に共同して利用しあうということが、この際特に必要である。学校図書館は、多くの人々に図書を利用させることを促進する役割を持っている。もしわれわれが新教育をなし遂げようと思うならば、たとえ、現在の状態においては不可能に思われるようなことがあっても、学校図書館の充実と活用のために努力しなければならない。

学校図書館は、学習指導の中心とならなければならない。さて、学習指導の目的は何であろうか。またわれわれは、いかにして、生徒たちをしてその目的に向かって、能力や技術や態度を理解させ、またこれを身につけさせて行くように努力すべきであろうか。われわれは、生徒たちを次のような目的で指導して行かなければならない。

1　個人個人の人格を発展させること。

2　独立してものを考える力を発展させること。

3　問題を独立して考える態度を発展させること。

4　図書館および公私の読書施設を利用する能力と技術とを発展させること。

5　社会的良識と理解とを発展させること。

6　図書に対する愛好の念を養い、調査上の目的や、教養や人格の向上のため、また楽しみのために読書し、さらに読書を終生の習慣として発展させること。

7　好ましい、そして批判的な習慣を発展させ、書物の中にある材料を利用する慣習を養うこと。

8　文献・目録・地図・統計その他いろいろの図表を作る能力を養うこと。特に社会科との関連では、次のことがさらに指導の目標となるであろう。

1　人々と協力して働くこと。特に指導者と協働者との関係について学ぶこと。

2　自分自身の行動を通して、社会の一員として訓練されること。そして、社会の一員としてよい行動ができるようになること。

3　学校生活の組織と機能とを理解することおよびこれを改善し民主的にすることを助け、より多くの人々に奉仕する態度を養うこと。

4　学校施設の社会に対する価値・機能および奉仕について理解することを助け、そのために奉仕する態度を養うこと。

5　公共物を尊重する態度を発展させ、それを適切に利用するにあたって責任を感ずるようになることを助けること。

6　ひまな時間を有効に使う必要性について理解することを助けること。

二　学校図書館の教師および社会に対する役割

ところで学校図書館は生徒のためばかりでなく、教師および父兄たちに対しても、役立って行かなくてはならない。図書にしても、その他の材料にしても、この点を考慮に入れて整備する必要がある。

（一）教師のために

学校図書館には、教師のために、学習指導の参考書、広い教養や研究に関する図書を備えなければならない。特に、新しい教育を発展させるためには、教師が、新しい教育の考え方について理解することができる図書をととのえる必要のあることはいうまでもない。

（二）父母たちのために

学校図書館は、社会生活において重要な部分を占める。公共図書館のない所では、学校図書館の図書が、P.T.A.の会員、その他地域の多くの人々によって利用されることが必要である。こうすることによって、人々は、また公共図書館の必要性を理解し、その発展を助けるようにもなるであろう。

出所：文部省編『学校図書館の手引』師範学校教科書（1948年）

注：旧字は常用漢字に修正して掲載している。

【資料18】

『学校図書館運営の手びき』（抜粋）

学校図書館基準

A　原則

1　学校図書館は学校教育に欠くことのできない機関である。その目的は学校教育の基本的目的と一致する。

2　『学校図書館』図書館を構成する基本的要素は次の3つである。
(1)図書館職員、(2)図書館資料、(3)図書館施設。

3　学校図書館の設置および育成は、基本的には国および教育委員会の責任である。

B　機能

1　学校図書館は奉仕機関である。
児童・生徒および教師の必要に応じて資料を提供し、教育課程の展開に寄与し、教養・趣味の助成にも役だたせなければならない。

2　学校図書館はまた指導機関である。
問題解決のために図書館を有効に利用する方法を会得させ、読書指導によって読書の習慣づけ・生活化を教え、図書館利用を通して社会的、民主的生活態度を経験させる。

C　学校図書館職員

1　学校図書館に司書教諭および事務職員を置く。
(1)　司書教諭は児童・生徒数450人未満の学校では兼任を1人、450人以上の場合には専任を1人置く。
(2)　事務職員は児童・生徒数900人未満の学校では専任を1人、1,800人未満の場合は2人、それ以上の場合は3人を置く。事務職員は専門の知識技術を修得しなければならない。

2　兼任司書教諭の担当授業時間数は、週10時間以下とする。

D　学校図書館資料

1　資料の種類

学校図書館資料には、図書のほか、雑誌・新聞・パンフレット・リーフレット・切抜き・地図・絵図・絵はがき・写真・紙しばい・フィルム・スライド・レコードなどの視聴覚資料や児童・生徒の作品などを含む。

2　選択
(1)　信頼できる目録を参考にする。
(2)　一定の選択基準を設けて選択する。
(3)　一定の除籍基準を設けて、除籍し、更新する。

3　資料構成
(1)　児童・生徒および教師の各種の必要に応じられるように資料を集め、片寄りのない調和のある資料構成とする。
(2)　基本図書としては、必備の辞書、百科事典、年鑑、統計、人名・地名などの事典、地図、図鑑などを含めて、
　　　小学校では、　　　 500種
　　　中学校では、　　　 700種
　　　高等学校では、1000種
　　　程度の図書が必要である。
(3)　図書の総冊数は、一般には児童・生徒1人当り5冊以上を必要とする。ただし、学校の種別と在籍数とに応じた図書冊数の基準は、別表I、「学校図書館の図書・設備に関する基準」によるものとする。
(4)　1年間の受入冊数は1人当り0.5冊以上とする。
(5)　必要に応じて複本を用意する。
(6)　蔵書の配分比率は次の表を参考として、学校の課程、地域の実情などを考慮して設定する。
(7)　雑誌は、児童・生徒数901人以上の学校では小学校約15種、中学校約20種、高等学校約30種が必要である。900人以下の学校では小学校約10種、中学校

約 15 種、高等学校約 20 種が必要である。

(8) 視聴覚資料の設備については、別表 II「視聴覚資料の設備に関する基準」（略）によるものとする。

E　学校図書館資料の整理

1　すべての図書館資料は児童・生徒および教師が、これを有効に利用できるように組織化する。

2　図書の分類は、日本十進分類法（NDC）による。目録カードの記入は、日本目録規則（NCR）による、ただしその適用については、学校の種別・規模などに応じて考慮する。

3　事務用として配架目録を整備する。

4　閲覧用としては件名・書名・著者目録などを整備する。なお作成にあたっては、件名目録をさきに作るのがよい。

5　件名標目は、学校図書館向きの件名標目表による。

F　建物・設備

1　建物

(1) 学校図書館は専用施設とし、教育活動に便利な場所がよい。

(2) 閲覧室の収容定員は、在籍児童・生徒数の 1 割とする。面積は収容定員 1 人当り 2.18 平方メートルは必要である。最低 1 学級分の児童・生徒を入れられる広さがいる。

(3) 閲覧室のほかに、事務室・研究室を置く。余裕があれば別に視聴覚室を置く。換気・通風・採光・照明・色彩・色調・防音などに留意する。

2　設備

(1) 書架・閲覧机・いすのほかに、受付台・事務机・作業机・雑誌架・新聞架・展示書架・材料戸だな・陳列ケース・カードケース・ファイリィングキャビネット・製本用具・視聴覚資料整理ケースなどを置く。

(2) 掲示板・黒板・流し・熱源・手洗などを設備する。

(3) 適当な装飾その他。

(4) 学校の種別と在籍数とに応じた設備の基準は、別表 II「学校図書館の図書・設備に関する基準」（略）によるものとする。

G　経費

1　経費は公費で支弁されなければならない。

2　財源のいかんにかかわらず、別途会計とする。

3　経常経費は児童・生徒 1 人当り年額、
　　小学校では 250 円以上、
　　中学校では 350 円以上、
　　高等学校では 450 円以上とする。
ただし人件費・特別施設費・視聴覚資料費はこれに含まない。

4　経常経費は次の割合で配分する。

図書費	新聞雑誌費	製本費	備品費	消耗費	雑費	計
55	15	18	5	5	2	100%

H　運営

1　学校図書館の運営には、特に次の諸点に留意する。

(1) 学校図書館が学習活動の中心的機関となり、またレクリエーションの場とも

	000 総記	100 哲学宗教	200 歴史科学	300 社会科学	400 自然科学	500 工学工芸	600 産業	700 芸術	800 語学	900 文学	絵本その他	
小学校	5	2	15	9	13	5	5	5	2	20	19	100%
中学校	7	3	14	10	15	5	5	7	5	29		100%
高等学校	8	5	13	10	15	5	5	7	7	25		100%

なるように努める。

(2) 計画性・一貫性をもって運営する。

(3) 学校種別、規模、地域の特性などに即して運営する。

2 必要な委員会を設けて、学校図書館運営の円滑を期する。

3 児童・生徒の委員を選出して、積極的に運営・奉仕に参加させる。

4 閲覧の方式は開架式にする。

5 館外貸出は積極的に行う。

6 学級文庫・教室・研究室などの図書および、その他の資料は、学校図書館運営の一環として管理する。

7 各種の広報・集会活動を通じて宣伝啓発に努める。

8 学校経営に支障のないかぎり、学校図書館を地域の人々に公開する。

9 他の学校図書館・公共図書館・公民館・博物館・各種文化施設などと密接に連絡を保つ。

10 各種の評価を行い、具体的改善を図る。

Ⅰ 図書館の利用指導

1 図書および図書館の利用を高めるために、次のような事項について指導する。

(1) 学校図書館の概要

(2) 図書・図書館の歴史と現状

(3) 図書館道徳と読書衛生

(4) 図書の構成と取扱方

(5) 図書の選択

(6) 分類と配列

(7) 図書の目録

(8) 辞書・事典・索引類の利用

(9) 年鑑・統計類の利用

(10) 雑誌・新聞類の利用

(11) インフォーメーションファイルの利用

(12) 視聴覚資料の取扱と利用

(13) 読書法

(14) 参考書目の作り方とノートのとり方

(15) 校外の読書施設・文化施設

2 これらの指導は、小・中・高等学校ごとに、教科および教科以外の諸指導を通して、計画的、組織的に行うことが必要である。

3 その指導は司書教諭が中心となり、各教師が協力して行う。

出所：文部省編『学校図書館運営の手びき』
明治図書（1959 年）

【資料 19】

『学校図書館の管理と運用』（抜粋）

第Ⅱ章　学校図書館の管理

2　人の構成と活動

(2)　司書教諭

学校教育の進展にともない、わが国の学校図書館の充実には見るべきものがあるが、各学校の図書館が日々の学習に直結した教育的機能を発揮するためには、学校図書館法第 5 条に「学校には、学校図書館の専門的職務を掌らせるため、司書教諭を置かなければならない。」とあるように、学校図書館の運営を直接に担当し、じゅうぶんな計画と熱意とをもってこれに専念する司書教諭の存在が必須な条件である。また、このような考えに立って、司書教諭を配置している都道府県や市町村の数も年々増加し

ている現状である。

ア　司書教諭の資格と発令

(ア)　司書教諭の資格

学校図書館法第 5 条および学校図書館司書教諭講習規程に定められているように、教諭の免許状を有する者が、文部大臣が大学に委嘱して行なう講習において、学校図書館通論（1 単位）、学校図書館の管理と運営（1 単位）、図書の選択（1 単位）、図書の整理（2 単位）、図書以外の資料の利用（1 単位）、児童生徒の読書活動（1 単位）、学校図書館の利用指導（1 単位）、計 7 科目 8 単位を履修し、文部省から司書教諭講習修了証書の交付をうけることによってその資格を得る。

（イ）　司書教諭の発令

　司書教諭の発令は、本書付録の通達（昭和32年5月2日委初第165号）にあるように、司書教諭講習の修了者に対して、市町村立学校の場合は市町村教育委員会が、また都道府県立学校（特別区を含む）の場合は都道府県教育委員会が、それぞれ行なうことになっている。

イ　司書教諭の職務

（ア）　資料に関する専門的教養を身につけた教諭として、学校教育に必要な資料を収集し、これに有効な組織づけを与える。

（イ）　児童・生徒や教師の資料利用について適切な指導・助言を行なう。

（ウ）　教材を選択・整備し、その利用を調整することによって学校の教育課程の実施に寄与する。

（エ）　学校図書館の利用指導計画を立案し、実施の中心となる。

（オ）　学校内の諸組織との密接な連絡のもとに、学校図書館を管理・運営し、能率的・機能的な奉仕活動を通じて、学校の教育目的の達成を図る。

ウ　司書教諭の具体的職務内容

A　指導的・奉仕的職務

（ア）　学校図書館および学校図書館資料の利用指導

（イ）　児童・生徒および教師に対するレファレンス・サーヴィス

（ウ）　児童・生徒の興味と能力に応じた読書指導

（エ）　教師の教材準備に対する協力

（オ）　学校図書館内における利用態度の指導

（カ）　児童会図書部員・生徒図書委員の指導

（キ）　読書会・鑑賞会・展示会などの集会、その他学校図書館行事の指導

B　技術的職務

（ア）　学校図書館資料の選択と構成

（イ）　分類の決定

（ウ）　目録の作成

（エ）　新聞・雑誌記事索引の作成

（オ）　特殊資料の作成

（カ）　資料内容の研究と紹介

（キ）　学校図書館が視聴覚器材の管理をする場合は、その管理・操作

C　管理的職務

（ア）　学校図書館運営計画の立案と実施

（イ）　学校図書館業務の組織案の作成と管理

（ウ）　予算案の編成と支出の調整

（エ）　施設・備品の整備

（オ）　校長への連絡・報告

（カ）　学校内の諸組織との連絡・協力

（キ）　他の学校図書館・公共図書館・研究組織等との連絡・協力

（ク）　学校図書館の評価と改善

(3)　学校図書館事務職員

　学校図書館運営の仕事には、事務的・技術的な面が少なくない。学校図書館の規模が大きくなるにつれて、司書教諭は事務的な面に多く時間をとられ、指導面の活動が手薄になりがちである。このため、司書教諭を助けて事務的な仕事を担当する学校図書館事務職員の配置が望まれる。

ア　学校図書館事務職員の職務

　学校図書館事務職員は主として次に掲げる職務を処理するとともに、事前の指示と事後の検査を受けて司書教諭の専門的職務に協力する。

イ　学校図書館事務職員の具体的職務内容

A　技術的職務

（ア）　学校図書館資料の発注・検収・諸帳簿記入

（イ）　簡単な分類作業

（ウ）　目録作業

（エ）　図書の整備・配架・点検

（オ）　図書以外の資料の整理

（カ）　修理・整本

（キ）　除籍事務

（ク）　経理事務

B　奉仕的職務

（ア）　館内閲覧の事務

（イ）　館外貸出しの事務

（ウ）　学校図書館資料の利用案内
（エ）　学校図書館が視聴覚器材を管理する場合は、その保管・整備・操作

出所：文部省編『学校図書館の管理と運用』東洋館出版社（1963 年）
注：旧字は常用漢字に修正して掲載している。

【資料 20】
全国学校図書館協議会図書選定基準（抄）

全国学校図書館協議会　1980 年 9 月 15 日制定
1988 年 10 月 1 日改定
2008 年 4 月 1 日改定

本会の実施する図書選定の基準を次のとおりに定める。

本会は 1951 年以降、各学校図書館が本来の目的を達成するための蔵書構成を行ううえで必要かつ適切な資料を提供するべく図書選定を実施してきた。この基準は、従来の図書選定基準を長年にわたる選定実務の経験を加味し、検討および整理をほどこし改定したものである。

I　一般基準
1　内　容

学校における教育課程の展開に寄与し、児童生徒の学習活動や健全な教養・レクリエーションに役立つものであるか。

1)　知識を得るための図書
（1）　正しい知識や研究成果が述べられているか。
（2）　新しい知見や方法が紹介されているか。
（3）　主題の取り扱い方は、新鮮で創意や工夫がみられるか。
（4）　一貫した論理で体系づけられ、論旨が明確であるか。
（5）　事実の叙述は、科学的に正確で、かつ具体的であるか。
（6）　取り扱っている範囲は、児童生徒が学習や研究をするのに適切であるか。
（7）　資料は、その主題を解明するのに適切なものであるか。
（8）　異見・異説などのある場合は、必要に応じてこれを紹介し、その原拠が示されているか。
（9）　引用文・さし絵・写真・図表などは、正確かつ適切で、必要に応じて原典が示されているか。
（10）　統計は、正確で、調査時期および原拠が示されているか。

2)　教養のための図書
（1）　児童生徒のたしかな批判力や豊かな情操を育てるものであるか。
（2）　生きる希望にあふれ、深い感動を与えるものであるか。
（3）　読書の楽しさを味わえるものであるか。
（4）　内容や主題に独創性があるか。
（5）　内容の取り扱いが、時流にのった興味本位のものになっていないか。
（6）　正義と真実を愛する精神に支えられているか。
（7）　人権尊重の精神が貫かれているか。

3)　教師向けの図書
（1）　教職員の教育活動に資するものであるか。

2　表　現
（1）　児童生徒の発達段階に即しているか。
（2）　差別的な表現がされていないか。
（3）　小・中学生を対象とする場合は、常用漢字・現代かなづかいを用いているか。
（4）　文章は、わかりやすく、文法にかなっているか。
（5）　さし絵・写真・図表などは、本文を理解するのに役立ち、適切なものであるか。

3　構　成
（1）　書名は、内容をよく表しているか。
（2）　目次・見出しの表現や位置は、内容

に適応したものであるか。

(3) 必要な索引が完備され、引きやすいか。

(4) 奥付には. 必要な事項が記載されているか。

(5) 必要な参考文献が掲げられているか。

(6) 著者について必要な紹介がされているか。

4 造本・印刷

(1) 製本・外観・大きさが適切であり、書誌的な体裁が整っているか。

(2) 装ていや表紙のデザインは、美術的で好ましい印象を与えるか。

(3) 製本は堅ろうで開きがよく、学校図書館における使用に耐えるものであるか。

(4) 乱丁・落丁などの事故はないか。

(5) ページ数は、扱っている内容にふさわしいか。

(6) 活字の字体や大きさは、児童生徒の発達段階に即して適切であるか。

(7) 版の組み方は、行間・字詰めに余裕があり読みやすいか。

(8) 誤植はないか。ある場合は正誤表がついているか。

(9) 印刷は鮮明で見やすいか。

(10) さし絵・写真・地図などは鮮明で調和がとれ、大ききも適切であるか。

(11) 用紙は良質で丈夫であるか。

Ⅱ 部門別基準 （略）

Ⅲ 対象としない図書

(1) 特定地域でしか入手できないもの、直接販売方式でしか入手できないもの、個人出版物等一般に入手が困難なもの。

(2) 限定版、および豪華特装版であるもの。

(3) 教科書、副読本、問題集、特定教科書の解説書および自習書。

(4) 特定宗教の立場よりする布教宣伝および一方的批判を内容としたもの。

(5) 特定政党の立場よりする宣伝および一方的批判を内容としたもの。政治結社についてもこれに準ずる。

(6) 書きこみや切り抜きなど個人で使用することを目的とするもの。

(7) 破損しやすい、しかけ絵本。

(8) 文庫本およびこれに準ずる大きさのもの。

(9) 一般書籍として流通せず、雑誌としてのみ流通しているもの。

(10) 年次刊行物を除く定期刊行物。

(11) 原則として出版されてから半年以上経過したもの。

【資料 21】

学校図書館メディア基準

（2000 年 3 月 21 日）
全国学校図書館協議会制定

【1】 基本原則

学校図書館メディアは、学校の教育課程の展開に寄与し、児童生徒の健全な教養を育成することを目的とし、図書・視聴覚資料・コンピュータ・ソフト等の各種のメディアをもって構成する。

本基準は、学校図書館メディアにおける最低の基準を定めたものである。

【2】 図書

1. 蔵書の最低基準冊数

校種別、学校規別の蔵書最低基準冊数は、次の表のとおりとする。

小学校　　　　　　　　　　　　　　　　　　　　　　　　　　　　　　　　　P＝児童数

学級数	単～6	7～12	13～18	19～24	25～30	31以上
冊数	15000+2×P	15000+700×A+2×P A=6をこえた学級数	19200+600×B+2×P B=12をこえた学級数	22800+500×C+2×P C=18をこえた学級数	25800+400×D+2×P D=24をこえた学級数	28200+300×E+2×P E=30をこえた学級数

中学校　　　　　　　　　　　　　　　　　　　　　　　　　　　　　　　　　P＝生徒数

学級数	単～3	4～6	7～9	10～12	13～15	16～18	19～21	22以上
冊数	20000+3×P	20000+800×A+3×P A=3をこえた学級数	22400+700×B+3×P B=6をこえた学級数	24500+600×C+3×P C=9をこえた学級数	26300+500×D+3×P D=12をこえた学級数	27800+400×E+3×P E=15をこえた学級数	29000+300×F+3×P F=18をこえた学級数	29900+200×G+3×P G=21をこえた学級数

高等学校　　　　　　　　　　　　　　　　　　　　　　　　　　　　　　　　P＝生徒数

学級数	単～3	4～6	7～9	10～12	13～15	16～18	19～21	22～24	25～27	28以上
冊数	25000+5×P	25000+1000×A+5×P A=3をこえた学級数	28000+900×B+5×P B=6をこえた学級数	30700+800×C+5×P C=9をこえた学級数	33100+700×D+5×P D=12をこえた学級数	35200+600×E+5×P E=15をこえた学級数	37000+500×F+5×P F=18をこえた学級数	38500+400×G+5×P G=21をこえた学級数	39700+300×H+5×P H=24をこえた学級数	40600+200×I+5×P I=27をこえた学級数

中等教育学校　　　　　　　　　　　　　　　　　　　　　　　　　　　　　　P＝生徒数

学級数	単～6	7～9	10～12	13～15	16～18	19～21	22～24	25～27	28以上
冊数	40000+5×P	40000+1000×A+5×P A=6をこえた学級数	43000+900×B+5×P B=9をこえた学級数	45700+800×C+5×P C=12をこえた学級数	48100+700×D+5×P D=15をこえた学級数	50200+600×E+5×P E=18をこえた学級数	52000+500×F+5×P F=21をこえた学級数	53500+400×G+5×P G=24をこえた学級数	54700+300×H+5×P H=27をこえた学級数

2. 蔵書の配分比率

(1) 標準配分比率

　蔵書の配分比率は、冊数比とし、次の数値を標準とする。ただし、学校の教育課程、地域の実情を考慮して運用する。

分類　　　　　校種	0 総記	1 哲学	2 歴史	3 社会科学	4 自然科学	5 技術	6 産業	7 芸術	8 言語	9 文学	合計
小　学　校	6	2	18	9	15	6	5	9	4	26	100%
中　学　校	6	3	17	10	15	6	5	8	5	25	100%
高　等　学　校	6	9	15	11	16	6	5	7	6	19	100%
中等教育学校	6	9	15	11	16	6	5	7	6	19	100%

分類は、日本十進分類法類目表による。

(2) 配分比率の運用

　配分比率の運用には、次の事項を考慮する。

・絵本、まんがは、主題をもとに、分類する。
・専門教育を主とする学科又はコースを有する高等学校・中等教育学校においては、その専門領域の図書の配分比率について考慮をする。

3. 年間購入冊数と購入費

(1) 年間購入冊数

年間に購入する図書の最低冊数は、次の式によって得られる数値とする。

蔵書数×0.1＋1冊×児童生徒数＝年間購入冊数

(2) 年間購入費の算出

年間購入冊数×平均単価＝年間購入費

平均単価は、全国学校図書館協議会が毎年発表する「学校図書館用図書平均単価」を適用する。

【3】新聞・雑誌

校種別、学校規模別の最低基準タイトル数は、次の表のとおりとする。

小学校

学級数	単〜12	13〜24	25以上
新聞	3	4	5
雑誌	15	18	20

中学校

学級数	単〜12	13〜24	25以上
新聞	4	5	6
雑誌	25	28	30

高等学校

学級数	単〜12	13〜24	25以上
新聞	8	9	10
雑誌	33	37	40

中等教育学校

学級数	単〜12	13〜24	25以上
新聞	10	12	14
雑誌	40	45	50

【4】オーディオ・ソフト（カセットテープ、CD、MD等の録音資料）

校種別、学校規模別の最低基準本数は、次の表のとおりとする。

小学校

学級数	単〜6	7〜12	13〜18	19〜24	25〜30	31以上
本数	400	400+14×A A=6をこえた学級数	484+12×B B=12をこえた学級数	556+10×C C=18をこえた学級数	616+8×D D=24をこえた学級数	664+6×E E=30をこえた学級数

中学校

学級数	単〜3	4〜6	7〜9	10〜12	13〜15	16〜18	19〜21	22以上
本数	500	500+26×A A=3をこえた学級数	578+24×B B=6をこえた学級数	650+22×C C=9をこえた学級数	716+20×D D=12をこえた学級数	776+18×E E=15をこえた学級数	830+16×F F=18をこえた学級数	878+14×G G=21をこえた学級数

高等学校

学級数	単～3	4～6	7～9	10～12	13～15	16～18	19～21	22～24	25～27	28以上
本数	600	600+28×A A=3をこえた学級数	684+26×B B=6をこえた学級数	762+24×C C=9をこえた学級数	834+22×D D=12をこえた学級数	900+20×E E=15をこえた学級数	960+18×F F=18をこえた学級数	1014+16×G G=20をこえた学級数	1062+14×H H=24をこえた学級数	1104+12×I I=27をこえた学級数

中等教育学校

学級数	単～6	7～9	10～12	13～15	16～18	19～21	22～24	25～27	28以上
本数	900	900+46×A A=6をこえた学級数	1038+44×B B=9をこえた学級数	1170+42×C C=12をこえた学級数	1296+40×D D=15をこえた学級数	1416+38×E E=18をこえた学級数	1530+36×F F=21をこえた学級数	1638+34×G G=24をこえた学級数	1740+32×H H=27をこえた学級数

【5】 ビデオ・ソフト（LD・DVD 等の映像資料）

校種別、学校規模別の最低基準本数は、次のとおりとする。

小学校

学級数	単～6	7～12	13～18	19～24	25～30	31以上
本数	300	300+14×A A=6をこえた学級数	384+12×B B=12をこえた学級数	456+10×C C=18をこえた学級数	516+8×D D=24をこえた学級数	564+6×E E=30をこえた学級数

中学校

学級数	単～3	4～6	7～9	10～12	13～15	16～18	19～21	22以上
本数	400	400+26×A A=3をこえた学級数	478+24×B B=6をこえた学級数	550+22×C C=9をこえた学級数	616+20×D D=12をこえた学級数	676+18×E E=15をこえた学級数	730+16×F F=18をこえた学級数	778+14×G G=21をこえた学級数

高等学校

学級数	単～3	4～6	7～9	10～12	13～15	16～18	19～21	22～24	25～27	28以上
本数	500	500+28×A A=3をこえた学級数	584+26×B B=6をこえた学級数	662+24×C C=9をこえた学級数	734+22×D D=12をこえた学級数	800+20×E E=15をこえた学級数	860+18×F F=18をこえた学級数	914+16×G G=21をこえた学級数	962+14×H H=24をこえた学級数	1004+12×I I=27をこえた学級数

中等教育学校

学級数	単～6	7～9	10～12	13～15	16～18	19～21	22～24	25～27	28以上
本数	800	800+46×A A=6をこえた学級数	938+44×B B=9をこえた学級数	1070+42×C C=12をこえた学級数	1196+40×D D=15をこえた学級数	1316+38×E E=18をこえた学級数	1430+36×F F=21をこえた学級数	1538+34×G G=24をこえた学級数	1640+32×H H=27をこえた学級数

【6】 コンピュータ・ソフト （CD-ROM、DVD-ROM 等のコンピュータ資料)

校種別、学校規模の最低基準本数は、次の表のとおりとする。ただし、OS、図書館管理用、ワープロ等のソフトを除くこと。

小学校

学級数	単～6	7～12	13～18	19～24	25～30	31 以上
本数	200	200+12×A A=6をこえた学級数	272+10×B B=12をこえた学級数	332+8×C C=18をこえた学級数	380+6×D D=24をこえた学級数	416+4×E E=30をこえた学級数

中学校

学級数	単～3	4～6	7～9	10～12	13～15	16～18	19～21	22 以上
本数	300	300+20×A A=3をこえた学級数	360+18×B B=6をこえた学級数	414+16×C C=9をこえた学級数	462+14×D D=12をこえた学級数	504+12×E E=15をこえた学級数	540+10×F F=18をこえた学級数	570+8×G G=21をこえた学級数

高等学校

学級数	単～3	4～6	7～9	10～12	13～15	16～18	19～21	22～24	25～27	28 以上
本数	400	400+26×A A=3をこえた学級数	478+24×B B=6をこえた学級数	550+22×C C=9をこえた学級数	616+20×D D=12をこえた学級数	676+18×E E=15をこえた学級数	730+16×F F=18をこえた学級数	778+14×G G=21をこえた学級数	820+12×H H=24をこえた学級数	856+10×I I=27をこえた学級数

中等教育学校

学級数	単～6	7～9	10～12	13～15	16～18	19～21	22～24	25～27	28 以上
本数	700	700+22×A A=6をこえた学級数	766+20×B B=9をこえた学級数	826+18×C C=12をこえた学級数	880+16×D D=15をこえた学級数	928+14×E E=18をこえた学級数	970+12×F F=21をこえた学級数	1006+10×G G=24をこえた学級数	1036+8×H H=27をこえた学級数

【7】 運用に関する事項

1　蔵書冊数が基準に達していない場合には、10 年間を目途に整備を図るものとする。

2　特殊教育諸学校においては、それぞれの校種別基準を準用するものとする。また、障害に応じて特に必要とする領域のメディアについては、考慮をする。特殊学級を設置する学校においても同様とする。

3　専門教育を主とする学科またはコースを有する高等学校・中等教育学校は、その専門領域に必要とするメディアの冊数またはタイトル数を最低基準冊数または最低基準タイトル数に加えるものとする。

4　中学校、高等学校を併設し、学校図書館を共有する学校においては、中等教育学校の基準を準用するものとする。

5　蔵書の構成にあたっては、配分比率とともに、各学年ごとの発達段階を考慮するものとする。特に小学校にあっては、1、2 学年向けの図書を蔵書の 1/3 を確保することが望ましい。

6 図書、オーディオ・ソフト、ビデオ・ソフトは10年間、コンピュータ・ソフトは3年間を目途に更新を図るものとする。
7 学校図書館の機能を十分に発揮するためには、中核となる地域の学校図書館支援センターの創設、地域の学校図書館・公共図書館や資料館等を相互に結ぶネットワークの組織化を行い、メディアの共有、相互利用を積極的に進める必要がある。

【資料22】

学校図書館図書標準

　公立義務教育諸学校の学校図書館に整備すべき蔵書の標準として、平成5年3月に定めたものである。

ア　小学校

学級数	蔵　書　冊　数
1	2,400
2	3,000
3〜6	3,000 + 520 ×（学級数 − 2）
7〜12	5,080 + 480 ×（学級数 − 6）
13〜18	7,960 + 400 ×（学級数 − 12）
19〜30	10,360 + 200 ×（学級数 − 18）
31〜	12,760 + 120 ×（学級数 − 30）

イ　中学校

学級数	蔵　書　冊　数
1〜2	4,800
3〜6	4,800 + 640 ×（学級数 − 2）
7〜12	7,360 + 560 ×（学級数 − 6）
13〜18	10,720 + 480 ×（学級数 − 12）
19〜30	13,600 + 320 ×（学級数 − 18）
31〜	17,440 + 160 ×（学級数 − 30）

ウ　特別支援学校（小学部）

学級数	蔵　書　冊　数	
	専ら視覚障害者に対する教育を行う特別支援学校	視覚障害者に対する教育を行わない特別支援学校
1	2,400	2,400
2	2,600	2,520
3〜6	2,600 + 173 ×（学級数 − 2）	2,520 + 104 ×（学級数 − 2）
7〜12	3,292 + 160 ×（学級数 − 6）	2,936 + 96 ×（学級数 − 6）
13〜18	4,252 + 133 ×（学級数 − 12）	3,512 + 80 ×（学級数 − 12）
19〜30	5,050 + 67 ×（学級数 − 18）	3,992 + 40 ×（学級数 − 18）
31〜	5,854 + 40 ×（学級数 − 30）	4,472 + 24 ×（学級数 − 30）

エ　特別支援学校（中学部）

学級数	蔵書冊数	
	専ら視覚障害者に対する教育を行う特別支援学校	視覚障害者に対する教育を行わない特別支援学校
1〜2	4,800	4,800
3〜6	4,800＋213×（学級数－ 2）	4,800＋128×（学級数－ 2）
7〜12	5,652＋187×（学級数－ 6）	5,312＋112×（学級数－ 6）
13〜18	6,774＋160×（学級数－12）	5,984＋ 96×（学級数－12）
19〜30	7,734＋107×（学級数－18）	6,560＋ 64×（学級数－18）
31〜	9,018＋ 53×（学級数－30）	7,328＋ 32×（学級数－30）

※例えば、

○小学校で 18 学級の場合……………10,360 冊

○中学校で 15 学級の場合……………12,160 冊

○専ら視覚障害者に対する教育を行う特別支援学校（小学部）で、10 学級の場合……3,932 冊

○専ら聴覚障害者に対する教育を行う特別支援学校（小学部）で、10 学級の場合……3,320 冊

○視覚障害者及び聴覚障害者に対する教育を行う特別支援学校（小学部）で、視覚障害者に対する教育を行う学級数が 6 学級、聴覚障害者に対する教育を行う学級数が 4 学級の場合

1、当該特別支援学校の全学級数をそれぞれの学級数とみなして表を適用

　　3,292＋160×（10 学級－6）＝3,932

　　2,936＋ 96×（10 学級－6）＝3,320

2、視覚障害者に対する教育を行う学級の数及び視覚障害以外の障害のある生徒に対する教育を行う学級の数により加重平均

　　3,932×（6÷10）＋3,320×（4÷10）＝3,687.2　→　3,687 冊

索　引

編著者紹介

坂田　仰（さかた・たかし）

1960 年生、東京大学大学院法学政治学研究科博士課程単位取得退学、日本女子大学教授

専攻分野　公法学・教育制度論

主な著作

坂田仰編著『三訂版　学校と法―「権利」と「公共性」の衝突―』放送大学教育振興会（2020 年）

坂田仰『裁判例で学ぶ　学校のリスクマネジメントハンドブック』時事通信社（2018 年）

河内祥子（かわち・しょうこ）

1975 年生、日本女子大学大学院家政学研究科生活経済専攻修士課程修了、福岡教育大学教授

専攻分野　教育法規・学校図書館論

主な著作

坂田仰・河内祥子『イラストと設題で学ぶ　学校のリスクマネジメントワークブック』時事通信社（2017 年）

坂田仰・河内祥子編著『教育改革の動向と学校図書館』八千代出版（2012 年）

学校図書館への招待
［第 2 版］

2017 年 6 月 5 日第 1 版 1 刷発行
2020 年 5 月 25 日第 2 版 1 刷発行

編著者 ― 坂田　仰・河内祥子
発行者 ― 森口恵美子
印刷所 ― 新灯印刷
製本所 ― グリーン
発行所 ― 八千代出版株式会社

〒101
-0061　東京都千代田区神田三崎町 2-2-13

TEL　03 - 3262 - 0420
FAX　03 - 3237 - 0723
振替　00190 - 4 - 168060

＊定価はカバーに表示してあります。
＊落丁・乱丁本はお取替えいたします。